328
323
324

《巴黎恋曲》

C
70
C
75
C
70

内衣的奥秘

···何炳祥和他的奥丽侬王国···

胡川徽◎著

中国纺织出版社

内容提要

本书是广东奥丽侬内衣集团总裁兼艺术总监何炳祥先生的传记。何炳祥先生创立了奥丽侬内衣集团，通过精密化、标准化的生产要求，质量上达到了世界水平；他还发明了系列功能内衣，让塑身修形变得更简单有效；他融合东西方艺术的内衣设计、品牌文化的宣传塑造、品牌专卖的销售模式，在内衣界也都可圈可点。何炳祥通过他的努力取得了成功，甚至推动了中国内衣的发展。本书讲述了他的创业故事和人生经历，很有励志意义，不但适合内衣人阅读，也对更多人有启发意义。

图书在版编目（CIP）数据

内衣的奥秘：何炳祥和他的奥丽侬王国 / 胡川徽著
. —北京：中国纺织出版社，2015.1
ISBN 978-7-5180-1067-7

Ⅰ. ①内… Ⅱ. ①胡… Ⅲ. ①何炳祥—传记 Ⅳ.
① K825.72

中国版本图书馆 CIP 数据核字（2014）第 229044 号

责任编辑：徐丽丽　　　　责任印制：储志伟

中国纺织出版社出版发行
地址：北京朝阳区百子湾东里 A407 号楼　邮政编码：100124
销售电话：010-67004422　传真：010-87155801
http：//www.c-textilep.com
E-mail：faxiang@c-textilep.com
中国纺织出版社天猫旗舰店
官方微博：http://weibo.com/2119887771
北京京海印刷厂印刷　各地新华书店经销
2015 年 1 月第 1 版第 1 次印刷
开本：710×1000　1/16　印张：20.75
字数：288 千字　定价：48.00 元

爱内衣，
是做好内衣的唯一前提。
我不仅仅是热爱内衣，
更是酷爱内衣，
甚至是以内衣为生命，
为信仰。

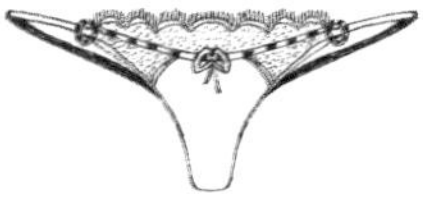

【序一】

内衣代有领袖出　各领风尚多少年

广东奥丽侬内衣集团总裁兼艺术总监何炳祥先生的传记，作者胡川徽邀请我来为之作序。盛情难却，我就简单讲一讲关于服装内衣的历史。

穿上衣服，是人类脱离动物界，走向文明社会的一个关键标志，衣服也就此成为人类与动物的分水岭。中华始祖黄帝之妻嫘祖，为了御寒遮羞，健身护体，首创种桑养蚕之法，抽丝编绢之术。西方记载，人类祖先亚当和夏娃被蛇诱惑吃了禁果，开始有羞耻之心，用无花果叶子连缀成衣，聊以遮羞，因而形成西方的内衣。

后来中国人陆续创立了礼制与冠服制度，西方则从古希腊罗马简约素雅的服装风格发展为中世纪的繁复精致。到了近现代，因为功能的不同，服装又发展出很多分支。随着世界各国各民族的融合，服装呈现出多种风格，同时服装的功能性也大幅提高，生产、设计、销售精密分工，世界服装品牌一体化，这些也都是服装演化的重要特点和方向。

在服装发展的历史进程中，我们能看出一条简单的主线，就是工艺变得越来越高、功能变得越来越强大、体验变得越来越健康舒适、设计变得越来越艺术时尚、品牌变得越来越具有个性文化、到达消费者手中的销售方式变得越来越简单直接。

在这个过程中，善于把握趋势的人，创造了属于各自时代的历史，何炳祥就是其中一名佼佼者。20世纪70年代末，香港的工业已经高度发展，受制于土地和人力瓶颈，我们黛丽斯公司也面临同样的问题。当时中国内地刚刚开始改革开放，很多人还犹犹豫豫地决定来不来、何时来中国内地投资的时候，我毅然决然地决定投资中国内地。几年后，我们的订单进一步放大，需要寻找新的合作伙伴。这时候何炳祥出现了，他的专业和顽强精神，获得我和黛丽斯的信任。在我们合作期间，他给黛丽斯带来了快速的成长。

他既是我最优秀的内衣门生，也是完美的合作伙伴，更是个人的私交好友。他具有非凡的胆识、高效的领导力、旺盛的创造力、精益求精的追求和执着坚持的精神。他创立的奥丽侬内衣集团，通过精密化标准化的生产要求，质量上达到了世界水平；他的系列功能内衣的发明，让塑身修形变得更简单有效；他对材料的环保要求以及人性化的设计理念，让文胸变得更舒适健康；而他融合东西方艺术的内衣设计、品牌文化的宣传塑造、品牌专卖的销售模式，在内衣界也都可圈可点。可以这么说，何炳祥通过他的努力，取得了辉煌的成功，甚至推动了中国内衣的发展。他的内衣创业故事和人生经历，很有励志精神，不但适合内衣人阅读，也对更多人具有启发意义。

内衣代有领袖出，各领风尚多少年。时代仍旧在变化，内衣仍旧在前进，而何炳祥和他的同事们也继续在努力创造着，我希望他能将奥丽侬内衣集团带到更高的境界，让更多的消费者受益。

祝他好运！

香港黛丽斯内衣集团创始人　　罗杰伦

2014年10月8日

【序二】

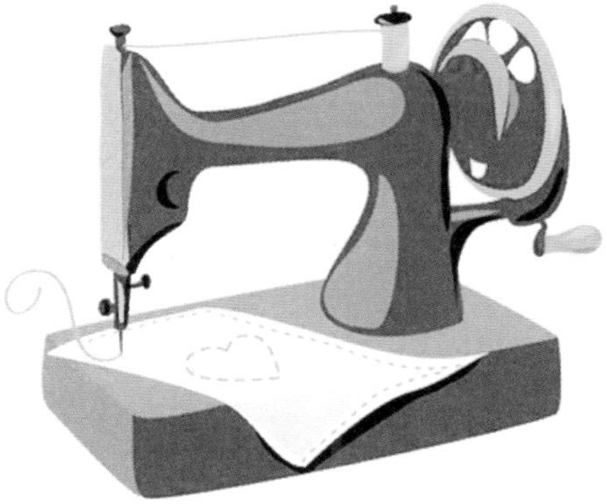

“内衣沙皇”何炳祥：他影响了中国内衣历史

2013年年初，在出版了两本关于内衣研究方面的书籍之后，我计划再创作小说版，希望能将中国内衣人创业的喜怒哀乐分享给更多人，也让中国内衣的精彩故事，走出内衣界，走向大众，为世人所知。为此，我以诸多内衣品牌和内衣人的故事为蓝本，进行再创作，组织了庞大的叙事架构，准备落笔。

我是内衣行业的撰稿人兼广告人出身，对于中国内衣30年的商战传奇如数家珍，原本以为写这本小说不是难事。但在谋篇布局的过程中，发现描摹当年第一代内衣创业者的状况，并不是一件容易的事情。没有真正走进他们的心路历程，就不能够接上地气，感动程度不够强烈，就更难感动读者，就有可能不会成功。为此，我有意识地走访了几位内衣大佬，希望能打开他们的世界，说出他们的故事，走进他们的内心世界。奥丽侬的何炳祥就是其中一位。

没想到他直接跟我说，暂时放下那本书，先帮他写本传记吧。

这超出我的期待。之前我对奥丽侬内衣和何炳祥本人虽然有些了解，但仅仅是一些粗浅的表象，大部分都是道听途说或通过朋友聊天得知。其中有一个代理商，是我很好的朋友，之前曾是奥丽侬的大区经理，后来他创业成功，代理了一些其他内衣品牌，但是依旧对何炳祥和奥丽侬感情深厚，曾想做他所在省份的奥丽侬代理，但因为他人已捷足先登，所以无缘代理前母公司品牌，深为遗憾。他曾经跟我透露说，他一直建议妻子不要穿他所代理的内衣品牌，而是去购买奥丽侬内衣。这件事情让我印象非常深刻。从另外一个层面，奥丽侬过硬的质量由此得到验证。这一个真真切切的事实，让我对奥丽侬的质量打心底里佩服。

关于何炳祥非常重视内衣的质量和健康、做人做事讲究诚信、重视契约精神、能力超强但是脾气很大的各种传闻，我也听到了很多。他的故事不但对我的写作计划非常有助益，而且也堪称传奇，所以，当何炳祥邀我写传记时，我自然很有兴趣，抱着积累经验、成人达己的态度，我非常愿意接下这份工作。但是他脾气很大、要求很苛刻的传闻让我有一些担忧，所以我开宗明义地跟他提出一个条件，我引用法国剧作家博马舍《费加罗的婚礼》的一句台词“若批评不自由，则赞美无意义”，明白无误地告诉何炳祥，书中在肯定他的同时，一定会批评他。原以为他虽然不至于拒绝，至少会打个折扣。

“没关系！可以！哪有完人啊，光赞美没批评，也没有人信。我同意了！”何炳祥非常爽快地答应了：“赞也行，弹也行，真实就好。”

在一定程度上，通过与何炳祥和奥丽侬的密切接触，我发现很多外界的传闻并非空穴来风，其中大部分是正确的，比如，他对质量的苛刻要求及强大的“何炳祥力场”。但是一些合作媒体因为正面宣传的原因，将何炳祥写得过于“高大上”，似乎是一个不食人间烟火的全能完人，这肯定是不准确的。奥丽侬获得“中国名牌”殊荣的时候，他也会如孩童一般喜悦开心。而一些人由于与何炳祥没有做深入的沟通，或者与奥丽侬具有竞争关系，因而传播了一些不正确的形象，这种情况也不在少数。本书将竭尽所能，还原一个真实的、有血有肉的立体何炳祥。

以前我在几个内衣行业的会议上听过他的致辞和公开演讲，感觉他可能囿于既定的演讲稿所限，发言略显僵硬，甚至有些紧张。作为广东人的他，原本不好的普通话更显得局促不畅。但事实上，他还是比较健谈的，一旦丢掉了讲话稿，不再受到约束，打开了话匣子，他就可以神采飞扬、滔滔不绝、绘声绘色地讲半天而不觉疲惫。他话很多，而且条理清晰，尤其善用各种形象化的比喻和修辞，并辅助各种丰富表情和肢体语言来增加他的说服力。上述两点印象的巨大反差，都是真实的何炳祥，不过后者更不为人所知。

为了撰写本书，我采访了数十位与奥丽侬密切相关的人，一些关键的人则需要飞赴外地直接面谈，而与何炳祥本人则促膝长谈了 20 多次，其中有几次是全天候的。这个过程，我深刻感受到等于上了一系列的内衣课程，甚至是读了一所内衣大学。之前我关注更多的是内衣的形象、广告、传播、概念、趋势等，现在我又补充了内衣的设计、功能、生产、管理、营销、研发等方面的课程。何炳祥的优秀同事们正是走过这些课程，一些人成长为奥丽侬的中高层，另一些人则已经成功创业成了老板，如纤妍内衣董事长危志强、枫莲内衣董事长杜成平、标美内衣董事长杨建伍等，这几位都已在内衣行业颇有建树，他们尊称奥丽侬是内衣界的“黄埔军校”，而何炳祥是他们的校长。

何炳祥小时候的家庭状况不太好，儿时的一系列遭遇在他的身上打下了深深的烙印。这一方面铸就了他刚强而不服输的性格，另一方面也让他形成了强烈甚至极端的自我中心主义。这两点伴随了他的前半生。在说到他童年、少年那些经历的时候，他真情流露，对他获得的亲情和友情表示感恩。成功的他，现在已经超脱了那些愤懑情绪，将这些苦难当成了磨砺的工具，化作成长的垫脚石。他独特的经历以及他对这些经历的态度，对他的成绩具有非常关键的意义。这些对正在创业和追逐梦想的年轻人，也具有启示意义。

对何炳祥影响最大的有三个人，分别是舅舅邵伟尧、爱人梁雪兰、恩师罗杰伦。其中第一个是他的舅舅邵伟尧，也是他的启蒙老师。这位广西艺术学院油画系的资深教授，不但让没有完成学业的他获得了相应的美术教育，更启蒙了何炳祥的心灵，让他从此有了爱好，有了兴趣，脱离了平凡的大众，成为一个有品位、有追求的人。一块未经雕琢的璞玉，因此被发现。每个小孩子生命中都应该有这么一个关键的人，让我们认识到自己的独一无二性，认识到自己生来是为了改变世界而不是甘于平庸的。

第二个影响他的，则是他的妻子梁雪兰。曾经卑微的何炳祥，在追求梁雪兰的过程中展现出非凡的智慧。而成功抱得美人归，则大大增强了何炳祥的自信。从此，他做事更加果敢，更加努力，成功也就因此而来。“军功章里，有我的一半，也有她的一半。”这是何炳祥对妻子的评价。梁雪兰是中国屈指可数的早期内衣顶级实战专家，是奥丽侬内衣质量精神、健康文化等基因的重要奠基者，但是她之于何炳祥的意义，更多的是价值认同和情感归属。她无疑是对何炳祥影响最大的人。

第三个影响他的，就是香港胸围大王、黛丽斯内衣集团创始人罗杰伦先生。这个决定何炳祥命运转向的人，以“你出酱油我出鸡”的优厚合作模式，将他带入了内衣这个殿堂。与其说何炳祥的第一桶金来自罗杰伦的提携，不如说何炳祥的内衣事业道路来自罗杰伦的指引。在一定程度上，何炳祥继承了罗杰伦的内衣衣钵，成为他的事业传人。罗杰伦是一位真正的内衣大师，他将内衣的精华传授给了何炳祥，而他的诚信商道精神、雍容华贵的气质，也深深影响了何炳祥做事做人的风格。

何炳祥之所以成功，除了上述的因缘际遇等因素之外，主要还源自他自身的顽强努力和创业精神。大凡成功之人，都有一种独特的品质。何炳祥的成功特质，归结起来就是三点：够快、够准、够狠。

何炳祥够快。何炳祥具有超前的眼光，善于提前发现机遇，在别人还意识不到的时候，就开始行动。奥丽侬是南海最早的内衣厂，也是最早品牌化操作的内衣企业，更是最早进入功能内衣领域的品牌。这几点奠定了奥丽侬和何炳祥在中国内衣行业的尊崇地位。

何炳祥够准。何炳祥做事定位精准。从定位外销、高品质日本单外销，转型内销、品牌化内销、合作开发，再到创立功能内衣、青春内衣、高端塑形内衣、无钢圈内衣，以及确立质量立基、健康内衣专家等，一路走来，何炳祥每一个定位，自有他的道理。这些精准定位，让奥丽侬内衣集团迎来了一系列的大发展，并经受住了行业震荡的考验。

何炳祥够狠。他做事情，有一股狠劲。早年创业的时候，经常连续几天通宵加班不睡觉；为了研发内衣，沉迷其中甚至忘记其他事情；为了捍卫自己的利益，不惜同时和多个企业展开专利诉讼案；为了激励员工们和他保持同步，他经常大声呵斥，并且身先士卒带头冲锋。他的这种狠劲，尤其表现在他对质量的控制和市场的推广上。质量有瑕疵，直接毁掉，不计金钱不论损失。当年张瑞敏砸冰箱，成就海尔，其实何炳祥不知道直接铡掉多少次品内衣，并建立完善的质量监督管理体系，来保证过硬的产品质量。开拓市场，千军万马，一往无前，经常搞得自己失声沙哑。“中国质量最好的内衣”，这样一个口碑，没有一点牺牲，没有一点狠劲，是无法想象、更是无法做到的。上述三大特点中，够狠也是他最主要的特点。

够快、够准、够狠三大做事风格特点，最后会聚成一种独特的“何炳祥力场”。在奥丽侬内衣集团之内，何炳祥无疑是最具有战略眼光、技术最全面、也是最成功的人，因而他也有理由成为最自信的人。在哪些款会成为爆款的诸多判断中，他一次又一次成为预言大师，更强化了这种权威。自信的他，运用这种权威，凭借他极富魅力的演讲风格、强大的意志感召力、对未来前景的梦幻描摹，驯服了奥丽侬的各匹烈马，鼓舞属下成员，形成了一个以何炳祥为唯一中心的超级力场，控制并驾驭着这个庞大的内衣集团稳步前行。

可以这么说，正是因为奥丽侬内衣是在何炳祥力场的领导之下，她的一切成功，几乎都可以归到何炳祥身上；而奥丽侬的失误，何炳祥也应承担主要的领导责任。当何炳祥力场和内衣趋势相吻合的时候，他会取得超过他人的非凡成功。而当二者出现错位时，则非常难以扭转，只能寄望何炳祥自己的凤凰涅槃。他是一个重视面子的人，很多人和我说他很难听进别人的意见，其实这是一个典型的假象。事实上他是乐于倾听别人意见的，但是他表面上并不表态，而是回去之后认真研究，从他之后的做法中，你可以看到他是否接纳了你的观点。

如果要在“何炳祥力场”做事风格之外再寻找他的精神特质，我认为他具有一种执着得近乎偏执的信仰，我们姑且给他命名为“何炳祥主义”。他有他自己的思想和做事方式，并且长期地坚持。他对内衣的理解，主要是舒适健康和质量优良这两大核心元素，而这两点却是互通的，可以归纳为“品质中心论”。虽然他也重视时尚和设计，甚至还有营销和文化等，但事实上他在质量和健康上投入了更多的金钱和精力，也明显更擅长这两点，这也是他立足和享誉中国内衣界的两大法宝。“奥丽侬的质量”已经成为内衣行业的口头禅。正是因为他这方面的成就，奥丽侬获邀成为中国文胸、针织泳装、针织塑身内衣（弹力型）的行业标准起草企业之一。他对健康和质量等的把握是可衡量的，而后者时尚、设计、营销、文化等则经常随时势变动，让他难以捉摸。至于他与香港黛丽斯内衣集团前主席罗杰伦的师徒关系，以及倍丽挺背心型健美调整衣专利诉讼案等，部分外界认为是他事件营销的神来之笔，个人更倾向于认为只是一个正常发生的故事而已。

何炳祥认为质量是铁律，是不可侵犯的，健康更是一种功德，是内衣的底线，也是做人的底线。在现在这个浮躁的社会，这无疑是一种难能可贵的优秀品质。关于这一点，内衣研究人员其实颇有微词。他们认为，文胸一般只穿着一个季度，达到反复穿着三年的质量，其实是没有必要的，应该将更多精力均衡地放在更多时尚、更快时尚上，让消费者有更多、更新奇的选择权。内衣消费行为不仅仅是内衣质量和健康，更是流行文化、身份认同、个性特征等多种元素的结合。

这些看法究竟是对是错，很难定论。何炳祥的做法也许是对的，如果奥丽侬变得设计花哨、营销浮华，那还是“质量奥丽侬”吗？如果质量奥丽侬依旧还是质量奥丽侬，在其他短板上也取得进步，那岂不是更好？颇费思量。

通观何炳祥，我认为他就是一个真正的“内衣沙皇”，如同彼得大帝一样，拥有卓越才能和奋斗精神。他认为自己看到了内衣的真相和趋势，所以去大力推行，甚至是霸道地推行，这样的推行力度，有其高效的一面，也有不够人性化的一面。在早期的企业领袖中，很多人都有这样的特点。正因为如此，在中国内衣界，敢作敢为、敢爱敢恨的他，以自己独特的人格魅力和桀骜性格，建立了奥丽侬内衣集团，取得了非凡成就，开创了自己广阔的疆域，打下了自己的一片天地。

誉满天下往往伴随着谤满天下。一词寓褒贬，“内衣沙皇”这个词汇，似乎是给他量身定制，非常准确地体现了他眼光高远、做事快准狠的独特两面。也正因为这种雷厉风行的狂人特质，促使他实现了他的内衣梦想，书写下一段内衣创业传奇。他是中国内衣30年的一个缩影，也是草根创业成功的一个典范，更给中国内衣历史留下浓墨重彩的一笔。他的执着做事风格与强势领导艺术，他的质量中心铁律和健康舒适标准，是中国内衣最宝贵的精神资产，深刻影响了中国内衣的历史进程。

胡川徽

2014年10月8日

备注：本书绝大多数章节可以当做信史来阅读，书中所述很多事情和人物已经过去久远，部分记忆或许模糊，因而进行了合理化演绎，若与实际情况有细微出入，敬请谅解。

本书为了艺术追求，精心选取了图片作为插图，其中部分图片来源于网络或为奥丽侬公司早期历史图片。因难以明确图片的原始权利人，请图片原作者联系出版社，并出具能证明著作权归属的相关材料，由本书作者本人负责图片使用费用的事宜。

目录

CONTENET

第一卷
坎坷人生：他走过什么样的路
何炳祥的人生传奇

第二卷
内衣情缘：内衣为什么选择他
何炳祥打造的核心竞争力

佛曰：
种如是因，收如是果，一切唯心造，
命由己造，相由心生。
诚然如是，
每个人的今天，
都是他自己所创造出来的，
好也是，坏也是。

何炳祥之所以有今天的成绩，
和他童年的不幸遭遇是分不开的。
苦难在他身上留下了深深的烙印，
磨炼了他顽强上进的性格，
对苦难的最终释怀，
让他的境界得到升华。

发生在何炳祥身上的故事，
有一些看上去很偶然，
其实是非常有逻辑关联的。
这是他的命运，
他自己创造了条件，
于是他扼住了命运的咽喉。

第一卷

坎坷人生：他走过什么样的路

何炳祥的人生传奇

第一章 出生

时逢极端苦难年代　孕育好胜强悍性格

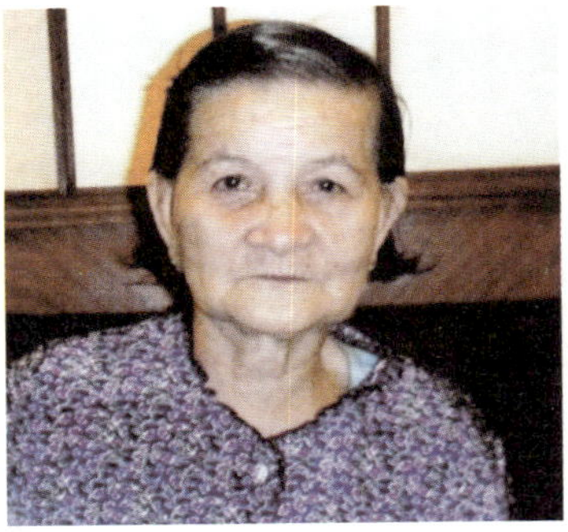

【何炳祥】：我出生在20世纪60年代，少年时代经受了很多苦难，但是我却要感谢这些苦难，它磨炼了我的秉性，让我变得更坚强。我之所以能有今日的一点成绩，与这些磨难是分不开的。我庆幸自己有伟大的父母，将我养育成人，并教育我如何做人。我最大的遗憾，就是父亲早年历经磨难，后来家庭环境好转，他却已撒手人寰，真是“子欲养而亲不待”。母亲是我最大的精神寄托，虽然她已到耄耋之年，意识不清，但只要能看到她的笑容，这就是我心中最美丽的图画。童年的时光已经远去，那些苦难已经模糊，剩下的更多是值得珍惜的回忆，那就是父母、兄弟、姐妹、儿时玩伴对我深深的恩情摇曳。

天降大任，必先苦其心志

中华亚圣孟子说：天将降大任于斯人也，必先苦其心志，劳其筋骨，饿其体肤，空乏其身，行拂乱其所为，所以动心忍性，增益其所不能。

法国文学大师巴尔扎克说：苦难对于天才是一块垫脚石，对能干的人是一笔财富，对弱者是万丈深渊。

东西方这两句富含人生哲理的话，可以说是异曲同工、殊途同归。而何炳祥坎坷而传奇的人生经历，则是这段箴言的最好佐证。

两代经商，根植基因，继承先祖遗志

虽时隔多年记忆模糊，但何炳祥不曾忘记。20 世纪前半段的中国多灾多难，多少幸福家庭支离破碎，何炳祥的先辈亦不能幸免。

何炳祥的家族向来就有经商的传统。根据当年父亲何树的回忆，民国时候，何炳祥的爷爷、奶奶非常精明，早年往返香港与广州和佛山，利用两地的物价差别从事一些小生意，主要贩卖一些米粮和煤油，由于他们秉承微利和诚信的理念，也算是惠泽乡里，生活也还过得去。后来父亲何树和伯父在盐步当地开设了一家民安酒楼，主要经营粤菜，继承了微利和品质的经商传统，生意一度红火。可以说，何炳祥后来从事内衣生意，一直将品质视为第一，正是继承了乃祖乃父这些优良的经商传统，并且将之发扬光大。

不幸的是，在那个医疗条件简陋的年代，爷爷早逝。奶奶非常疼爱这个孙子，何炳祥也很孝敬奶奶。但他从来没有见过爷爷，看着别人家爷爷疼爱呵护孙子的场景，何炳祥的心中依然充满着羡慕。

其父何树之后的生活，多蒙何炳祥外公的照顾。外公的家族世代节俭勤奋，累有薄产，在盐步也算是一方富豪。新中国成立之后，外公被划为地主成分，因而遭到清算。

但是苦难并没有结束。

父亲蒙冤，家庭困顿，儿时备受歧视

1966 年，中华大地遭受了一场政治浩劫，“文革”席卷中国。背负着复杂家族历史的何炳祥父亲何树，也成为那个特殊时代的牺牲品。

作为资本家的儿子、地主的女婿，何树遭到清算，被屡次抄家，所有家具和值钱的东西，统统被抄走，连一个八仙桌也抬走了。在何炳祥儿时的记忆里，那时候的家里空空荡荡，几乎是一无所有。

当时何炳祥正在读二年级，父亲何树常常被拉去批斗，有时候拉到乒乓球桌上或者是在学校的操场上，戴高帽、挂牌、游街，还时常挨打，经常挨饿，没有菜，只能吃很少的盐油炒饭。

如果说贫穷尚不能压垮一个人的意志，但是人格的无尽羞辱，则是让人心理难以承受之重。

亲见父亲被拘，终身难抹忧伤

一天，大批人员浩浩荡荡冲到何家。何树知道在劫难逃，忙将何炳祥和何炳坚两兄弟塞在神位台后面，嘱咐他们无论看到什么，都不要出来。这些人冲到何炳祥家，一顿打砸。

也许他们只是恐吓，并不想抓小孩子，也可能是何家祖先庇佑，他们没有发现何炳祥兄弟，只能将何树粗暴地押走。当时才 8 岁的何炳祥和 6 岁的弟弟何炳坚躲在神位台后面，弟弟吓得瑟瑟发抖，何炳祥捂住弟弟的嘴巴，不敢出声。因为只要出声，一旦被抓，不但自己和弟弟受到连累，还会让父亲遭受更大的心理伤害。

何炳祥后来说，看着父亲被押走的背影，自己却无能为力，唯一能做的只是保护好弟弟。父亲蒙难，是他一生中最难抹去的哀伤。

何树最终判刑 10 年。

在此期间，何炳祥及兄弟姐妹也因为没有父亲的庇护而备受欺辱，经常在上学或放学的路上，被高年级的同学拦住、呵斥，甚至要他们高声回答“你爸爸去哪儿了”，何炳祥必须回答“去改造坐监了”，这些同学才会放过他们，如果不回答就会被他们狠狠揍上一顿。

含垢忍辱，一力承担，何父垂范炳祥

经历了各种风风雨雨，身在监牢中的何树深知自保之道。在这个寒冷的冬天，只有含垢忍辱，坚忍负重，才能保护自己、保护家庭，度过黑暗的长夜，等到春天。

在被批斗期间，为了能够减少无谓的皮肉之苦，何树只能逆来顺受。监管人员大声呵斥，何树必须高声回答认罪。因为何树表现恭顺，挨打的次数也相对较少，这展现出他灵活机智的一面。但是何树也是非常有原则的人，他宁可自己认下那些莫须有的罪行，也绝不连带其他亲戚和狱友。

有一次，一个狱友因为觉得自己太过冤枉，人活得没有意思，太过压抑而抽烟解闷，被牢头发现这个号子有烟味，每个人都被拉出去质问拷打，何树宁愿自己被抽耳光，也不供出是谁。何树坚忍的品格、自己一力承担不连累他人的精神，一直垂范影响着何炳祥。

何树有着朴素的人生观，就是临机应变，顺天应人，所以即使在那样一个残酷的年代，还保持着良好的心态，从来没有失去对生活的希望，身体也一直非常健康。何炳祥的生意和人生大起大落，但是他和他的父亲一样，低头做事，沉着应对，对未来始终保持梦想。

关押 3 年零 8 个月后，由于查无实据，何树最终获得平反，被提前宣布无罪释放，免于一切刑事处分。随后政府赔偿了何树关押期间的工资以及若干补贴。

何炳祥从事内衣成功之后，何树的生活也大为改善。但是命运之神依旧没有垂青这位老人，何树于 2003 年因为车祸意外去世，享年 70 岁。

何树虽然去世了，但是他精明自保、诚实经商、敢作敢为、顺天应人的精神，却没有随之而去，这种精神在何炳祥的身上生根发芽，茁壮成长。已经年过半百的何炳祥，每每提到父亲，总是热泪盈眶。他说，父亲的形象在他心里永远那么鲜活；父亲的精神，一直激励他前进。父亲从来都没有离开他，一直在他左右，庇佑何家的子孙与未来。

垃圾婆，在何炳祥心中，是一个伟大的名字

何炳祥的母亲邵洁贞本是一位全职家庭主妇，具有中国女性的爱家传统和坚忍精神。何树夫妇一共生育了 5 个孩子，即大哥何炳光、大姐何少容、二姐何顺桂、弟弟何炳坚和何炳祥。何树的蒙冤入狱，让这个家庭的顶梁柱瞬间崩塌，两个姐姐也都辍学。何母以一柔弱之肩，承担起一个大家庭的重任。

为了糊口，何母只能做最为卑贱的工作，从一开始扫大街，再到上街收垃圾，含辛茹苦，而这一切仅仅是为了让 5 个孩子能够有口饭吃。

每天清晨，何母早早起来，顶着露水，迎着日出，拉着小木车，车上挂一

个铃铛，挨家挨户去收垃圾。作为盐步镇唯一的环卫工人，何母几乎成为收垃圾的代名词。很多老盐步人都不知道何母的名字，只知道她是“垃圾婆”。

因为家庭极端贫困，无法养育这么多孩子，何母几乎向所有能认识的人借钱借粮度日，甚至于为了填饱肚子，接受隔壁邻居施舍的剩余饭菜。

回首当年，这一切的悲剧，都是那个残酷年代的产物，无关道德品质。而为了5个孩子的成长，一个母亲置个人荣辱于不顾，彰显了深沉的母爱。这种精神，值得我们向何母致敬！

宁肯一人脏，换来万户净

那时候的报纸上，曾经广为宣传一个叫时传祥的淘粪工人，后来《寻找时传祥》被收录进小学课本。时传祥受生活所迫当了淘粪工，是一位“宁肯一人脏，换来万户净”的淘粪工人，他毫不利己、专门利人的崇高精神，曾受到了党和人民的高度赞扬。1952年在北京市崇文区清洁队工作，随后被评为全国著名劳动模范，受到毛泽东的接见，接受周恩来的敬酒，被作为社会分工的典型，最终被上升到勤劳朴实、自强不息的民族精神和爱岗敬业、吃苦耐劳的奉献精神。

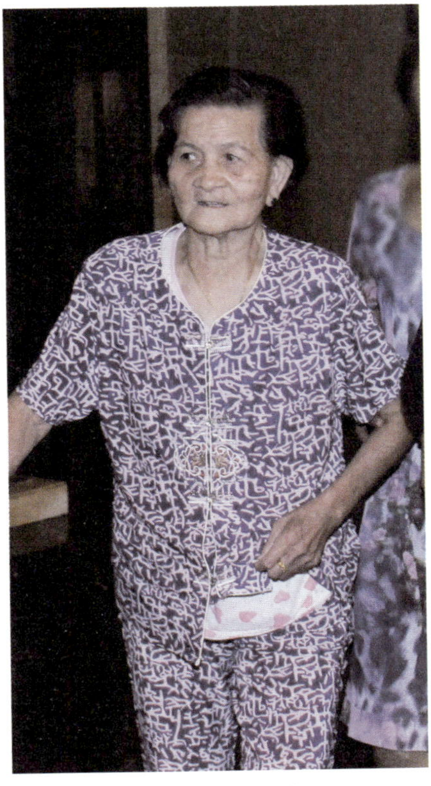
●何炳祥母亲邵洁贞

这篇文章在何炳祥的心中产生了深刻的影响。曾经，他也觉得母亲的职业让自己抬不起头，后来，他渐渐觉得母亲和时传祥一样光辉伟大，甚至超越他。何炳祥在说到母亲的时候，反反复复地念叨一句话：宁肯一人脏，换来万户净！

小小的何炳祥，已经知道要让妈妈开心，他找到这张报纸，走到妈妈身边，用童稚的声音一句一句地念道：

时传祥的工作虽然普通，事迹却很感人，成了享誉中国的知名人物。

在 1959 年全国“群英会”期间，总理周恩来接见了他，询问他的工作情况。

担任北京市副市长的万里，也曾背起粪桶，跟着时传祥学习背粪，给环卫工人鼓气，一时间在北京城内传为佳话。

清华大学的一些学生也曾拜时传祥为师，主要是学习他身上那种吃苦耐劳的精神和“宁肯一人脏，换来万家净”的崇高思想境界。

1966 年国庆节前，毛泽东特意把他接进中南海小住。

国庆节当天，他被当做贵宾请上了天安门，参加国庆观礼活动。

虽然原文我已无法找到，但这也是一段儿子感恩母亲、理解母亲的见证。

垃圾婆，在何炳祥心中不再是一个让人难堪的名字，而是一个伟大的名字，一个令人崇敬的符号。母亲在何炳祥的心中无比伟大。虽然母亲现在已经80多岁，经常意识不清，但是何炳祥一直亲自奉母至孝。

母亲的长寿，成为何炳祥最大的愿望。

即使捡猪粪，也要比别人多

残酷的环境铸就何炳祥坚忍不拔、永不服输的强悍性格，甚至激发了何炳祥内心强大的精神动力，用他自己的话说：“即使我出去捡猪粪，也要走得比别人快，捡得比别人多。”

也许何炳祥的精神动力，就是父母的给予，也是对父母最好的报答。

第二章 童年

身份卑微备受欺凌，难掩匠心胆色过人

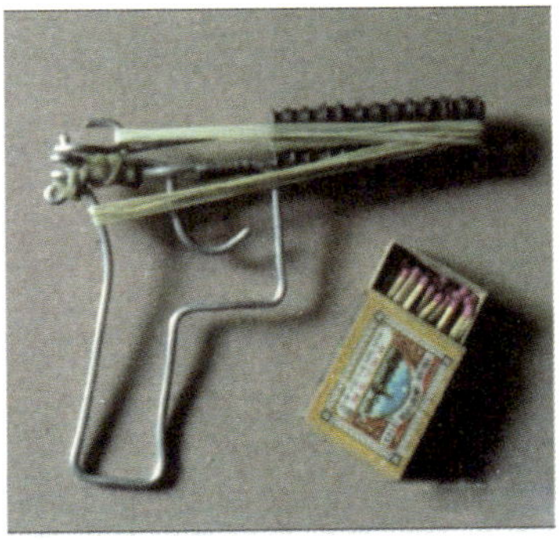

【何炳祥】：人穷不能志短，什么都可以没有，但是不能没有志气；有得就有失，什么都可以失去，但是不能失去梦想，做人不能自暴自弃，要敢于永远争第一。童年在我的人生中有黑色、白色、灰色，但是同样有红色、绿色、万花筒般精彩的五颜六色。我们广东俗话里面有一句“宁欺白须公，莫欺少年穷，终须有日龙穿凤，唔信一世裤穿窿。”意思是：宁可看不起没钱的白头老翁，也不要看不起贫穷的年轻人，因为少年人前途不可限量。少年人如果努力，迟早有一天会飞黄腾达的，就不相信一辈子总是穿着有破洞的裤子。话虽如此，但是只有努力才能成功，否则只能是白白受欺，直到老也不能改变。

身份黑七类，从小被欺凌

在 20 世纪 60 年代的特殊历史时期，童年的何炳祥和他的兄弟姐妹们，同样承受了难以想象的欺凌和羞辱。

没有父亲的保护，何炳祥的童年备受歧视。读书的时候，由于出身不好，何炳祥无法成为红小兵、红卫兵、共青团员，连续申请十多次也不批，最终他知道自己永远也无法加入。也正因如此，他经常被其他同学欺负，甚至辱骂挨打，却不能还手、还口。本来每一个同学都应该有旅游踏青的机会，但是何炳祥兄弟没有；本来每个同学应该轮值打扫卫生，却总是让何炳祥兄弟俩去做。

尤其不能忍受的是，当时的个别老师也思想极端，常常毫无端由地将何炳祥当成黑七类的儿子对待，直接像抓小鸡一样，将瘦弱的他拎到教室门外站着，不准他在课堂内上课、学习。由于听不清讲课内容，作业亦无法如期完成，只能去抄袭同学的作业，由此更是经常被老师打骂，折断他的铅笔，撕掉课本，扔掉书包，赶他出校门，周而复始。

这段经历，对何炳祥幼小的心灵打击可谓极大。

回忆当年，何炳祥感慨万千。对于幼时的那位老师，因为当年遭受的不公，何炳祥曾经记恨他很多年。但是后来，何炳祥逐渐意识到，那位老师也是时代的产物，忘记了“有教无类”的中华美好师德。时代对人性的扭曲，值得反思。而老师的所作所为会严重影响到孩子的心灵，这种影响甚至贯穿一生。后来何炳祥偶遇这个老师，对方似有愧色，但终究未有表示，而何炳祥倒是大度，主动与他重归于好。

人穷志不短，“豆丁祥”有胆

随着年龄的逐渐增长，何炳祥并没有因为生活在社会最底层而自暴自弃、俯首称臣，童年的他开始了他那个年代的逆袭，这些逆袭，一些充满着智慧，另外一些则充满着些许暴力。

当年何炳祥由于家庭成分不好，身板又比较瘦弱，人称“豆丁祥”，经常受到欺负。豆丁，在方言中，是长不大的意思，就是说个子很矮很瘦。

为了改变被欺负的状况，何炳祥想到一个计策，结盟同班身型最强大、最狠的小伙伴，可以互为犄角，相互依托。

那时，班里有一个彭姓男同学，身材高大、长相比较凶狠，成绩亦不太好，但是为人比较仗义，没什么功利心，属于直爽性格，和何炳祥兴趣相投，两人逐渐走得很近。有一次，一帮同学又来欺负何炳祥，何炳祥顺势躲在该同学的身后，而这个同学也拿出了凶狠的决斗姿态，捍卫他的好友“豆丁祥”。那些同学一看情势不对，也只有作罢，一哄而散。在这之后，慑于该同学的保护，很少有同学再敢欺负幼时的“豆丁祥”了。何炳祥一直感谢这位同学，引为知己，友谊历经 40 余年而不变。

为此，笔者专门拜访了何炳祥的这位小学好友，说起当年故事，他亦是言犹未尽。他说当年之所以保护“豆丁祥”，是因为何炳祥也很仗义，虽然个子瘦小，关键的时候也敢于出手，算是英雄惜英雄了。

雄辩口才，号称“尖嘴鸡”

根据何炳祥小学好友的描述，他之所以保护何炳祥，还有另外一个原因，那就是何炳祥口才极好，“那把嘴最厉害”，善于雄辩，让大家很开心，也很有面子。用广东话来形容，何炳祥算得上一只“尖嘴鸡”，就是嘴巴特别能说的那种。

或许何炳祥不太会写，但是他能说会辩、善修饰、会控制气场，这可是从小就修炼而成的。当年何炳祥个子中等，身材瘦弱，囊中羞涩，家中无依，成绩马虎，但是他那颗脑袋转得极快。上帝没有给他其他财富，但是给了他机智善变、巧舌如簧、口吐莲花，“死的都能给他说活”，这也让他成为同学中的口才佼佼者。

很多年过去了，何炳祥的这一才能依旧保持。虽然在正式的讲台上稍感拘束，但是一旦放开，尤其是在内部的会议上，我们能感受到他滔滔不绝的辩才以及高昂澎湃的激情。这也成为他重要的领导力之一。

为了弟弟，豁出性命

由于从小深知社会的冷酷和家庭的弱势，何炳祥凡事比较忍让，毕竟退一步海阔天空，好汉不吃眼前亏。

不过也有例外。

●何炳祥（右）与弟弟何炳坚

何炳祥的弟弟何炳坚比他小两岁，同样饱尝了人间冷暖，在学校被欺负也是家常便饭。

有一次，几个小混混又合伙欺负弟弟，因为被欺负多了，弟弟何炳坚似乎有点逆来顺受，竟没有反抗。刚好何炳祥看到了，护弟心切，怒从心头起，也就顾不得什么道理了，随手抄起一块砖头，就冲向那些小混混，挥力猛劈过去。

俗话说：软的怕硬的，硬的怕横的，横的怕不要命的。那些小混混一看何炳祥拿出玩命的架势，竟然没有一个敢上来接招，一溜烟全跑了。何炳祥意犹未尽，拿着那块砖头穷追不舍，追出半里地去，那伙人四散奔逃。

从此，很少有人再敢欺负弟弟何炳坚了。

自制土玩具，尽显新创意

虽然世道严酷，未能泯灭的依旧是童心。和世界上所有小孩子一样，儿时的何炳祥也酷爱玩耍。那个时代物质极为贫乏，没有什么玩具。常规的游戏，如跳绳、砸沙包、推钢圈、弹珠、弹棋、赌公仔纸等，已经不能满足好奇心特别重的何炳祥。

他需要新鲜玩意儿。

什么材料都没有，但这些难不倒匠心独运的何炳祥。

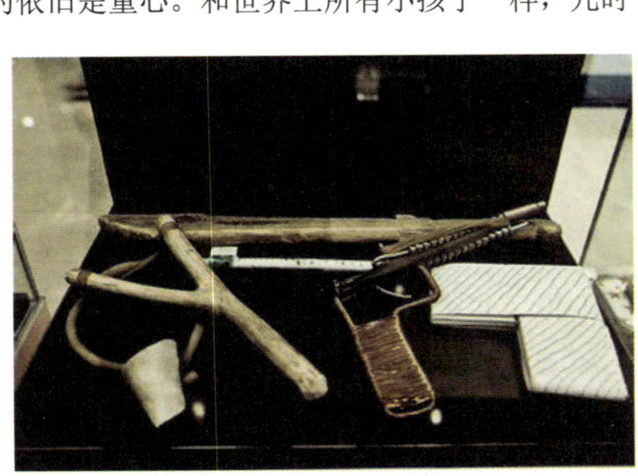

● 20 世纪 60 年代自制土玩具

当时象棋还是弥足珍贵的，大人也不见得能拥有一副。何炳祥从当地做房屋的土砖制作中获得灵感。他借来一副象棋，寻来一些废旧塑料、胶带，然后点火烧融后，一个一个地用象棋去压铸，等塑料冷却坚硬后，就变成了象棋模具。再用水和一种比较特殊、容易成型的黄泥，经过二次转制，然后晒干，就做成一副有模有样的土制象棋了。这种象棋虽然够土够粗糙，但是毕竟手工制成，且能循环往复，摔碎了还能再做，算是和中国四大发明的“活字印刷术”异曲同工了。

●土制象棋

原来创意是这么简单，而快乐也是那么的容易。

儿时何炳祥的创意还有很多，这里不一一尽述，当然其中也少不了一些鞭炮吓人之类的恶作剧了。

喜欢为人改衣衫，服装设计早发端

根据中国服装历史的介绍，“文革”时期，最时尚的装束莫过于穿一身不带领章、帽徽的草绿旧军装，扎上棕色武装带，胸前佩戴毛主席像章，斜挎草绿色帆布包，胳膊上佩戴着红卫兵袖章，脚蹬一双草绿色解放鞋。

除红卫兵外，工人、农民、教师、干部、知识分子中相当一部分人也穿起了军便服。服装市场也开始出售草绿色上衣和裤子，由此，开始了“十亿人民十亿兵”的军便服时代。这一时期，服装的等级意识逐渐消失，取而代之是艰苦朴素、勤俭节约的思想风尚。

意大利导演安东尼奥尼向往社会主义，感情上和中国友好。经过周恩来总理的特批，他于 1972 年在中国实地拍摄了电影《中国》。这部电影成为世界观察当时封闭中国的一个缩影，现在看来，这部电影多数画面色彩黯淡，真实地体现了当时中国人的服装只有几种颜色——绿色、蓝色、白色、黑色。那时候爱美的小姑娘，弄条红头绳或衣服上滚一条白边，就认为已经是色彩斑斓，美得不得了。可见，那个时代的色彩是多么单调！

这是何炳祥所不能容忍的。

根据弟弟何炳坚的回忆，何炳祥当年虽然很穷，但是一直很好强，爱面子。衣服虽然破旧，但是绝对要补好，并且折叠得很整齐，从不会皱巴巴的。穿着整齐，精神高昂，是何炳祥的一个标志。

但是毕竟很久没有新衣服了，何炳祥又很爱臭美。当时奶奶节衣缩食买了一匹米黄色布给他做衬衣，何炳祥却自己在上面缝上一只红色的猫图案。那抹鲜艳的卡通红色，将这个土土的米黄色衬衣装点得非常特别。这也许是何炳祥设计的第一件服装吧。

当时他可能没有想到，自己日后不但能设计服装，甚至还设计女性内衣。这是后话，但这可看作是何炳祥从事服装设计最早的开端。

这一年是 1974 年，他 12 岁。

修改服装、设计服装，后来成为他特别的嗜好，于是就有了将供销社浅灰色工衣修改成为猎人装以及为妻子设计各类服装的案例。其中影响最大的改装，就是修改妻子梁雪兰的裙子，并由此引起“香港胸围大王”罗杰伦的关注，最终缔结了一段内衣缘分，此是后话，按下不表。

小荷才露尖尖角，遇水化龙未可知

何炳祥的一位范姓女同学说，何炳祥在小时候已经崭露头角，显示出一种与众不同的才能，只要机缘合适，就能迸发出璀璨的火花。

正可谓：小荷才露尖尖角，遇水化龙未可知。

第三章 启蒙

舅舅启蒙璞玉天成，名师雕琢根植艺术

【何炳祥】：中国有一句古话，“天不生仲尼，万古如长夜”，意思是老天爷如果不诞生下孔子，中国人就会一直蒙昧不开化，不会成为文明人。西方也有类似的话，就是如果没有耶稣基督降临，那么人类就一直有罪而不知悔改。这些话不一定全对，但肯定有部分道理。我的人生在年少阶段，可以说如漫漫长夜，不知道哪里是尽头，明天在哪里。这时候，一盏明灯出现了，它照亮了我暗淡的心房，照明了我前进的道路，让我对这个世界的爱与美有了切身的感悟，因而爱上了生活，爱上了工作，爱上了艺术，爱上了自己，甚至爱上了他人。我的人生因此而变得多姿多彩，充满梦想。这盏明灯就是我的舅舅——邵伟尧，耳濡目染他对美术的追求，亲耳聆听他对我的教诲，有他的鼓励，有他的支持，我不但获得了极大的进步，而且懂得了美对生活的意义，尤其是悟到了做人的价值。他是我至爱的舅舅，更是我心灵的导师。他让一个没有机会读大学的我，同样学到了很多美术课程。这些经历，奠定了我对内衣设计的原始美术基础，对我之后的内衣事业至关重要，不可或缺。

璞玉纵然天成，尚待名师雕琢

儿时的何炳祥，带着几分灵气，几分痞气。根据他一些同学的回忆，那时何炳祥鬼点子很多，如同一块未经雕琢的“璞玉”，丢在深山，就只是一块质地较好的顽石；打磨不好，也就是一块可用可弃的边角料；只有获得大师点拨，名师雕琢，才能真正绽放出光彩，成为可堪女娲使用的补天之石。

这时，大师出现了，他就是何炳祥的舅舅——邵伟尧。

邵伟尧，中国油画界的泰斗

邵伟尧，油画家，兼擅中国画。1938年生，1961年毕业于中央美术学院油画系，从事美术创作已经五十余年。此后在广西艺术学院长年任教，现任中国油画学会理事、广西美术家协会名誉主席、广西老美术家协会主席、广西油画学会名誉会长、广西文史研究馆馆员、广西艺术学院教授。

代表作品有《渔歌》《新绿》《春在田间》《白云·红土地》等，多次入选全国美展，并曾在中国香港、中国澳门、中国台湾参展，也在吉隆坡、纽约、温哥华等地参展，部分作品为广西博物馆、桂林市博物馆收藏。1993年获国家级优秀教学成果二等奖，1997年获国家艺术科研规划小组编纂二等奖，专著有《素描基础训练》。

一代油画大师董希文是邵伟尧的老师，被誉为20世纪中国最杰出的油画家之一，最著名的美术教育家，国家文物局规定的“作品一律不得出境”的六位大师之一，曾任人民英雄纪念碑浮雕起稿组组长，是《开国大典》的创作者。

●邵伟尧代表作品油彩、油画布《春在田间》

独辟蹊径，锲而不舍；何以解忧，唯有美术

何炳祥的舅舅邵伟尧是一个特立独行的艺术家，他说他一生最大的体会就是："一个画家，一个希望保持创作个性、保持自我和作品独特风格的画家，就必须与潮流风尚不断抗争。"

20世纪60年代，当时国内认同苏联的写实画风，而邵伟尧师从董希文的"油画民族风"理论，去临摹敦煌古画，试图融合中国传统文化艺术精神与西方油画艺术元素，将油画的写实技巧结合装饰风格的意趣，第一次和当时占据主流时代的美术风格产生激烈碰撞。其作品《渔歌》，被媒体评论认为"学习了民族传统且具有鲜明的独特风格"。 在那个非常年代，邵伟尧与世无争，两耳不闻窗外事，一头扎进了他的艺术国度之中，还美其名曰"何以解忧，唯有美术"。

进入80年代，艺术潮流呈现抽象胜过具象、反传统代替传统的浮躁局面，

●邵伟尧代表作品油彩、油画布《渔歌》

并被贴上时代化的新潮流标签，各种海内外的文化被引进来，令人眼花缭乱。邵伟尧是一个绝不随波逐流的人，他此时仍坚定地秉持写实传统。他不被那些浮躁的潮流所迷惑，既不全盘否定，也不照单全收，而是借鉴他们的精神和营养，用于写实之中，形成了邵伟尧独特的创作理论。

在度过一个个狂热时代之后，那些曾经风光一时的美术家和美术作品，渐渐泡沫破裂，被打回原形。而邵伟尧的作品，经过时间岁月的洗礼，越发闪耀个性价值的光辉，尤其是面向真实生活、描摹大地灵气的作品，更为美术界所推崇。

邵伟尧独辟蹊径、锲而不舍的艺术观点，此后也深深影响了何炳祥的内衣设计。检视邵伟尧的美术创作历程以及何炳祥的内衣设计历程，就是一个表达自我、绝不随波逐流的典范。

不要糖果要画笔，舅舅怜惜小外甥

每次舅舅来到家里做客，都是何炳祥最开心的日子。舅舅不像普通人，他既没有那种被生活压得沉重的负累感，也没有对物质和权力的渴求。正应了《论语》那一句——无欲则刚。但凡有些艺术追求的人，总是有点旷达自许，不为俗尘所系。小何炳祥和其他大人相处总是有一些惧怕和拘束感，唯独和这位舅舅一起，感觉很轻松愉快。一句话，在所有亲戚之中，何炳祥最喜欢的就是这个舅舅。

舅舅也特别喜欢这个外甥，因为何炳祥和其他小孩不一样。其他小孩见到邵伟尧，都希望获得一块糖果，唯独何炳祥希望获得一支画笔。虽然小时候的何炳祥还不知道画笔所承载的意义，但是粗粗细细的线条、五颜六色的颜色，能编织描绘出各种如万花筒般的色彩，甚至是简单几笔就能画出猫猫狗狗，花花草草，还是觉得非常神奇。舅舅每次来到何家，都会送他若干画笔，让他贫瘠而枯燥的童年平添许多生趣。

多年以后，何炳祥回忆说，这是他童年收到最最珍贵的礼物，没有之一。

报纸当画纸，炳祥学画画

中国古代有一个故事，宋朝时期，欧阳修到上学的年龄了，他的妈妈郑氏一心想让儿子读书，可是家里穷，买不起纸笔。有一次她看到屋前的池塘边长着荻草，突发奇想，用这些荻草秆在地上写字不是也很好吗？于是她用荻草秆当笔，铺沙当纸，开始教欧阳修练字。欧阳修跟着母亲的教导，在地上一笔一画地练习写字，反反复复地练，错了再写，直到写对、写工整为止，一丝不苟。这就是后人传为佳话的“画荻教子”。欧阳修最终成为唐宋八大家之一，其书法也自成一格，外若优游，中实刚劲，笔势劲挺，灵动中含质朴，很有

●画荻教子图

法度。

无独有偶，小时候的何炳祥家穷得叮当响，根本就没钱买画笔，也没有纸张。欧阳修有母亲郑氏教育，而何炳祥也有舅舅启迪。舅舅邵伟尧提供的画笔可以用多次，但是纸张却没有。那时候各种废报纸特别多，舅舅让何炳祥出去捡一些废报纸，可以在上面画画。报纸上有一些字和图，舅舅打趣地说，那些文字和图片就当装饰底纹吧。

谁说画画一定要好的纸和笔，关键在于是不是用心学习。关于中国书法，有一句话说“能书不择笔”，就是写字好的人不计较笔的优劣，能够运用笔的特点，因势利导地写字。何炳祥在废报纸上练习画画，也有异曲同工之妙。

舅舅给姨妈画像，炳祥给舅舅素描

有一次，舅舅邵伟尧又来到盐步。他是一个十足的画迷，除了临摹名画、在户外写生、在田间画老农、在火车站画旅客，这一次，舅舅要给姨妈一家画像。

舅舅聚精会神，几乎达到物我两忘的地步。不到一顿饭的工夫，姨妈的模样就出现在纸上。他将肖像画展现给大家看，问大家：“像不像？”

“像！非常像！”随之一阵哄堂大笑。

舅舅觉得非常诧异，仔细看了看姨妈，并没有觉得有什么不妥，但是大家笑得似乎更夸张了。

他感觉大家的笑声非常怪异，且眼神似乎不是在看自己，而是身后。于是回过头，原来何炳祥也举着一幅画。那幅画不是自己吗？虽然外形并不是特别相像，但是蓬松的头发、拉碴的胡须、专注的眼神，却有几分神似，还有一点卡通的意味。

有一首诗说：

你在桥上看风景
看风景的人在楼上看你
明月装饰了你的窗子
你装饰了别人的梦

舅舅在画别人的时候，不知道自己也成了何炳祥这个小画师的模特。

小画师何炳祥的作品虽非常稚嫩，却也有可圈可点之处。涂鸦之作获得舅舅首肯，何炳祥无比开心，从此对画画兴趣更浓，几乎三日不画，就欲罢不能。

在何炳祥从事内衣事业之后，在舅舅的穿针引线下，与他所在的广西艺术学院达成校企合作，落实学生就业，共享服装设计，算是缘分的继续。

要成功，更要艺术，才是生活

金钱可以满足一个人的物质欲，但是满足不了一个人的心灵；权力可以满足一个人的控制欲，但是不能让人打心眼里真正地折服。

如果没有这样一位酷爱美术的舅舅，何炳祥凭借自己的聪明和胆魄，在改革开放后充满机遇的广东，也许一样会成功，赚取很多金钱。但经过了舅舅的艺术熏陶，和一些企业家相比，何炳祥有了一些不同的梦想和追求。

由于当时的家庭环境因素所影响，他虽然没有走上纯艺术之路，没有成为真正的画家，但是良好的美术功底让其拥有了较好的审美能力和品位，这种能力在其后来从事的内衣设计和研发中，对创立品牌的格调、精准定位非常重要。奥丽侬的产品设计风格，也许不是那么时尚和前卫，但是非常经典和充满艺术美感，这种风格历经 20 多年的发展并日趋完善，应该说完全得益于奥丽侬品牌的掌舵人——何炳祥。

一本芥子园画谱，自学美术课教本

舅舅毕竟是在广西任教，不能常常来广东。有一次临走的时候，舅舅送给何炳祥一本《芥子园画谱》，让他自己多临摹。

这是一本不简单的书，对何炳祥一生产生重大的影响。对于何炳祥来说，这就是至宝，金不换的贴心宝贝。像得到心爱的宝物一样，何炳祥如饥似渴地日夜临摹，从此走向了艺术生涯的第一步。

《芥子园画谱》，又称《画传》，诞生于清代。清代著名文学家李渔，曾在南京营造别墅“芥子园”，并支持其婿沈心友及王氏三兄弟（王概、王蓍、王臬）编绘画谱，故成书出版之时，即以此园名之。此画谱堪称中国的绘画教科书，在中国的画坛上流传广泛，影响深远，孕育名家，施惠无涯者，《芥子园画谱》当之无愧也。画谱系统地介绍了中国画的基本技法，浅显明了，宜于初学者习用，故问世 300 余年来，风行于画坛，至今不衰。

许多成名的艺术家，当初入门，皆得惠于此，称其为启蒙之良师，是一点不过分的。画坛巨匠齐白石、著名国画家潘天寿、山水画名家陆俨少都曾研习本书，照谱学画，尤其是在无人指导的情况下，这本书成为他们学画的第一位老师，上述三人都终成一代大师。《芥子园画谱》施惠画坛300余年，育出代代名家，可谓功德无限。何镛所言，此书“足以名世，足以寿世”，然也。

由于阅读太多，翻看太勤，这本书很快就破损不堪，最终在搬家的时候不知所踪。何炳祥有了个人收入之后，专程又买了一本，放在家中，时时翻阅，偶尔临摹，表情甚恭。

由于《芥子园画谱》深入浅出，循循善诱，是非常好的进修范本。直至今日，何炳祥还能快速地画出其中主要的科目，树、山石、流泉、瀑布、水、云、人物、屋宇、鸟兽、台阁、梅、兰、竹、菊、翎毛、草虫等。笔者就曾亲见其在与朋友用餐之时，兴之所至，虽无纸墨，但竟直接用同桌女性的唇膏挥就一幅简单的竹石画，可谓美术功底深厚。

●何炳祥当年唇膏挥就的竹石画

单车骑行十公里，越秀艺苑读夜校

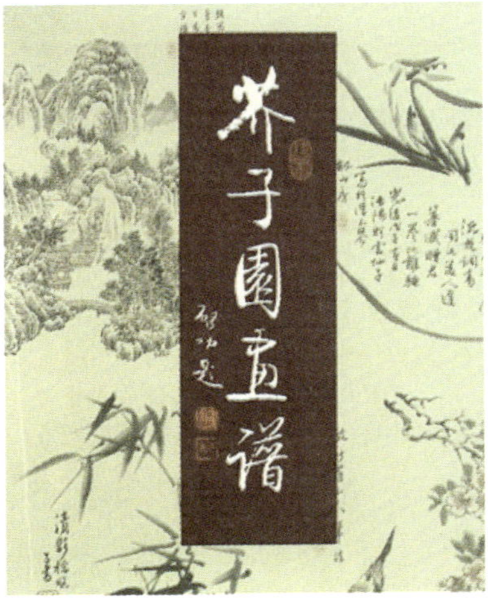

●《芥子园画谱》

一本《芥子园画谱》，让何炳祥如痴如醉，但还是无法满足他，何炳祥对知识的渴求与日俱增。在何炳祥早年任职南海供销社期间，工作相对清闲。他利用业余时间，骑行单车十多公里，去广州越秀艺苑读夜校，继续自己的艺术之路。

现在南海行政上属于佛山，毗邻省会广州，两地俗称广佛地区。以前的黄飞鸿就、康有为均是南海的，但是他们都成名于广州，可见广州和佛山的地缘关系。随着经济的发展，现在广佛两地完全连接一起，已经找不到边界的痕迹了。

南海盐步到广州越秀艺苑，距离还是比较远的。这十多公里的骑行路程，没有让何炳祥觉得疲惫。一颗求知的心，将这些疲惫统统抛至身后。而这段时间的学习，也让何炳祥扎下了深厚的美术功底。

在越秀艺苑读书期间，何炳祥结识了很多同学，之后有些成为著名的艺术家，如蜚声海内外的南海画院院长黎明晖等。

为舞台画背景，唱一生好粤剧

何炳祥小时候居住在盐步康乐巷，那时候，广州一些粤剧团经常来南海演出。他们演完之后，就暂住于此，时不时在巷内哼唱些抑扬顿挫的粤剧，于是就有很多爱唱粤剧的票友聚此学习。何炳祥的爸爸从小带他去听，耳濡目染，就有了最初的兴趣爱好。

●粤剧戏棚场景

后来何炳祥在盐步旅社工作期间，兼画盐步文化站的橱窗，相对比较清闲。这时广东有一个三水粤剧团，经常来南海，借用盐步文化站的舞台表演和排练，何炳祥经常去帮忙画舞台背景。

那时候，科技还非常落后，国内还没有广泛应用电脑和喷绘。无论是户外广告画还是舞台背景，都需要美工人手绘制而成。何炳祥当时跟前三水粤剧团舞美设计的陈创志老师学习，画那些舞台背景。开始何炳祥画得极其认真，非常注重细节。陈创志老师看了非常称奇，说这个效果超出要求太多了，但舞台上灯光效果不一样，离观众远，打的是大灯光，不需要太精细。

经过一段时间的舞台背景绘画实际操练，何炳祥的绘画功夫变得更加纯熟。

工作之余，绘画之后，何炳祥也经常去听粤剧。这一听，却对何炳祥的一生，起到了重大的转折作用。

粤剧又称“大戏”，或者“广东大戏”，汉族戏曲之一，被周恩来总理誉为“南国红豆”。粤剧是融汇明清以来流入广东的海盐、弋阳、昆山、梆子等诸腔，并吸收珠江三角洲的民间音乐所形成的以梆子、二黄为主的我国南方一大剧种。粤剧源自南戏，自明朝嘉靖年间开始在广东、广西出现，是糅合唱做念打、乐师配乐、戏台服饰、抽象形体等的表演艺术。最初演出的语言是中原音韵，又称为戏棚官话。到了清朝末期，文化人为了方便宣扬革命而把演唱语言改为粤语，使广州人更容易明白。

粤剧名列中国第一批518项国家级非物质文化遗产名录之内，并获联合国教科文组织肯定，列入人类非物质文化遗产名录。同时，粤剧也是广东省最大的地方戏曲剧种，随着粤语华人的移民及其对粤剧的喜爱和传唱，被传播到世界各地。随着中国实行改革开放，一度沉寂的粤剧开始重生。二十多年间，不少粤剧团纷纷在内地涌现，遍布广州、佛山等地。

粤剧传统剧目，江湖十八本：《寒宫取笑》《三娘教子》《三下南唐》《沙陀借兵》《五郎救弟》《六郎罪子》《四郎探母》《酒楼戏凤》《打洞结拜》《打雁寻父》《平贵别窑》《仁贵回窑》《李忠卖武》《高平关取级》《高望进表》《斩二王》《辨才释妖》及《金莲戏叔》，以及“新江湖十八本”：《再重光》《双国缘》《动天庭》《青石岭》《赠帕缘》《困幽州》《七国齐》《侠双花》《九龙山》《逆天伦》《和为贵》《闹扬州》《双结缘》《雪重冤》《龙虎斗》《西河会》《金叶菊》《黄花山》等，何炳祥耳熟能详，很多经典的段子他都能唱出神韵。

2013年12月，粤剧代表人物红线女去世，何炳祥亦感心情难过，因为这是他最喜欢的粤剧艺术家。用现在的话来说，就是偶像。

父亲强力阻止，炳祥回归“正轨”

俗语讲“外行看热闹，内行看门道”，多数人看粤剧，也就是凑下热闹，顶多就是哼几句，看完就走。何炳祥可不是这样，他干什么事情，都喜欢深究，对于粤剧，也不例外。

为了学会更多的粤剧，何炳祥画完了舞台背景，就认真地学习粤剧，他被各种充满感情的粤剧深深吸引，几乎达到忘我的境地。

粤剧对何炳祥的一生，影响很大，仅次于美术。何炳祥至今还能唱很多粤剧段子，特别是像《帝女花》《禅院钟声》《花好月圆》《山伯临终》《万恶淫为首》等，更是他的拿手好戏，每逢朋友相聚或公司活动时，别人去卡拉OK唱流行歌曲，他却与众不同，只唱粤剧，却也博得满堂喝彩、掌声雷动。

不过在当时而言，父亲何树对儿子的这一嗜好却是深恶痛绝。何树本是商人，对这种“戏子”的前途，非常不看好。儿子“游手好闲”地学粤剧，短期内看不到钱，长期也看不到未来，不好好读书、好好工作，岂不是误了终身？

何树祭出了家法，逼迫何炳祥继续工作。作为孝子，何炳祥也只能就范，他的粤剧梦就此终结。

从此，他只能算一个粤剧迷、美术爱好者。

少了一个艺术人，多了一位企业家

何炳祥的顺从及转变，从表面来看，这个世界上多了一个企业家，少了一个艺术家。但是，从另一个角度来看，这个世界没有少什么，倒是多了一个懂艺术的企业家，他将艺术更好地融入商业之中，融入内衣当中，于是消费者也多了一份对艺术的欣赏和享受。

这个商业，就是内衣艺术设计。

第四章　历练

勤奋好学初露锋芒，机修裁床奠定基础

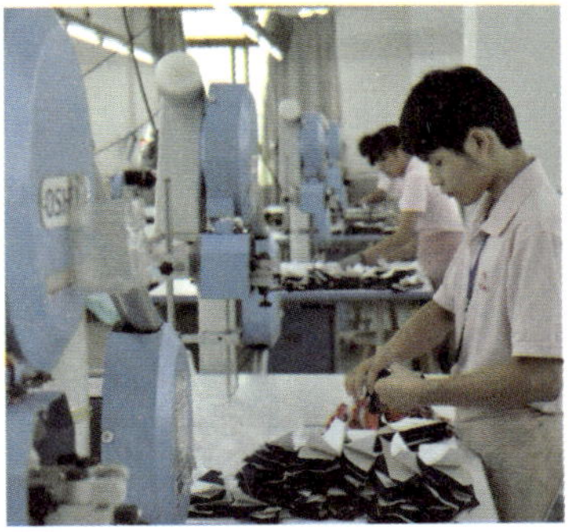

【何炳祥】：人的成长有一个过程，不是一朝一夕就能速成的，而是需要长期的积累。中国人说“一天吃不成一个胖子”，就是这个道理。以前没有什么机会，那只能同甘共苦。改革开放是个好政策，各种机会多，如果现在仍旧不能成功，那只能说你还不够努力。机会是留给有准备的人的。在我做内衣之前，虽然也做得很好，但确实谈不上什么成功，当然也不能说那段时间就不重要。我的每一段人生经历都是重要而不可或缺的，“内衣纪元前”也一样。在粤佳玩具厂的任职过程，甚至在盐步旅社的工作经历，让我获得了初步经验，对以后的服装设计、待人接物、生产管理，都有非常正面的意义。一个人有梦想，那是很好的，有梦想，就有格局，但是一定要立足当前的工作，干一行爱一行，才能获得尊重，才能给未来奠定基础。老话说得好，技多不压身，迟早有用途，即使没用途，也会令人生丰富多彩。

时刻准备，为未来而积累

在进入内衣行业之前，何炳祥做过若干工作。这些工作要么轻松到让他有空余的时间去学习画画和戏剧，要么给予他有益的经验积累，这都成为他之后从事内衣的宝贵财富。

“男怕入错行，女怕嫁错郎。”这是人生最悲哀的事情。何炳祥是幸运的，他曾经“入错行”，但是他没有自暴自弃、自怨自艾，而是珍惜业余时间，学习了大量课堂上没有的知识和技能。而一旦他进入到自己喜欢的“行业”，就展现出他热情投入的一面。虽然这时候他还没有跟内衣搭上关联，但是“隔行不隔理”，一通百通。

这些经历，对于其他人来说也许是隔行如隔山，但是对于何炳祥来说却有异曲同工之妙。这为他后来的内衣创业，做好了铺垫。

任职供销社，算盘赛第一

很多人说何炳祥的算盘打得精，笔者起初以为是说他善于做生意，精于计算成本和利润，没想到他真的“算盘打得精”。

何炳祥的第一个工作，是在南海县（当时还是县治，没有成立市和区）盐步镇供销社属下的旅社工作。这个工作异常清闲，让他有很多时间去干其他的事情。除了去学习美术和戏剧，何炳祥因为工作的原因，还迷上了打算盘。

现在已经是数字化时代，处处都是计算机、电脑，手机都自带计算器，无论多大、多复杂的数字，只要轻敲按键，马上就能得到答案，但是30年前，没有计算机，算术主要靠纸张、心算和算盘。那时候，能打得一手快速准确的算盘，非常受倚重。

算盘，是一种简便的计算工具，中国是算盘的故乡，算盘的发明甚至可以与中国古代四大发明相提并论，北宋名画《清明上河图》中赵太丞家药铺柜就画有一架算盘。2013年，联合国教科文组织正式将珠算列为人类非物质文化遗产。由于珠算运算方便、快速，几千年来一直是中国劳动人民普遍使用的计算工具，即使现代最先进的电子计算器，也不能完全取代珠算的作用。

何炳祥爱上了打算盘。别人把打算盘当做工作，何炳祥打算盘却当成了游戏，

●算盘

如同今天的手机、电脑游戏一般。唯一的算盘被何炳祥打多了，算盘珠子都磨得溜圆发亮。

何炳祥说，他之所以算盘打得好，是因为把打算盘当做游戏和爱好。对于枯燥的数字，他一点也不感觉厌烦，当把各种复杂凌乱的数字整理成清晰的档案账本时，是很有成就感的。何炳祥认为，使用珠算除了运算方便以外，还有锻炼思维能力的作用，因为打算盘需要脑、眼、手的密切配合，是锻炼大脑的一种好方法。

一上一，一下五去四，一去九进一；
二上二，二下五去三，二去八进一；
三上三，三下五去二，三去七进一；
四上四，四下五去一，四去六进一；
……

时至今日，虽然何炳祥早已不再使用算盘，但是他依旧能背诵算盘的加减乘除口诀。对于这一点，何炳祥说，那些复杂的数学公式、物理定律等知识，早就“还”给老师了，而学会算盘和学会游泳一样，只要学会，终生不忘，因为学珠算既是他的爱好，更是当时工作需要的实操。南海县供销社体系举行技术技能比赛，何炳祥勇夺珠算、宾馆旅业技能第一名，一扫他读书时候没有荣誉的历史，让整个供销社对何炳祥开始刮目相看。

因为得了珠算第一名，何炳祥开始被领导关注，由此开始了升迁之路。

盐步小画家，旅社一美工

在得知何炳祥正在学习美术，是一个业余的“画家”，且画得有模有样后，领导将何炳祥安排在盐步旅社从事美工工作。

美工工作看起来简单，其实也不容易。由于旅社是对外营业的，代表着盐步的形象，而美工则要经常出海报，是旅社形象的“化妆师”。那时候没有电脑和喷绘，什么文稿都要靠毛笔或粉笔，而宣传画全得靠人手绘制，没有一点扎实的书法和绘画功夫，这个工作真不是什么人都能胜任的。

比起在其他地方工作，在旅社当美工显然要好多了。看来业余学习美术，不但是兴趣，更能提升工作岗位。何炳祥也爱上了这个工作，虽然这些画局限于旅社的相关要求，不能尽情发挥，但是毕竟也是一种作品，会被很多人看到，何炳祥开始有被认同感。那一方黑板和墙纸就是何炳祥的画作舞台，欣赏这些海报的人，不但有本地盐步人，还有很多出差留宿这里的人。

笔者曾到奥丽侬厂区参观，奥丽侬的海报栏内容异常丰富，品牌的荣誉、市场的销售、消费者的反馈、厂区文化活动、员工逸事、领导动态、人事安排、外部活动、娱乐快报等，图文并茂，井井有条，是很多内衣企业所不具备的，而这个成为奥丽侬企业文化传播的重要组成部分，和何炳祥当年的美工工作可谓异曲同工。不同在于，以前是手工画作，而现在是电脑设计、喷绘而成；以前亲自书写，现在主要是口头演绎。

时至今日，凭借他深厚的美术功底以及对广告美术设计的浓厚兴趣，除了设计产品外，何炳祥还经常对平面和空间设计师提出一些设计建议和要求。

丽丽内衣厂：政工工作太轻松，一人当做多人用

对于美工工作，一周甚至两三周才换一次内容，何炳祥工作起来游刃有余，颇有大材小用之感。1984 年前后，由于何炳祥表现出色，再加上梁雪兰的介绍，何炳祥进入了罗杰伦与政府合作的镇办企业“丽丽内衣厂”任政工。

政工的工作其实和之前的美工差不多，主要就是所谓的思想行政工作，对于何炳祥来说，还是太过单一乏味了些，何炳祥浑身的劲儿使不出，于是他又开始“不务正业”了。

由于他比较好学，之前也有算盘财会等基础，就主动做起了统计的工作。别人统计就是统计，将各种数字归并起来做成报表。而何炳祥却把手伸得很长，甚至是多管闲事，连工厂的单价规划、计件工资、生产管理、规章流程等与己无关的工作，也积极参与其中。

回忆当年，何炳祥说刚开始他只是“精力过剩、发挥余热”，但是后面越做越多，自己也潜意识里感觉到，学到的知识都是自己的，学在脑海里别人偷

都偷不走，未来还有可能会用得上，也就不怕苦不怕累了。

而这时候，他对自己的工作能力也越来越有自信，甚至一个人可以胜任几个人的工作，这让他的野心一点点膨胀。他开始有意识地将一个工厂运作的全部流程从头到尾都用心地加以学习。他不仅仅是一个美工、统计、政工、管理了，他开始向“全能”方面发展。这是一个早期粗犷型企业老板创业最应具备的素质，而他正是在这个过程中，慢慢学习摸索。

正因为如此，何炳祥从事内衣后，凭着其特有的悟性、韧劲及吃苦耐劳的精神，成为行业内公认的“全能老板”。入行 30 年，从设计、工艺、生产、销售、财务、人事，甚至是衣车维修、仓库保管，何炳祥都亲力亲为，内衣生产的每一道环节无一不晓，每个细节都可以信手拈来、严格把控。这亦是后话。

三年后，何炳祥对一个内衣工厂的基本运作，已经了然于胸。

美新胸围厂：调任当厂长，沉迷技术忙

在丽丽内衣厂期间，何炳祥已经算是很成功了，但是他还是不满足，因为他主要涉及的还是管理方面，没有太多专业技术可言。而且丽丽内衣厂属于纯粹来料加工，不能满足何炳祥的期望。

这时候，又一个内衣厂成为何炳祥的人生驿站，它就是美新胸围厂。

那时是 1986 年，当时美新胸围厂缺厂长，因为何炳祥有“全能”的表现以及亲戚的关系，于是调任过去，任职“代理厂长”，这激起了何炳祥很大的干劲。巧合的是，这个厂址就是后来新怡内衣的老总部。

按理说，何炳祥是国有企业的代理厂长，完全可以坐在办公室里，一杯茶、一张报纸，很悠闲地看看报表、做做安排，轻松地工作。但这不是何炳祥的作风，他对这种慵懒的工作方式非常厌倦。

他做出了令很多人大吃一惊的举动——主动下到车间去学习。

奥丽侬第一衣车机修师何炳祥，在美新胸围厂开始历练

何炳祥之前学习的知识多数都和生产管理有关，这次他却迷上了衣车维修。

内衣是劳动密集型的产业，衣车非常关键。一个运作良好、顺畅的衣车会让生产效率大大提高，那么衣车的维修就非常重要，如果工作中的衣车经常出故障，效率和质量自然不能保障。

●何炳祥指导维修师傅修理衣车

美新胸围厂的衣车设备就经常出问题，不是针断了就是线断了。一旦出了故障，工人只能无奈地歇手停工，车间的衣车接二连三地坏掉，维修师傅手忙脚乱，不可开交。

每次维修师傅修理衣车，何炳祥都在旁边观察。渐渐地，何炳祥掌握了各种故障的维修方法，并着手分析原因。有时候维修师傅忙不过来，他就放下厂长身段，主动给女工们修衣车。

很快，手脚勤快、思维灵活的何炳祥维修衣车技术越来越好，速度越来越快，到后来，专职的维修师傅也比不上他了。

何炳祥修衣车和其他人不一样，他善于归纳、整理，他将整理总结出来的“故障解决方法”培训给员工们，比较普通的故障，员工们自己就能解决了。因为知道了机器操作的原理，员工人为操作损坏的概率也减少了。

以前的衣车总是坏了才修，而何炳祥更是引入了“保养”概念，采取定期擦润滑油、定期将各个零件拧紧、利用节假日例行检查等方式，防患于未然。这种做法类似后来的汽车 4S 店的检修和保养手段，大大提高了衣车的工作效率和使用寿命。

美新胸围厂的生产效率和产品质量于是得到了大幅提高。

奥丽依集团现在的衣车维修总师傅麦育柳，自称是何炳祥的徒弟，非常尊敬何炳祥。他刚进入奥丽依的时候，还不能完全掌握机修知识，经过何炳祥的培养，现成为公司最好的机修师傅，正应了那句“严师出高徒”。

他说何炳祥在这方面具有极高天赋，甚至很神奇，他给笔者讲述了一件何炳祥早年奥丽依时期的机修故事，至今仍被同行津津乐道。

有一次，公司部分日本衣车出了故障，没有一个人能搞定，机修师傅们找到说明书，全部是外文，完全看不懂，眼看生产无法正常进行，损失较大，师傅们一起上阵，甚至到处求助，依然无法排除故障。

没有办法，他们只能给何炳祥打电话汇报。当时何炳祥出差在外，听了维修师傅的口头汇报，他根据自己的记忆和经验，很快就明白了原因所在，让师傅们按照自己的指示，一步一步地尝试各种解决办法。

结果，何炳祥通过遥控指导，居然很快排除了故障！

奥丽依第一裁床师傅何炳祥，从美新胸围厂正式起步

年轻时候的何炳祥淡漠权力，但是对技术非常痴迷。学完衣车维修后，他又迷上了裁床和打版。

1985 年，当时的裁床师傅非常紧缺，裁床岗位的月工资甚至达到 250 元，而厂长每月却只有 130 元。何炳祥对行政职务已经腻烦，他希望能拥有一手绝活，同时也能赚更多的钱，于是主动申请调换岗位，从代理厂长转去做裁床副班长。

裁床是服装、内衣生产设计的重要环节之一。技术好的裁床排唛不但省时省力，而且通过精密放码计算，在相同面积的面料、花边、海绵上，最大化裁出更多的裁片。如果裁床出问题，将会导致大量的废料浪费，并且给车缝工序带来麻烦，降低效率，形成次品。

裁床班长是一个技术很好的人，同时也是一个具有“教会徒弟，饿死师傅”狭隘观念的人，担心自己的班长职务被他人取代。他对何炳祥想学裁床技术抱有戒心，每次在做新产品时，尤其是计算拉布长度、层数等排唛放码核心关键环节，总是躲着何炳祥。有时候何炳祥去问他，他也不说，不透露技术，令何炳祥的学习之路变得很艰难。为了学习裁床，何炳祥连电锯、电剪也自己去亲自操作。

班长不愿教，但这并没有难倒何炳祥。

“你不教，我就慢慢摸索，我就是黏在你身边，你也不好意思总赶我走吧。你不教我可以，但是你总要做裁床工作的，那么我和其他工人一起学习总可以吧。不懂不要紧，我早来晚走，星期天也来，反正我曾经是挂牌的代理厂长，什么时候来都无人阻拦，只要工夫深，铁杵磨成针。只要用心学，没有学不会，又不是卫星上天，哪有那么难！”何炳祥当时暗下决心。

●早期裁床工作场景

何炳祥当年苦学裁床，展现出了他的韧劲，他夜晚加班、星期天不放假，去独自研究裁床的核心技术和要领。这种工作态度让厂里的食堂阿姨很欣赏，这个阿姨后来也跟随何炳祥去了奥丽侬工厂工作，甚至她女儿也跟随到奥丽侬来上班，可见勤快好学的何炳祥当年是多么受欢迎。

终于学会了裁床的何炳祥，却不满足当时的裁床标准，内衣的尺码误差要求比较高，不然就影响上身效果。普通内衣厂家当时裁床的误差要求不够严格，而何炳祥要求裁床裁出来的裁片，双边不能超过 2 毫米，才算合格，如果超过，那就全部作废。因为误差值越小，后一道工序的车缝质量就更容易保证。

后来何炳祥自己创办奥丽侬之后，更将这个误差值缩小到单边范围，这样就双倍严格。裁片合格率在 99% 以上，这也奠定奥丽侬严苛的质量标准，也是奥丽依作为“中国质量最好的内衣”的基础要素、根本保证。

由于何炳祥裁床极为专业，以至于奥丽依后来的员工一直以为他们的老板就是裁床出身的，如笔者在采访奥丽依前员工、现枫莲内衣董事长杜成平的时候，他还口口声声地说“我们老板（即何炳祥）是专业裁床出身”。

粤佳玩具厂：何炳祥打工的终站

何炳祥的生产管理技术、裁床技术名声不胫而走，当地的一家重量级的企业慧眼识珠，将何炳祥罗至麾下，担任车间主任，何炳祥在这里得到了进一步的锻炼。

这家企业就是南海轻工业品进出口有限公司属下的“粤佳玩具厂”。

何炳祥在盐步镇美新胸围厂任职期间，南海轻工业品进出口有限公司决定在盐步开设粤佳玩具厂，这是一个香港、内地共同合作的企业。那时候的外商要到内地投资不能独自开办企业，须和当地政府合作开办。粤佳玩具厂之前生产录音带，后来改成生产绒布娃娃，专门给麦当劳、肯德基、迪士尼等生产各种绒布公仔。由于美国对玩具的质量要求很高，各种布料的安全性、车缝的紧密度等，必须要拥有较高管理水平的人才能胜任。

何炳祥非常适合这个职位。

粤佳玩具厂的港方领导于是向盐步镇有关方面申请，借调何炳祥任该厂裁床主管。在此期间，因何炳祥技能全面，开始全面负责从制版、裁床、生产计划到成品出口等整体工作，随后更因表现出众被提拔为副厂长。

也是机缘巧合，南海轻工业品进出口有限公司合作的港方要新开设一个独立的成衣部，专门生产真丝睡衣睡袍吊带背心等，这个成衣部最终扩充成一个相对独立的服装厂，谁去负责这个厂？

有美术基础，又有裁床经验、精通服装生产管理的何炳祥当仁不让。

为了能够笼络这个人才，他们高薪邀请何炳祥出任厂长，甚至给予何炳祥双份工资，即内地、香港两方均给何炳祥发工资。

何炳祥第一次真正地进行全面管理，放手大干起来。

当时何炳祥的收入是：200 元工资 +400 元提成 +1000 港元奖金，按照当时汇率，综合收入大约每月 2000 元，相当于那时候 15 个工人的工资了，何炳祥可谓当时的打工皇帝。

获得了深度信任，又没有太多掣肘，何炳祥拿出了狠劲来做这份工作。他亲自负责生产的全流程，甚至夜晚出货也要亲自压阵，等货柜车走了，才回家睡觉。因为当时新设置睡衣生产部门，熟手基本没有，何炳祥只能亲力亲为，虽然工资极高，但也是一个人做了很多人的工作。

那时候中国人还没有穿睡衣的习惯，全部睡衣主要出口欧美。这些来自国外的睡衣设计，时尚性感且注重舒适健康，让何炳祥大开眼界。美中不足的也有两点，一是这些睡衣设计很少有中国元素，二是这些尺码都是按照欧美人的身材设计和生产的，和中国人的体型不是很匹配。

何炳祥的手又有点痒痒了，他再次拿起剪刀，依着太太梁雪兰的身形，按照自己的思路，亲自为太太设计了几套睡衣，结果太太穿出来特别漂亮，甚至发展到设计及改良太太的外衣，同样赢得诸多赞美，这些后来还引起“香港胸围大王”罗杰伦的关注，成就了一番师徒缘分，我们在后面章节将陆续提到。

何炳祥，一个全能内衣老板的诞生

就这样，何炳祥完成了他奥丽侬“内衣纪元前”的全部工作旅程——宣传美工、财会珠算、生产管理、设备机修、裁床打版、服装设计、战略规划等一系列的工作，一个“全能内衣老板”诞生了！

下一步，他就要开启自己的内衣事业了。

这个事业还需要两个最重要的人隆重登场，一个是爱人梁雪兰，一个是恩师罗杰伦。

第五章 姻缘

心灵捕手创造良机，西樵山上盟誓爱情

【何炳祥】：我是一个地地道道的男人，用北方话，就是纯爷们，恰恰又从事着美丽、性感、时尚的内衣行业，所以自然也就更多地关注女人和被女人关注。我欣赏的女性很多很多，也很有女人缘，但是我唯一真正所爱的女人，就是梁雪兰。她既是我内衣事业的好伙伴，更是我家庭生活中的好妻子，是她让我实现了爱的梦想，她在我心中永远是那么美，随着时间的流逝，更增添一份温馨和亲切。和我一样，她也酷爱内衣，甚至超越了我，我对内衣的理解，很多是受她的启发。同时为了我和家庭，她付出了很多很多，包容我，关爱我，我无法用言语表达对她的爱，只能用一生相守来回报。共同的志趣，相互的欣赏，让我们的爱情历久弥新，坚若磐石。

世俗藩篱，让爱迟滞

20 世纪 80 年代初，虽然改革开放政策已经成为国策，四大经济特区也设置了，各种管制也逐渐放松，但是思想不是一天说解放就能解放的，社会的桎梏仍旧牢牢地束缚着很多人的行为。那时候，青年男女谈恋爱都要经过双方父母和单位的组织批准，如果自由恋爱，会被视作异类。

这时候的何炳祥已经成年，虽然精瘦，但英姿飒爽，散发出一点天生的书卷气。加之他思路新颖、谈吐不凡、酷爱艺术、又能唱一腔好粤剧，自然深受年轻女孩们的喜爱，算得上是一个不大不小的大众情人。何炳祥自己也是青春荷尔蒙分泌旺盛，热切憧憬着有一段激情而荡气回肠的恋爱。

在别人眼里，何炳祥的家境不是很好。女孩子们虽然喜欢和何炳祥交往，但他的家庭令她们望而却步，如果要确立关系、谈婚论嫁，势必遭到各方反对，很多朦胧而美好的感情，甚至帷幕都没有揭开，就匆匆地、悄无声息地谢幕了。

何炳祥知道人们对他有歧视，也只有将苦水暗暗吞到肚里。他的爱、他的痛、他的梦，他非常清晰，但是没有知音，虽然屡遇挫折，但是他追求完美爱情的火花从来没有熄灭过，反而是越压抑，燃烧得越激烈。

世俗藩篱，让爱的春天，来得缓慢而迟滞。

现在回忆起来，何炳祥虽然对不公平的过去表示愤怒和遗憾，但是他也非常懂得辩证地看待这个问题，他心态很好，一再表示，他感谢那段苦难的历史，一方面铸就他坚强的意志，激发他追求幸福的决心；另一方面也让当前得到的幸福倍感甜蜜，也倍加珍惜。

何炳祥打了一个简单的比喻，他说，一个人如果从小就一直吃鲍参翅燕，长大后是不会有美食体验的；而如果从小就粗茶淡饭，甚至偶尔饥饿，长大后一点点的鱼肉就让人非常幸福和满足。

何炳祥说在生活上，他现在非常满足，生活富足安定，家庭恩爱和睦。

我想这正是源于他良好的心态。

知音梁雪兰，天降好姻缘

上帝为你关上一扇门，一定会为你打开一扇窗。

这是一句充满智慧的哲言，虽然命运有时候会给我们带来一些曲折，但终究还是公平、仁慈的。

在度过了坎坷的童年和少年之后，何炳祥迎来了人生的第一个转折——幸福的青年时期，而这个幸福的转折，就是认识并迎娶了梁雪兰。

恩师罗杰伦曾经跟何炳祥说，梁雪兰是你的福星，娶到她不但是你的福气，更会给你带来好运；何炳祥也常常挂在嘴边说，太太旺夫，只要夫妻和顺，做什么事情都非常顺利。奥丽侬有今天的成绩，在功劳簿上，有何炳祥的一半，也有梁雪兰的一半，二者相辅相成，缺一不可。

●年轻时的梁雪兰（右）与二姐

时间回溯到1984年，这是一个平凡的年份，但是对于何炳祥和梁雪兰来说，那是一个值得纪念的年份，是他们难以忘怀的燃情岁月。

不得不说，何炳祥不但是一个爱情高人，更是一个心灵捕手。盐步镇不大，何炳祥其实很早就单方面认识了梁雪兰，经常偷偷地观察，而梁雪兰却懵懂不知。

年轻时候的梁雪兰，目光晶莹透彻、纯洁无邪，皮肤洁白如玉、吹弹可破，不但长相端庄大方，而且气质高雅，精致温婉，很是让人心动。同时由于在港资企业盐步丽斯内衣厂工作，耳濡目染国际时尚内衣，梁雪兰对服装穿着颇为讲究，因而全身散发出当时中国女性少有的时尚潮流气息。

哪个青年男子不钟情？何炳祥对这样的美女心中早已暗生情愫。

只是曾经的苦难在何炳祥心中遗留下一点所谓的自卑心在作怪，导致他迟迟不敢主动去打招呼，但是他时时在寻找机会。

相识盐步文化馆，情定南粤西樵山

机会终于来了！

梁雪兰当时在丽斯内衣厂当指导工，上班时间较长，没有时间谈恋爱，感情方面，还是一片没有开垦的处女地。

何炳祥当时任职盐步旅社的美工，工作简单，大把空余时间。

何炳祥打听到，自己的一个同事萍姐是梁雪兰的干嫂，于是托她找机会去说合。此后不久，正好梁雪兰的二姐举行婚礼，萍姐在婚礼现场碰到梁雪兰，于是就开玩笑地说介绍个靓仔男朋友给她。初始，梁雪兰未置可否。

萍姐所说的这个靓仔就是何炳祥。

说来也巧。婚礼后几天，有天晚上梁雪兰加班回家后，拉上一个同事一块去附近的盐步文化馆听粤剧。刚到文化馆，就碰到同样过来听粤剧的萍姐和何炳祥，经萍姐当面一撮合，两人总算正式相识了。

哪个妙龄少女不怀春？风度翩翩、妙语连珠的何炳祥吸引了梁雪兰，她不时被何炳祥的讲话逗得忍俊不禁。

自此，两人拉开了正式交往的帷幕。

梁雪兰回忆当年初见何炳祥，依旧面带潮红，颇有羞涩之情。

梁雪兰说，当年的何炳祥不仅仅是时尚、帅气的靓仔，而且特别会说笑话，具有一般男孩子所没有的幽默感，很会说些甜言蜜语哄她开心，情商很高。

最让梁雪兰记忆深刻的，就是何炳祥非常非常的特别，全身有一种动感十足、节奏明快的活力，这种活力能迅速传导给她，让安静文弱的她顷刻间也血液流动加速，眼神不自觉地就跟着何炳祥的身影转，思路跟着何炳祥的话语走。

何梁之恋，就在盐步文化宫，拉开了粉红色的一帘幽梦。

何炳祥是一个激情四射的性情中人，爱情之中，怎能没有文章？焉能缺少浪漫？那时候不像现在有很多娱乐活动，何炳祥为了让梁雪兰开心，可以说将当时所有的电影都带梁雪兰看了一遍，将广州和佛山几乎所有的风景区也逛了个遍。

用现在的话来说，何炳祥在追女朋友上做足了功课，堪称情圣。

虽然已经过去了整整 30 年，但是何炳祥依旧能将这些影片名字和主演、广州当时的风景如数家珍。中国电影《庐山恋》的张瑜、日本电影《望乡》的阿崎婆角色、印度电影《流浪汉》、日本电影高仓健主演的《追捕》等，都是何炳祥最喜欢的。由于梁雪兰身材比较玲珑娇小，每次进出人多的电影院，何炳祥都小心呵护着梁雪兰，防止现场混乱，怕她被踩到。

有一次，何炳祥和梁雪兰这对小情侣去西樵山拜神，在去公交站的路上，两人拉着手，甜甜蜜蜜、恩恩爱爱地说着情话。突然，梁雪兰飞快地挣脱开何炳祥的手，快速地跑到马路的对面，搞得何炳祥莫名其妙，还以为自己是哪句话唐突冒犯了，马上也跑到马路对面跟梁雪兰道歉，没想到，梁雪兰像躲瘟疫般跑掉了，何炳祥在后面紧紧地追赶，好不容易才追上。

原来什么事情都没有，只是因为梁雪兰生性羞涩，先前看到了一个熟人，生怕和何炳祥拍拖的事情传出去，影响不好。

西樵山位于广东省佛山市南海区的西南部，海拔 346 米，是一座古火山。西樵山是新石器时代珠江三角洲主要的采石场和石器制作场，山势蜿蜒、钟灵毓秀，奇石异洞散落其间，名胜古迹举目皆是，自古便有“南粤名山数二樵”之誉。西樵山历史文化底蕴十分深厚，被称为“珠江文明的灯塔”，已有 6000 多年文明史，明清期间大批文人学子隐居于此，故又有“南粤理学名山”的雅号；西樵山也是“南拳文化”的发源地，一代宗师黄飞鸿就出生于西樵山附近村落，现在的西樵山已经成为国家 5A 级旅游景区。

●西樵山

在何炳祥的眼里，西樵山既是文化圣地，更是爱情圣地。

何炳祥和梁雪兰登上西樵山，这里远离盐步，山高路远，人迹罕至，不再有熟人，可以大大方方地牵手、呢喃着情话。何炳祥兴之所至，连续唱了几个粤剧段子。根据梁雪兰跨越 30 年的记忆，当时唱得最多应是《帝女花》，是唐涤生的粤剧，讲述了明末动荡时代，崇祯之女长平公主与吏部尚书周兴之子周世显之间矢志不渝、轰轰烈烈的旷世爱情。词曲为：

倚殿阴森奇树双
明珠万颗映花黄

如此断肠花烛夜
不需侍女伴身旁
落花满天蔽月光
借一杯附荐凤台上
帝女花带泪上香
愿丧生回谢爹娘
偷偷看　偷偷望
佢带泪带泪暗悲伤
我半带惊惶
怕驸马惜鸾凤配
不甘殉爱伴我临泉壤
寸心盼望能同合葬
鸳鸯侣相偎傍
泉台上再设新房
地府阴司里再觅那平阳门巷
唉惜花者甘殉葬
花烛夜难为驸马饮砒霜
江山悲灾劫
感先帝　恩千
与妻双双叩问帝安
唉　盼　得花烛共偕白发
谁个愿看花烛翻血浪
唉　我误君
累你同埋孽网
好应尽礼揖花烛深深拜
再合卺交杯墓穴作新房
待千秋歌赞注驸马在灵牌上
将柳荫当做芙蓉帐
明朝驸马看新娘
夜半挑灯有心作窥妆

地老天荒情凤永配痴凰
愿与夫婿共拜相交杯举案
递过金杯慢咽轻尝
将砒霜带泪放落葡萄上
合欢与君醉梦乡
碰杯共到夜台上
百花冠替代殓装
驸马珈坟墓收藏
相拥抱　相偎傍
双枝有树透露帝女香
帝女花
长伴有心郎
夫妻死去树也同模样

唱罢，何炳祥少男情怀、感情炽烈，很想拥抱梁雪兰，但是又不敢。

这时候，梁雪兰和何炳祥闲话当时的电影明星。

梁雪兰问何炳祥："你喜欢哪个女明星，刘晓庆？陈冲？张瑜？还是别的？"

当时正在上映日本山口百惠主演的电视连续剧《血疑》，风靡全中国，红透东南亚。何炳祥看山口百惠和梁雪兰竟有几分相像，于是脱口说道："山口百惠！"

话毕，何炳祥突然发现梁雪兰似有一丝不悦，立刻补充道："不过山口百惠有一点像你，你比她还要漂亮！"

梁雪兰立刻转怒为喜。

●年轻时的何炳祥与梁雪兰

不管这是真话还是假话，女人就是很受用，而何炳祥就是能说得出口，可见爱情是需要表达的，更需要智慧的。

特别要注明的一点是，当时是 1984 年，何炳祥的大胆和创新，由此也可见一斑。

通宵达旦等待，雪兰为之花开

有着童年受人白眼心理阴影的何炳祥得到梁雪兰的爱情，如久旱之降甘霖，雪中之送薪炭，让何炳祥欣喜若狂，他小心翼翼地守护着心目中的女神，精心地呵护着这段感情，几乎达到痴情忘返的境地。

精诚所至，金石为开，梁雪兰也被这份感情深深打动，最终蓬门今始为君开，将终身托付何炳祥。

梁雪兰在丽斯内衣厂上班，何炳祥每天都骑单车接送。在他任职盐步旅社美工时，工作量较少，正好有时间接送梁雪兰，风雨无阻，几乎从不缺勤，夏天在等，冬天也在等，每天如闹钟般精准地出现在丽斯厂门口。

那个年代，工作非常难找，而港资企业待遇优厚，选工人更是百里挑一。那时候的工人从赤贫的年代中走出来，都非常勤奋，珍惜来之不易的工作机会，任劳任怨。有一次，何炳祥晚上 6 点去接梁雪兰下班，结果厂里说要赶货，需要加班到晚上 10 点。10 点到了，又说要加班到凌晨 2 点，梁雪兰让何炳祥先回去，何炳祥有点睡眼惺忪，支支吾吾不置可否。

梁雪兰以为何炳祥已经回去了，索性通宵加班到天亮，而何炳祥怕梁雪兰凌晨 2 点下班路上危险，于是继续在厂门口等待，当时正值冬天，寒风凛冽，何炳祥冻得瑟瑟发抖。

当梁雪兰早上 6 点走出厂门的时候，发现何炳祥歪在丽斯厂门口的墙角，竟然睡着了——他足足等了她整整一个通宵！梁雪兰感觉到一阵心酸，分不清是感动，还是心疼。

一听到厂门打开，睡意蒙眬的何炳祥立刻精神抖擞爬起来，推着单车就跑过来了，就在那一刹那间，梁雪兰心中默默地念叨：真命天子，就是他了！

要说当时，何炳祥还是比较贫穷的，之所以能追到梁雪兰，用梁雪兰的话，就是“他很细心，关心我无微不至”；用何炳祥自己的话，就是“我没钱，但是很真诚”。这些习惯和态度，最后也运用在内衣设计、内衣生产、企业管理文化上了，这也是何炳祥讲究细节、追求完美、诚信经营的天性。

无论是爱情艺术，还是内衣技术，细节完美，在何炳祥身上都得到天衣无缝般的统一。

过五关斩六将，何炳祥受考验

听说何炳祥找梁雪兰做女朋友的消息，何炳祥全家都非常欢迎，喜欢得不得了。男方对这门亲事没有任何问题，不过女方家长就不是那么同意了。纠结的，依旧是那些老问题。

不过何炳祥既然已经攻克了梁雪兰这个超高难度的天下第一关——山海关，其他小山小岭、小沟小壑，自然不在话下。“金麟岂是池中物，一遇风云便化龙”，这点小问题，还是难不倒这个机智小伙子的。

何炳祥征服梁雪兰娘家的核心战略是——走岳母路线。

当时梁雪兰娘家的部分亲戚并不看好何炳祥，总觉得这个年轻人性格太外向，嘴太能说、根基较浅，不太靠谱。何炳祥经过分析，觉得梁雪兰的妈妈眼光独到，看得长远，在家中又颇有威望，于是决定从这一点进行突破。

真是无巧不成书，梁雪兰的妈妈也很爱听粤曲。

古语说“技多不压身”，何炳祥这手绝活终于在走“岳母政策”时派上了用场，他经常去梁雪兰家，大秀自己的粤剧修为。为了获得未来岳母的欢心，何炳祥反复苦练，将这门技艺发挥得淋漓尽致，经常唱粤曲、粤剧给未来岳母听，用何炳祥姐姐的话来说——何炳祥的粤剧功底无限接近专业水平。

直至今日，何炳祥还能将其中的一段曲子全文唱出来，比如苏翁填词的《分飞燕》。这是很经典的一首广东小曲，民间广为流传，是极受粤语区民众欢迎的音乐，描述的是情人间别离的对唱小曲，寄调粤乐十大名曲之一的《杨翠喜》。

《杨翠喜》是粤乐的传统曲目乐谱，乐谱最早载于1934年丘鹤寿编《国乐新声》，歌词如下：

分飞万里隔千山
离泪似珠强忍欲坠凝在眼
我欲诉别离情无限
匆匆怎诉情无限

又怕情心一朝淡有浪爱海翻
空嗟往事成梦幻
只愿誓盟永存在脑间
音讯休疏懒
只怨欢情何太暂
转眼分离缘有限
我不会负情害你心灰冷
知你送君忍泪难
唉吔难难难
难舍分飞冷落
怨恨有几番
心声托负鸿与雁
嘱咐话儿莫厌烦
莫教人为你怨孤单
只怨欢情何太暂
转眼分离缘有限
我不会负情害你心灰冷
知你送君忍泪难
唉吔难难难
难舍分飞冷落 怨恨有几番
心声托负雄羽雁
嘱咐话儿莫厌烦
莫教人为你怨孤单

何炳祥能将《分飞燕》唱得婉转凄切、九曲回肠，让梁雪兰的妈妈都不禁为之动容。另外，何炳祥将以前的“早请示、晚汇报”行动也用上了，到梁雪兰家走动得很勤快，梁雪兰的妈妈稍微有点头疼脑热，他像对待自己的亲妈一样殷勤备至，不但送到医院，还在那里精心陪护，至于广东人对长辈逢年过节的斟茶礼节，何炳祥自然是恭恭敬敬，不敢怠慢，以至于梁雪兰的妈妈逢人便夸这个小伙子知寒知暖，大有潜力。还同老头子说，这小子上进心强，孺子可教，前程远大，不要光看眼前一时的困顿。何炳祥获得如此高的评价，甚至让梁家另外两个女婿十分尴尬。

随着第二道关口的攻破，梁雪兰的父亲也渐渐地接纳了何炳祥。年轻时候的何炳祥血气方刚，从不服输，有一次在外饮酒过度，以至酩酊大醉，梁雪兰的父亲甚至亲自骑自行车去接这个准女婿。何炳祥酒醒之后，觉得非常不好意思，诚恳地跟未来岳父道歉，自此以后喝酒多有收敛，即使喝多，也不敢再劳烦岳父大驾。

●何炳祥、梁雪兰大婚时与女方父母合影留念

不过通过这件事，亦可见梁雪兰的家人对何炳祥的态度，已然是完全接纳。

花开并蒂，修成正果

1986 年，经过一年多的恩恩爱爱、卿卿我我，何梁之恋终于瓜熟蒂落，修成正果。

梁雪兰当年在盐步丽斯内衣厂工作，有一些外汇券。为了布置新房，她买了极其珍贵的柚木家具，还特别在广州最高档的涉外商场——友谊商场买了一条高档的毛巾作为赠礼，在那个时代算是定情之物了。柚木被誉为“万木之王”，在缅甸、印尼被称为“国宝”；在欧洲，柚木是身份的象征，皇室用柚木做家具以彰显其奢侈的地位。

为了让家庭更温馨、更艺术，梁雪兰几乎倾囊而出。

而整个婚房的布置则全部由何炳祥经手。

何炳祥当时的收入虽然已经很不错了，但毕竟根基较浅，他自嘲地说：“我只能学习英国首相丘吉尔了，我能奉献的，只有真诚和汗水、智慧和勤劳了。”

果不出其然，何炳祥的智慧让梁雪兰大吃一惊，让她对她的先生有了更深刻的理解。

●何炳祥、梁雪兰结婚证件照

何炳祥当年几乎包揽了所有家务，收拾床铺、烫洗衣服、打补丁缝纽扣，真正无所不能。衣柜中所有的衣服都是方方块块、整整齐齐、边对边、角对角的，如同友谊商场里面的品牌服装标准陈列。梁雪兰描述，当时冲入她脑海的第一个念头就是，我这先生天生就是做服装的料！从此，她坚信何炳祥能从事服装内衣这一行。

这还不算。

何炳祥将结婚用的枕巾很有心思地叠成了鸳鸯形状，客人用的餐巾折成比翼鸟的造型，鸳鸯、比翼鸟都是寓意爱情。整个婚房热烈而喜庆，温馨而宜人，让当时有点工作狂的梁雪兰立刻就有了家的归属感。

如果说梁雪兰购买柚木家具让何炳祥感动的话，那么何炳祥匠心独运的婚房居家设计，则让梁雪兰心灵震撼！

而这些艺术灵感，亦在何炳祥后来从事的内衣事业中得以施展，尤其是他将内裤折成玫瑰花型进行售卖的经典案例，至今仍在行业内广为流传。

很快，结婚第五个月，梁雪兰怀孕了。

最浪漫的事，就是你帮我洗衣服，我帮你按摩

结婚第二年，梁雪兰生下大女儿何芷莹。健康活泼、乖巧可爱、聪明伶俐的何芷莹给家庭带来了无限欢乐。有一段时间，他们全家经常去唱卡拉 OK，何炳祥是一个麦霸，而梁雪兰不怎么唱歌，总是静静地听他反反复复地唱那些粤剧名段。

何炳祥夫妇都是非常尊重传统观念的中国人，多子多福、开枝散叶、光耀

门楣，是他们朴素的理想。随着二女儿和小儿子的相继诞生，何氏大家庭的幸福达到了新的顶点。为了能够让何氏家族发扬光大，人丁兴旺，后来的梁雪兰不惜作为高龄孕、产妇，经受怀孕妊娠之苦，这些都让何炳祥更加体贴，充满感激。

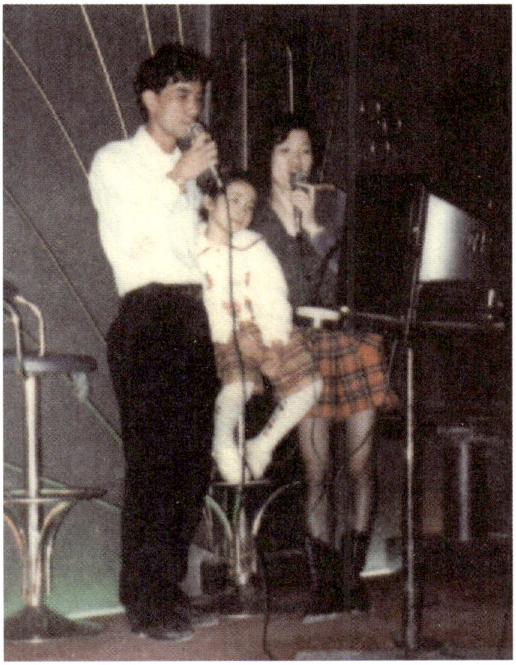
●何炳祥早年与家人卡拉 OK

早些年，梁雪兰每到冬天，手经常被冻坏。此时的何炳祥每天都会给她按摩，主动承担洗衣、做饭的家务活。梁雪兰认为，这就是他给她带来的最浪漫的事。

正如歌曲《最浪漫的事》里所唱的那样："我能想到最浪漫的事，就是和你一起慢慢变老，一路上收藏点点滴滴的欢笑，留到以后坐着摇椅慢慢聊。我能想到最浪漫的事，就是和你一起慢慢变老，直到我们老得哪儿也去不了，你还依然把我当成手心里的宝。"

在这首歌曲里，我们似乎看到了何炳祥夫妇的影子，梁雪兰就是何炳祥"手心里的宝"了。真正的爱情，原来就是体贴入微，帮爱人洗洗衣服、松松筋骨，但是很多人就是做不到。

何炳祥工作起来，有一股玩命的精神，就是铜打铁铸之人，也难免要有休息，但他完全不知惜力。尤其在企业开创期、转型期以及新品开发、季度招商、大型活动等时期，有时候甚至连续几天通宵达旦工作。笔者亲自看到何炳祥作为盐步内衣行业协会的会长，为了组织"2013 年盐步内衣杯第三届中国内衣模特大赛"，几天几夜进行庞大的统筹规划，每天睡得很少，吃得更少，而且是简易的快餐，确实很玩命。

很多次，何炳祥都是披星戴月回家，一旦压力释放，总是觉得腰酸腿疼。梁雪兰心疼老公，很早前就业余去学习了中医的推拿手法，经常半夜从被窝里起来，给老公按摩。

按摩一次，或许容易，但是这一按，就持续了二十多年。

浪漫，就是洗一件衣服；恩爱，就是给他捶捶背。就只是这样吗？是，也不是。要加上“坚持”二字，而且期限还是一辈子。

梁雪兰有一句话，让我深受感动，她说，她最希望看到的是先生健康、开心，并不希望他过于奋斗和操劳，如果事业必须用健康和开心做代价，她宁可选择不要。

她要的只是看到先生开心地做他喜欢的事，没有什么比这更珍贵的了。

只要感情好，有情饮水饱

何炳祥虽然鸿鹄雄心，胸怀大志，最终振翅高飞，一鸣惊人，但在早年羽翼未丰之时，却多得梁雪兰的帮助，有关这一点，何炳祥从不讳言。

何炳祥多次提到当年刚结婚时爱妻的帮助和理解，甚至眼中泛着泪光。

爱情是什么？这是一个永恒的话题。在物欲横流的社会中，很多人将面包放在了第一位，动辄车子、房子和票子，似乎这成了爱情的前提。梁雪兰说，她的一生有两个重大的选择，直到今天她都认为无比正确，一个是选择内衣行业，一个是选择先生何炳祥，这两个都是她的毕生至爱，无怨无悔。

而何炳祥说，在他贫穷落魄之时，梁雪兰给了他激励、自信、支持和大爱，并在他创业奋进的道路上，源源不绝地给予全力支持，并甘于隐身在奥丽侬领袖的身影之中，这让他终身感动，铭记于心，并立下“宁可放弃一片森林，也不放弃糟糠之妻”的庄严承诺。《三国志·魏志·袁术传》曰：“若迷而知反，尚可以免”，虽然外界有着非常多、非常大的诱惑，常人难以抗拒，关键是双方都能反省与包容，才能让爱时时洗涤，日日常新。

当何梁开始相爱之时，爱情是如此的单纯，却又如此的美好。原来爱情只是一句贴心温暖的话语、一辆载着两人的破旧单车、一段为你而唱的粤曲而已。

“爱情不一定要附着在物质上，有了爱，什么困难都可以克服，什么风雨都可以阻挡。”梁雪兰说。

她希望这段话语，能让她先生、三个孩子看到，让他们以父母为荣、为榜样，让爱传承下去，直至永恒。

古话说得好：“只要感情好，有情饮水饱”。诚不我欺也。

●何炳祥与梁雪兰

●何炳祥与梁雪兰

第六章 拍档

低调兰姐酷爱内衣，生活事业双重拍档

【何炳祥】：媒体总喜欢将我写成奥丽侬的创始人，这没有错，但我提醒他们，应该将我的太太梁雪兰列为共同的创始人。如果说我是奥丽侬内衣集团之父，那梁雪兰就应是奥丽侬内衣集团之母，奥丽侬是我们的“大儿子”，和我们现实生活中的三个孩子一样，都是我们夫妻二人的掌上明珠。我主抓内衣的设计、营销，太太则主要负责内衣的穿身、生产、品控。我们一起生活30多年，也一起工作了30多年，可以说，我们既是生活中的好伴侣，也是工作中的好拍档。我自己的性格如雷电般热烈，但有时也会如雷电般有点急躁，这样的性格让我的工作很高效，当然，有时候也会导致沟通方面产生某些误会。而太太梁雪兰的性格则绵密而柔韧，既坚守了奥丽侬的底线，又能和风细雨地解决很多棘手的问题。奥丽侬能有今天的一些成绩，引用一首歌曲来说：“军功章里，有我的一半，也有你的一半”。

梁雪兰：黛丽斯四大姑娘之一，中国第一批内衣技术人才

如果说成功的男人是山，峻秀伟岸、志向高远；那么背后的女人则是海，柔韧绵长、包容万千。山水和谐、山环水抱，才能呈现万物繁衍的独好风景！如果说何炳祥是内衣行业一朵夺目的红花，那也是要有青翠的绿叶来映衬，这片绿叶就是梁雪兰。上一章我们讲诉了何炳祥和梁雪兰夫妻俩的恋爱、结婚经过，本章将单独说说何炳祥的太太——梁雪兰女士的人生经历。

香港黛丽斯是改革开放后第一批到中国内地投资的国际内衣制造企业，而梁雪兰就是黛丽斯最早的员工之一，可以说，梁雪兰是中国内衣行业第一批技术人员，她通过自身的努力，最终成为黛丽斯公司最核心的技术人员之一。所以说被内衣业界赞誉的“奥丽侬内衣质量好”是有原因的——源自梁雪兰女士从黛丽斯公司根植而来的良好技术基因。

当年的黛丽斯，几个重要的生产部门分别由几个技术最好的女孩子把关，也就是“技术指导工”，而这些管理职务，香港人称之为“姑娘”。

当时黛丽斯有四大姑娘，分别是何艳芳姑娘、蔡惠贤姑娘、邓玉珍姑娘（香港黛丽斯本部的元老，至今仍为黛丽斯服务）、梁雪兰姑娘，她们如同四朵金花，撑起了黛丽斯的质量、生产管理。盐步乃至中国内衣的很多技术人员，第二代、第三代乃至第N代，都是这些早期“姑娘”们的学生，她们学习到黛丽斯的国际内衣生产技术，然后再传播到中国各地，生根发芽，开花结果，诞生了若干内衣企业和品牌。

四大姑娘中的梁雪兰姑娘，就是奥丽侬创始人之一，后来成为何炳祥的太太。

热爱内衣，第一个跳出来面试上机的小姑娘

根据“香港胸围大王”黛丽斯创始人罗杰伦的回忆，当时黛丽斯在内地市场是1979年，内地的就业机会不多，人们找工作比较难，能去中外合资企业上班算是香饽饽，能够进入黛丽斯厂的员工，不是百里挑一也算是数十人挑一。进入黛丽斯工作，需要经过多道考试门槛，那时招工名额有限，厂门口等待面试、考试的女孩子们排起了长龙。

当时梁雪兰只是一个十多岁的小姑娘，毫无背景。招工考试非常难，不但

有笔试，还要测试具体的操作、要直接上衣车缝制衣服。这些大家都没有经验，都仅仅是看师傅操作了一遍，那时所有的人都不敢上前操作，怕出现纰漏被刷下来，都想看着别人先做。这时候，梁雪兰第一个走了出来，直接来到电车前开始缝制衣服，虽然显得生疏，但是她的勇气以及对考试的毫不畏惧让她显得如此特别，这引起了罗杰伦的注意。

梁雪兰不仅在黛丽斯面试时成绩名列前茅，而且她还非常享受这个过程，在考试过程中，神情轻松而愉快。这一点，一开始就给罗杰伦留下深刻印象。罗杰伦后来总结时曾对笔者说，梁雪兰和其他人最大的不同，不是将考试当成负担和压力，而是真正的酷爱内衣、喜欢这份工作，根据他多年的用人经验，这样的人一定能做好工作，且有培养成为部门领导的潜质。

果不其然，很快，年轻的梁雪兰就在工作中脱颖而出，半年后，表现突出的她就升任班长。再后来，更是迅速超越一些同辈和大姐们，晋升为“姑娘”，担任车间的指导工职务，成为黛丽斯的技术、工艺顶梁柱之一。当时的衣车不如现在的先进，比较落后，一般来讲，一个班组一日平均能做 80 打内衣，即便是在香港师傅的指导下也只能做 100 打，但在梁雪兰的指导下，全班却能够做到 150 打，且质量也全部达标。（备注，1 打 12 件，也就是 1800 件）。

1984 年，黛丽斯设立分厂，罗杰伦钦定梁雪兰出任该分厂“姑娘”，全面负责技术指导、管理工作。

笔者在重庆采访罗杰伦时，让他给他的这位女学生当时的成绩和表现打分，他笑了一笑：“那还用说，肯定是满分啦！ 100 分！”

梁雪兰：亲切的兰姐，专业的兰姐

在外人看来，梁雪兰是奥丽侬的副总裁、老板娘，这没有错，但是，这两个角色在奥丽侬的内部则非常模糊。在奥丽侬的老臣子、老员工口中，梁雪兰只是他们敬爱的“兰姐”；甚至在盐步内衣行业，已经小有成绩的标美内衣老总杨建伍、纤妍内衣老总危志强、枫莲内衣老总杜成平等，见到梁雪兰时，不变的称谓依旧是“兰姐”。

“兰姐”这个称呼，是非常耐人寻味的。中文博大精深，纯粹从字面上来看，就是年龄略大的女性，而称呼过程中的语气，则显露出“兰姐”称呼之外的深意。

一、称呼“兰姐”非常亲切。

姐，在中文语境中，有自家人的意思。整个奥丽侬集团内部，没有人称呼何炳祥为“何哥”或“祥哥”，但是称呼“兰姐”的却比比皆是，比梁雪兰年龄小的，甚至年龄更大的，都称呼之为“兰姐”。何炳祥威严尊崇，人人都敬畏地称呼“老板”“何董”，连在公司任职的何炳祥弟弟、大女儿，在公司也都这样称呼。可以说，他们对何炳祥是敬畏、尊敬，而对梁雪兰则是亲切、亲和。

中国人关于标准父母的角色描述，就是“严父慈母”，此词用来描述何炳祥、梁雪兰亦十分贴切。很多奥丽侬的老员工将何炳祥视之为严厉的“教父”，看何炳祥的眼神都有点战战兢兢，而将梁雪兰则视之为亲切的“母亲或大姐”，她温婉、绵密的性格，正好与丈夫的性格互补，让奥丽侬充满了大家庭的温馨气息。如果说何炳祥是用目标和责任将大家凝聚在一起，那么梁雪兰就是用感情和精神将大家团结在一起。有了这两股合力，奥丽侬就能无惧市场的风风雨雨、常葆青春。

●梁雪兰

二、称呼“兰姐”非常专业。

姐，在中文语境中，类似就是男性称“大哥”的说法，还有对专业高于己的敬重，也就是“师傅”之意。梁雪兰是中国最早那批从事内衣技术的人才，作为奥丽侬的创始人之一，自然是奥丽侬公司在内衣生产技术层面最专业的人。

公司内部不少人说，兰姐在内衣车缝技术上，可以说达到了“无人能及”的地步，在这一点上，甚至比何炳祥更专业。何炳祥是将新的设计研发和管理理念融入奥丽侬，进而创造新高峰的人，而梁雪兰则是将高要求的产品质量和生产技术根植到奥丽侬。从这个角度来说，“兰姐”是全体奥丽侬人的师傅，是奥丽侬名副其实的“大姐大”。奥丽侬之所以凭质量、穿身工艺扬名中国内衣界，“兰姐”的贡献十分重要！奥丽侬若干女同事，特别是车间的管理人员私下和笔者说，待人又好、专业过硬的兰姐，是她们的偶像！

大家叫“兰姐”十分顺口，而梁雪兰显然也对这个称呼十分受用。

梁雪兰：集团内衣教母，品质基因奠定者

业界公认“奥丽侬内衣质量好、穿身舒适、上身效果好”，为什么？秘密就是：身为老板娘的梁雪兰，在每一款产品推向市场之前，亲自把关试穿环节，除了让公司的试穿人员多次试穿、反复改版外，她经常亲自试穿；在公司，兰姐去的最多的地方除了版房就是生产车间，她经常抽查生产各环节的工序，全面地把控产品的穿身效果和生产质量。

笔者从事内衣行业的宣传策划已经很多年，私底下和一些内衣企业的老板娘或她们的女儿沟通，问及她们穿什么品牌的内衣时，结果令人讶异：相当一部分人并不穿、或者是很少穿自己企业生产的内衣。究其原因，我相信主要有两点，一是对国内外大品牌的盲目推崇，另外一个就是对自己的品牌不够自信。文胸的质量不但关系到乳房的健康，也与塑造身姿、体形密不可分，选择文胸自然不敢马虎大意，结果导致她们去追求国内外大品牌而不穿自己的品牌文胸。

但是，梁雪兰明白无误地对笔者说，她和女儿只穿奥丽侬内衣，而且这么多年来一直都在穿，她热爱奥丽侬，对自己的品牌生产的内衣有充分的信心！在她心中，奥丽侬也许不是中国最时尚的内衣，但是她坚信：奥丽侬是中国最健康、最舒适、品质最好的内衣。

梁雪兰说，内衣是非常人性化的产品，不是机械化的产物，任何精密的计算都不能替代身体对产品的体验。这种穿身体验，是内衣质量最大的保证。“好与不好，穿过才知道，穿久了才清楚。”这也是每件产品，梁雪兰女士不但本人试穿，也要求女设计师、员工、试身专员、特邀客户试穿的原因。

她朴素地认为，只有这样，才能对得住穿奥丽侬内衣的中国女性。

一位奥丽侬的导购员曾对笔者说，她最强悍的销售语言有两句话，可谓百试不爽：

“我们老板娘只穿自己的牌子！”

“每一款产品，老板娘自己都亲自试穿过！您就放心吧！”

榜样的力量是无穷的。老板娘亲力亲为，自己都穿，几乎所有的奥丽侬女员工们也都穿自己公司的品牌，一是工作的需要，二是穿身效果丝毫不逊色国

际一线大品牌。而受到影响的亲朋好友们，很多也成为奥丽侬内衣忠实的拥趸。

一些从奥丽侬总部离职后回老家创业的员工，有多位在公司支持下开店——都是开奥丽侬内衣专卖店！

笔者认识一个代理商，之前是奥丽侬的大区经理，后来成为我的好朋友。他虽然已经自己创业，而且还很成功，但是他依旧对何炳祥和奥丽侬感情深厚。由于他所在的省已经有奥丽侬代理商，所以无缘代理前母公司品牌，深为遗憾，无奈之下他代理了一些其他内衣品牌。不过他曾透露，他一直建议他的妻子不要穿他所代理的品牌，而是去购买奥丽侬内衣。

这件事让我印象非常深刻。从另外一个层面，奥丽侬过硬的质量也由此得到验证，这不仅仅是一个传说，更是一个真真切切的事实。

讷于言而敏于行，不喜言辞，但行动果决

何炳祥做起事来风风火火、说起话来能言善辩。和何炳祥截然不同的是，梁雪兰如同孔子《论语・里仁》所述的君子一样，“讷于言而敏于行”。

在何炳祥和梁雪兰的恋爱之中，何炳祥基本上如同演讲家不停地发挥着他的口才，而梁雪兰则是一个善于聆听的观众，品鉴着何炳祥时尚外表下的甜蜜话语、内心世界。在工作时也是如此，何炳祥希望开发什么项目，推出什么品牌，设计什么产品，多数都是何炳祥提议，梁雪兰甚少发言，因为她不喜言辞，当然，也因为对何炳祥的充分信任。

梁雪兰虽然“讷于言”，但是“敏于行”。一旦她认为选择是正确的，那么她的行动是迅速的，付出再大也在所不惜。

旁观何炳祥和梁雪兰的夫妻感情，我们能感觉到何炳祥的主动与炽烈，而梁雪兰则静静地投入和付出，似乎要比何炳祥更多、更持久。

甘居幕后：一个只喜欢做指导工、不喜欢做老板的老板娘

梁雪兰是一个非常独特的人，从很多层面看她并不像一个老板娘，倒是像一个执着、喜欢钻牛角尖的内衣生产技术专家。两耳不闻窗外事，一心扑在内衣上，在她的眼里，除了家庭，就是内衣，至于这二者之外的金钱、荣誉，似乎都和她没有什么关系。

这个世界，太多人希望赚钱，希望当老板。因为赚钱，意味着能享受更多

的物质需求；因为当老板，则能够用权力去指挥、支配他人。作为奥丽侬创始人之一的梁雪兰，自然也成为赚了钱的老板娘。但是她和我说的第一句话就是："我还是喜欢做指导工，不喜欢做老板。"

这句话不是随便说说的。公司多个同事和笔者讲述，兰姐很少在办公室，只要到公司，多数时间都在一线车间、设计室、版房和试身房，和员工们在一起研究，绝不愿意在办公室对着电脑。下班之后，也会常常请一些同事去吃饭、喝茶。梁雪兰说，单独吃饭，再好吃的饭菜也没有什么胃口，而和同事们一起，心情愉悦，什么饭菜都觉得很香。由于梁雪兰很少用办公室，后来因为集团日益壮大，人员越来越多，她干脆将自己的办公室让给设计部的设计师，给她们更大的办公空间，以便让她们能安静地设计，做出更好的产品。

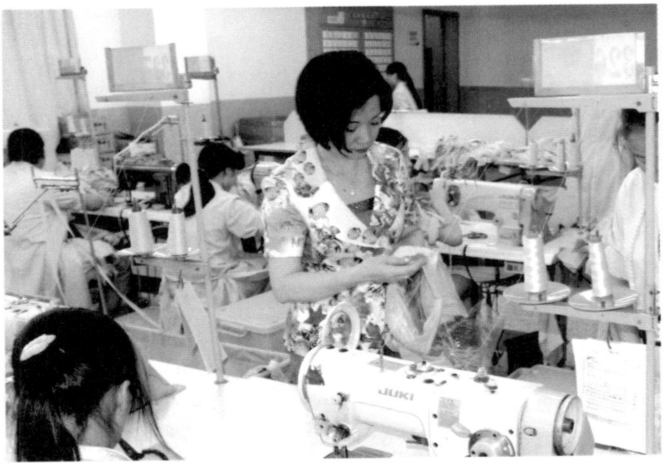

●早期梁雪兰在车间指导

梁雪兰说，先生何炳祥是老板，他的才能卓著，战略眼光又好，善于交际，比较适合整体管理和外务。而她本人酷爱内衣，希望将每一件内衣做好，于愿足矣。所以，梁雪兰甘居幕后，无私奉献，让何炳祥无后顾之忧，这不仅仅是一种姿态，更是一种智慧。

何炳祥非常感谢梁雪兰的付出和低调，不管是在集团内部，还是对外部媒体，谈及集团发展历程，他一直高度肯定妻子在背后的付出。何炳祥开玩笑说，有时甚至会嫉妒妻子，他说自己目前虽是奥丽侬的绝对领袖，有着崇高的地位，但是妻子却是无冕之王，尤其是妻子能和很多员工亲密无间、无话不说。

何炳祥笑着说此话时还真有那么一点点的醋意。

梁雪兰：我为内衣而生

改革开放三十多年，很多人进入到内衣行业，做出了各种各样的成绩，但是为什么进入内衣行业，以及做内衣这一行的感悟和体验，其实也是非常重要的。有很多内衣人，做了多年的内衣，却越来越感觉到疲惫。

究其原因，并不是内衣行业赚不到钱了，而是内衣行业并不是他们的志向，无法激发他们的兴趣，更无法做到乐享其中。

早年，这些人之所以做内衣，是出于生计所迫，或是赚钱的门道，或是邻居、朋友在做内衣，于是也做起了内衣，在他们眼里，内衣就是一门生意，是赚钱、养家的工具。在生活困顿的时候，经济的压力驱使他们去做内衣，在这个过程中，有比较、有责任，但是不一定有兴趣。当时间越久、年龄越大，经济压力越小，当初的动力也就逐渐消失，于是就生出疲惫之感。其实，在他们心里，做内衣是一个包袱，是一个必须背负但是并不喜欢的包袱，久而久之，他们渐渐对内衣丧失了兴趣，自然也就做不好内衣，逐渐被市场淘汰。

梁雪兰是另一个典型。

●早期梁梁雪兰巡视展厅

梁雪兰说，她年龄很小就开始做内衣，内衣是她第一份工作，而且一直以来都很热爱内衣。每当心情不好的时候，就去厂区走走，看一看、摸一摸内衣，心情就会变得愉悦起来；每当心情好的时候，也会去厂区走走，看一看、摸一摸内衣，心情会变得更加愉悦。

内衣是用来欣赏的、品鉴的，不是用来生气和亵渎的，要对内衣有尊敬、有爱护，才能做好内衣，穿好内衣。

“我一看到内衣，就十分开心。我认为文胸本身是有灵气的，你爱她多少，她就爱你多少。我想我是为了文胸而生的。” 梁雪兰如是说。记得有一次在奥丽侬集团的全国督导培训会上，不善言辞的梁雪兰很激动地表示：“我以我的人格保证，我的奥丽侬品质绝对是一流的，现在是，以后也是！”

这是她的保证，也是她的信仰。

●早期梁雪兰与员工聚餐

笔者作为文字工作者，深信“文章千古事，得失寸心知”，我一直认为只有文章与艺术，才能被赋予重大的教化、传承使命，如同一种宗教信仰，让人们获得激情、安宁与幸福，并且感悟到某种哲理。在接触梁雪兰之后，我感觉到在她的脑海里，内衣同样是万物有灵，具有神圣的信仰，这种近乎偏执的坚持，也许才是真正对内衣爱到极致的表现，也是奥丽侬能真正做好内衣的原动力。

第七章　授业

际遇"香港胸围大王"，谱写师徒知遇传奇

【何炳祥】：我想我一定是受到了上苍的厚爱，才有机缘成为罗杰伦先生的徒弟。罗杰伦是"香港胸围大王"，也是中国内衣的奠基人之一，更是世界内衣发展史上一位举足轻重的人物。一日为师，终身为父，这是一句祖训，也是我的师徒观。点滴之恩，涌泉相报，我之所以走上内衣之路，都有赖于我师傅罗杰伦先生的指引。可以说，没有他的帮助，我是不可能进入内衣行业、不可能创办奥丽侬内衣品牌的。他开创性思维的合作模式，以及全球性地寻找商机的胆魄，深深地启发了我；而他对内衣的热爱精神，也感染着我，我也将这些精神灌注到奥丽侬的企业精神之中。他是我的授业恩师，我永远是他最谦卑的学生，一生感激他。我祝愿他健康长寿。

罗杰伦，何炳祥教父；黛丽斯，奥丽侬前传

要了解何炳祥和他的奥丽侬内衣集团，就必须要先了解罗杰伦——黛丽斯内衣集团的创始人、前主席，他是奥丽侬的前传，更是将世界内衣引入到中国、开创中国内衣新纪元的第一人。

在一定程度上，何炳祥是罗杰伦的衣钵继承人，而奥丽侬则延续了黛丽斯的内衣事业。如果说罗杰伦是何炳祥的教父，在笔者看来，那是完全准确的。

胸围大王，屹立香江

罗杰伦为人极其低调，网上坊间很少他的个人资料。

笔者也是因为撰稿的需要，有幸被引荐认识了这位传奇人物。见面时，老人家虽然已经是 78 岁高龄了，满头银发，但是精神矍铄，面带红光，气定神闲，尤其是言语之间，有一种看惯风云、闲庭信步的优雅与自信，和他交谈，俨然有一种与世外高人、行业大师对话的感觉，让人油然生出一种敬意。

罗杰伦先生系出名门，1936 年出生在香港，祖籍广东省普宁市南径镇，潮汕人后裔。罗杰伦的父亲罗英志，是香港早年闻名的英昌洋行的大股东之一，从事转口贸易，专门销售手套和皮鞋，主要出口美国，在 20 世纪 60 年代，有“手套大王”的称号。母亲则是香港本地人。

殷实的家境，给了罗杰伦良好的学习环境，青年时代的罗杰伦在澳洲悉尼工业学院攻读会计专业，用今天的话来说，就是一只真正的“海龟”。在那个年代，则更是如同贵族。回到香港后，娶了一位美国夏威夷华侨为太太，并且帮助父亲处理一些出口的业务，当时环境下月薪 300 港元，可以说非常之高。

早年的罗杰伦，可以说是志得意满，顺风顺水。

生逢其时，接管天星胸罩

年轻时候的罗杰伦干劲十足，思维超前。他不满足于父亲纯粹的贸易生意，觉得贸易受到市场波动的影响太大，利润也太低，经常受制于人。罗杰伦希望拥有更大的自主权，将命运掌握在自己的手中，在贸易中握有更大的谈判筹码。

适逢其时，有一家“天星胸罩厂”欠英昌洋行数万元债务，无力偿还，只

能将工厂抵押给了其父罗英志。

20 世纪 60 年代，是香港高速发展的黄金时期，贸易和制造业同时腾飞，而罗杰伦刚好踏准了时代的节奏，梦想的大门打开。罗杰伦扼住了命运的咽喉，他主动申请去管理这家小厂，20 台衣车的小内衣厂，就是“香港胸围大王”罗杰伦的起点。此时他也认识了黄松沧先生，这个朋友也成为他创建黛丽斯内衣王国最重要的合作伙伴。

虽然罗杰伦从来没有亲手缝制过一件文胸，但是他却将高品质的意识、精细化的管理理念融入工厂之中。罗杰伦的胸罩不但质量好，而且生产效率高，交货准时，因此获得了客户的青睐。

天星胸罩厂迅速扭转了局面，获得盈利。

做大黛丽斯，联交所上市

天星胸罩厂虽然发展不错，但是离真正国际化先进的大型胸罩制造集团尚有距离。因缘际会，1967 年，加拿大一家乳罩制造厂在香港设立工厂，当时工厂拥有 120 部衣车、180 名工人，产品主要销往美国和加拿大。

由于该厂主要是聘用加拿大的人员进行直接管理，一方面使质量和管理更加先进，但另一方面也增加了用工成本。1969 年，这个经营差强人意的内衣厂出售给了罗杰伦的英昌洋行，子承父业，罗杰伦有了这一舞台，终于可以大展拳脚，执行他的全球内衣战略。

第一，他结合了日本人的生产管理和加拿大的科学管理技术，并融入香港人的务实诚信精神，让黛丽斯拥有了全球先进的技术以及中国人的灵活高效，不再如早年传统香港企业那么低效短视，也摒弃了欧美企业的华而不实。黛丽斯一跃成为具有国际风范的高效内衣制造企业。

第二，罗杰伦抛开了贸易中间商环节，直接面对欧美各大渠道商和内衣品牌。以前，香港的贸易和生产都是和欧美的贸易商合作，就是“二道贩子”，很少能直接和渠道商、甚至内衣品牌企业本身合作。罗杰伦敢于精耕细作欧美市场，以畅通的信息资源、高效的供货体系、优异的产品品质，不但能够直接和品牌商合作，而且能够自主选择对方，成为欧美大牌内衣的代工宠儿。

第三，罗杰伦敢于应对挑战，进军日本市场。日本内衣与欧美内衣不同，需要更好的上身塑形效果，因而对生产工艺要求更高，虽然利润较高，但是很多香港代工企业不敢承接，因为一旦不能达到合同标准，则赔偿损失巨大。罗杰伦运用先进的品质管理，终于达到日本著名品牌的生产要求，同时也借此将黛丽斯的生产技术提升到全球最高的行列。

第四，罗杰伦将投资视野瞄向全球。随着香港的快速繁荣发展，本地的人力成本、资源成本大幅上扬，服装制造企业已经不堪重负，一些与黛丽斯齐名的内衣企业纷纷倒下。罗杰伦意识到香港处于转型期，走出去是唯一出路。同时，加工企业只有做大、做出规模，才有竞争力。虽然当时香港黛丽斯已经拥有 1000 多台衣车，但是仍旧不能满足巨大的市场需求。于是黛丽斯陆续布局菲律宾、泰国、柬埔寨、缅甸、越南等，虽然其中有一些曲折，但总体获利甚丰。

适逢1978年，中国内地开始对外开放，鼓励港澳台甚至国外投资者进入中国。在诸多企业犹豫不决、踌躇不前的时候，罗杰伦以超前的敏锐触觉，察觉到中国内地巨大的潜力，大举进入中国内地，分别在广东深圳、南海盐步、辽宁大连、江西赣州，以和地方联营、其后独立设厂等多种形式，设立内衣加工厂。南海盐步的奥丽侬、美思、嘉莉诗、依之妮、新怡、大连的桑扶兰以及上海的古今等企业，均与罗杰伦的黛丽斯有直接或间接的渊源。

由于缺乏权威资料，笔者通过目前手头的资料推断，罗杰伦和他的香港黛丽斯投资中国内地的举动，可能是境外内衣企业的第一例。可以与之媲美的只有黛安芬，也仅是 1979 年进入广东顺德设置生产工厂，囿于当时的社会环境，黛安芬的内衣工厂完全不准男性进入，这在现在看来几乎就是一个笑谈，可见当时社会风气的封闭。

第五，罗杰伦知道，如果企业仅仅靠生产、销售来维持经营，这种渐进的累积发展是缓慢而低效的，容易被竞争对手从弯道超越。唯有借助资本的力量，才能实现飞跃式的发展，竖起行业的高端壁垒。1991 年，是黛丽斯跨时代的年份，黛丽斯国际有限公司在香港联交所主板挂牌上市，当年市值逾四亿港元。黛丽斯的股份代码为“333”，已经成为香港的“性感代号”，为世界证券经纪人所熟知，罗杰伦创造了内衣行业的奇迹。

通过这一系列的投资扩张，香港曾经的五大内衣企业最后只剩下黛丽斯和高华，而黛丽斯则独占鳌头，成为香港的服装内衣制造旗舰。罗杰伦和他的黛丽斯内衣王国，则被香港媒体封为“胸围大王”，真正成为跨国的内衣巨头。

罗杰伦曾经说：“只要世界上有女人，胸围就不愁没有市场”。行行出状元，一个男人从事女性胸围行业，并且成为“香港胸围大王”，堪称绝无仅有的奇迹。

投资盐步镇，结缘何炳祥

1979 年，处在中国改革开放前沿阵地的广东省南海盐步镇，毗邻广州市荔湾区，连接广州的中山八路，号称广州市的“中山九路”。既没有其他区域远离省会的偏远，也没有省会广州市内的拥挤，可谓占尽天时地利。

当时适逢盐步镇在大力招商，作为黛丽斯布局中国的战略重地，罗杰伦亲临现场考察，当时他在这里就如同当年邓小平在深圳一样，大手画了一个圈——就投资在这里了。一段“香港胸围大王”与未来“中国内衣巨头”的缘分，就此埋下了伏笔。

时间来到了 1984 年。

罗杰伦有时候走出厂门，经常看到一个小伙子在门前徘徊，开始也没有太在意。但是这个年轻人来得多了，罗杰伦也对他就有了一点印象。在罗杰伦的眼里，这个年轻人清瘦俊朗，虽然衣着简单，但是搭配得当，颇有一点时尚青年的调子。尤其是精神高昂，似乎永远不累，在黛丽斯门口左顾右盼，似有期待。

罗杰伦哪里知道，这个年轻人就是何炳祥，经常往来黛丽斯是来等他的女朋友——黛丽斯当时的“四大姑娘”之一的梁雪兰下班。而这个年轻人最终发扬了他的内衣事业，和他结下了不解之缘。

这段时间，黛丽斯的业务发展非常迅速，除了生产文胸之外，也接受了一些睡衣的订单业务，常

●当年何炳祥与恩师罗杰伦合影

常是员工连续加班也无法完成巨大的订单。而黛丽斯的发展局限于和盐步当地政府的合作模式，要想进一步扩充，却面临有诸多限制与不便，罗杰伦希望用其他模式来进一步扩充经营、扩大生产。

缝制一件连衣裙，牵出一段师徒情

前面讲过，何炳祥从小就有改制、设计衣服的嗜好，甚至连窗帘、衬衣都是自己裁剪，哪怕是缝补衣服，也会想方设法补得漂亮、天衣无缝。这个嗜好并没有随着时间的流逝而停止过，反倒与日俱增，作为南海轻工业品进出口有限公司“粤佳玩具厂”旗下成衣部专门生产睡衣睡袍的副厂长，何炳祥这个嗜好终于有了他的施展空间。

正因为他有改制衣服的嗜好，才让梁雪兰的服装显得与众不同，因而引起了罗杰伦的注意，给何炳祥创造了新的机会。

1987 年的一天，梁雪兰照常去黛丽斯上班，罗杰伦看到梁雪兰穿着一件与众不同的裙子，就说了一句，你今天这件衣服很好看，梁雪兰说这是她老公用

●何炳祥与罗杰伦早期合影

布料自己改做的。闻听此言，罗杰伦大为惊讶，一个男人居然能改制裙子，居然还改得别具韵味，这很不简单。

罗杰伦事后回忆，当时他就在想，在盐步这个小镇上，能够有如此匠心的人应该不仅仅是一个商人，应该是一位对设计和质量有追求的人，这样的人才符合黛丽斯的高要求。这不正是他要寻找的目标人物吗？

他当时就确信，这就是黛丽斯的天然伙伴！虽然这个人不是黛丽斯内部员工，但是他懂服装的设计和生产流程，这在人才极度缺乏的当时，是非常难得的，尤其是那种审美和品位更加可贵。

罗杰伦于是问梁雪兰，能不能约你老公谈一谈，一起吃个饭，做个朋友。梁雪兰冰雪聪明，自然知道这个香港老板话中的深意，面对这千载难逢的机会，她一口应承。

俗语说得好，机会是留给有准备的人的。因为爱人梁雪兰的牵线，何炳祥有了这次机会；而何炳祥对服装的爱好与执着，则直接把握住了这次机会。

师徒初握手，煮酒论英雄

盐步镇最大的外商合资企业的老板要请自己吃饭，何炳祥自然知道意味着什么。欣喜激动之余，他也做了十足的准备，他不希望机遇从自己的手中溜走。

既然罗杰伦是从事服装内衣的，且因服装设计而关注了自己，那么必须强化这一印象。何炳祥从成衣部生产睡衣睡袍的欧美生产单中，挑选了几件真丝睡衣、睡袍，进行重新设计，加入了中国化的装饰元素，然后自己又做了一些简约大气的包装，将这些睡衣放在里面，做成了礼品。

罗杰伦对何炳祥的能力考察显然极为重视，并预定了当时南海盐步最好的酒店之一——香杏园饭店的包间，见面时间定在 18 点。

时间未到，罗杰伦一行 10 多人已抵达饭店，但何炳祥却未准时出现。难道何炳祥怯场了或有其他想法？罗杰伦赶紧让梁雪兰问下是怎么回事。

原来，何炳祥这个工作狂忘记下班了，经老婆一催促，才火速赶到饭店。

说起当年的见面场景，何炳祥依旧十分激动，而罗杰伦也记忆犹新。

罗杰伦一见面就问何炳祥：“你是做什么工的？”

何炳祥也甚是老实：“当管理的，也做真丝睡衣、睡袍设计。”

罗杰伦接着问：“那有没有学过画画、美术啊？”

何炳祥答："学过国画，也懂一些设计。"

听说何炳祥懂设计，罗杰伦就想与其探讨一下胸围的设计，但何炳祥当时还真不太懂内衣，于是转移话题，谈论起自己擅长的睡衣来，恰恰这个也是黛丽斯新的业务领域。

为了能够表达得更清晰，简单的语言已经不够。何炳祥让饭店服务员拿来纸笔，现场画了几张睡衣设计图，接着，又将设计、打版、裁床等关键流程清晰地讲述了一遍。很快，一件睡衣睡袍的全部生产工序清晰地如立体般展现在罗杰伦面前。

罗杰伦不但折服于何炳祥清晰的思路、整体的架构能力，更惊喜于何炳祥能够直接画图，指导睡衣睡袍的设计。这正是公司睡衣部目前最紧缺的人才，只要假以时日，稍加培训，管理文胸部门应该也不在话下。罗杰伦暗暗欣喜，惊讶于盐步能有这种人才，真是踏破铁鞋无觅处，得来全不费工夫。

对于生于草莽、长于蒙昧的何炳祥，早就听说雍容华贵、谈吐儒雅的香港大老板罗杰伦，今幸得相见，大慰平生渴想之思，自然表现起来也十分卖力。

获得罗杰伦的赞赏，更是让何炳祥心潮澎湃，跃跃欲试。

为了内衣梦想，舍弃其他工作

恰恰在这个时候，何炳祥面临着若干极具诱惑的选择。

首先，南海轻工业品进出口有限公司对何炳祥的工作表现非常满意，希望其续约转正。从裁床、管理、设计、品控、财务一条龙，何炳祥都得心应手，成绩卓著，南海轻工业品进出口有限公司能不满意吗？如果循着这条道路走下去，现在的何炳祥也可能是一位著名的国企高管，同样是成功在握，声名显赫。

其次，何炳祥的一位表姐听闻何炳祥管理能力超强，她的儿子在当时飞速发展的深圳经济特区开设了一家玩具厂，非常需要管理人才，于是力邀何炳祥去深圳就职，当时初定每月工资为 3000 港元。这在当时，抵 20 个工人的工资，待遇优厚，可见一斑。

但是最终何炳祥选择接受罗杰伦的邀请，放弃了安稳体面的铁饭碗、待遇优厚的工作。为什么？何炳祥后来说，因为那是完全自己做主的事业，更是为了实现自己的梦想。

在事业和梦想之间，收入和安稳立马成为浮云。

你出酱油我出鸡，书写合作新传奇

罗杰伦最初的想法，是开设新的分厂，请何炳祥来全权管理，这样的待遇，是整个盐步人都可望而不可求的美差。

但是何炳祥志存高远，有更高的想法。

何炳祥之前已经是南海轻工业品进出口有限公司“粤佳玩具厂”旗下成衣部专门生产睡衣睡袍的副厂长，自然是想更上一层楼，成为企业主、老板，不想受雇于任何一家企业。但是成为老板，谈何容易！本钱在哪？订单在哪？厂房在哪？设备在哪？员工在哪？营业执照在哪？任何一个条件不成熟，都能让何炳祥的梦想胎死腹中。

罗杰伦之所以被赞誉为“香港胸围大王”，不仅仅是因为他学问大，更是因为他超出常人的境界。一个是人才难得，一个是求贤若渴，只要出现一个双方都能接受的合作模式，那么这个师徒因缘就能缔结。

这个合作模式就是——你出酱油我出鸡。

“你出酱油我出鸡”，是一句香港的俗语，原意是没钱一方出酱油、有钱一方出鸡。这原本是指不对等的合作模式，非常难做，但是罗杰伦胸怀远大、目光长远，看中了何炳祥这个人才，宁愿自己出最重要的“鸡”，只要何炳祥象征性地出点“酱油”，也希望双方能够达成合作。

何炳祥听罗杰伦说他愿意出所有的本钱、设备、厂房，帮助申领营业执照以及提供最关键的生产订单，而自己只需要进行全盘的管理，他简直不敢相信自己的耳朵。如此优厚的条件，几乎是无本赚钱的买卖，犹如天上掉下一个超级大的馅饼，就砸中了他何炳祥，实在是让他喜出望外。

若干年之后，何炳祥每每提到他和师傅罗杰伦的合作模式“你出酱油我出鸡”，都是感激万分。

饮水思源，知恩图报，是何炳祥的信条。

继承罗老内衣衣钵，弘扬亚父高风亮节

【何炳祥】：罗杰伦先生不仅仅是我的师傅，更是我的再生父母。他不仅引导我走上内衣之路，让我找到人生的方向，而且在漫长的30年里，不断地给我指点、给我帮助，让我在顺境中知道思危，在逆境中不惧挫折。我从事内衣30年、创立奥丽侬25年，师傅不但教会我做内衣生意，还教会我做人道理，要宠辱不惊、百折不挠、豁达知命、戒除浮躁、懂得感恩，以及分享他独特的“雍容华贵”精神。我将奥丽侬的目前成就，奉献给我的恩师，希望获得他的认同，这就是学生对老师最好的报答。如果奥丽侬能传承黛丽斯的内衣事业，我能传承罗杰伦的人格精神，那将是我最大的追求。

罗杰伦的照片：总是在何炳祥的案头，以及陈列室最显眼的位置

笔者第一次走进何炳祥的办公室，就看到一位老人与何炳祥的合影，在大会议厅同样也看到这位老人和何炳祥夫妻的合影。开始，笔者以为是他的父亲，何炳祥笑着说："你说的不对，我和亲生父亲的合影放在家里；但也对，这位老人可以说是我的父亲，他叫罗杰伦，我感谢他，并以他为荣。"

●何炳祥与恩师罗杰伦的早期合影陈列在案头

走访国内众多企业，在办公室放师傅照片的企业家，笔者目前只看到何炳祥一位。广州有一个凉茶老字号，其长子另创品牌，店铺内却挂的是其父的照片。这其中既有父子亲情，也有诠释"正宗凉茶"的利益成分。

而何炳祥悬挂罗杰伦的照片，更多的是感恩。

罗杰伦，帮扶何炳祥，一程又一程

虽然何炳祥天资不错，但是在内衣创业之初，各项事务千头百绪，难免磕磕碰碰。罗杰伦不但帮他申请执照、教技术、帮管理，甚至借钱、借设备、给业务，可以说对何炳祥的关照无微不至。

这还不算，罗杰伦将何炳祥扶上马进入内衣行业，之后还不断地送了一程又一程，比如在奥丽侬经营困难之际，介绍一些内衣企业与奥丽侬合作，提醒奥丽侬应及早从外销转内销，传递国际内衣最新潮流资讯等。

可以说，罗杰伦持续地帮助、提点何炳祥，30年间未有停止。即使在罗杰伦本人退休之后，仍旧惦念着何炳祥和他的奥丽侬，就如同何炳祥是他的爱子，而奥丽侬也是他的事业一样。

罗杰伦，既是帮助何炳祥事业的贵人，更是指点他成长的高人

一个人要成功和成长，除了自身的努力，还需要贵人指路，就如千马里遇到伯乐。何炳祥说自己是何其幸运，生命中既有贵人提携，也有高人相助。

这个高人和贵人，就是他的恩师——罗杰伦。

罗杰伦在内衣事业上，可以说对何炳祥提携多多，特别是在其创业之初，这些我们将在本书后面的章节中陆续呈现。而在何炳祥的成长之中，罗杰伦的教诲同样也非常重要。

由于早期没有机会接受更为系统的教育学习，何炳祥自认为所学的知识结构不太全面，加之自小个性十分要强好胜，脾气也比较急躁，这些都对他的事业发展有所制肘。罗杰伦深知这一点，因此经常和他分享多元学习的重要性，同时也传授他做人做事的一些心得。

何炳祥说，是罗杰伦让他的性格变得沉稳、变得包容，不会过分计较个人的荣辱和得失。

何炳祥有一个形象的比喻，说他自己就是孙悟空，在认识罗杰伦之前，虽然有些灵气和悟性，但是并不知道怎么发挥和运用；认识罗杰伦后，就如同得到菩提老祖和唐僧两大师傅的指点，既学到了腾云驾雾、七十二般变化的本领，更参悟了爱人如己、团结协作等禅宗精髓。

经过罗杰伦的打磨，何炳祥真正地脱胎换骨。

诠释独特“雍容华贵”的内涵，让何炳祥成为真正的贵族

根据词典，“雍容华贵”是一个成语，形容态度文雅从容，庄重大方，服饰豪华而无俗气。“何为雍容，雍州人之容；何为雍州，现陕西关中是也”，这里物产丰富，号称“天府之国”，这里的人们走到关外，衣冠华丽，脸色红润，被关外人称为“雍容华贵”。

无独有偶，何炳祥在跟笔者聊起罗杰伦对他的教导时，特别提到“雍容华贵”一词。笔者留意到何炳祥的几个徒弟在采访过程也提到过这个词，他们对“雍容华贵”一词的领悟和表达方式，一开始我是不得其解的，后来有了和罗杰伦、何炳祥当面聊天的机会，于是我大胆设问，小心求证。

笔者发现，罗杰伦有一个特点，就是听到什么问题，无论是容易的还是难的，他都先微微一笑再回答，既不是哈哈大笑也不表情肃然。

听到笔者这个问题，罗杰伦笑着回答说：

“我的父亲算是潮汕第一代创业者，我这个第二代则是在香港出生、澳洲求学的；我的夫人也出身书香门第，知书达理；孩子们也让我很欣慰，个个既有文化又有涵养，已经不太在意权力、金钱和地位了。可以说，在我的家族几代人身上，从父辈的草根创业到如今成为别人眼中的贵族，耗时近百年，犹有今日，殊为不易。”

“罗杰伦的眼神望向窗外，陷入回忆。中国有着地大物博、人口众多的优势，市场需求很大，早年适逢改革开放好时机，很多创业者大胆、敢冒险，敢拼、敢闯，在短时间内都赚到了很多钱，由于这些多数属于五六十年代人，是受教育不足的那一代人。金钱来得快时就成了大款，用现在的词说就是土豪。他们觉得赚到钱是理所当然的，钱有了，心态也变了，很多人反而迷失了。”

罗杰伦微微颌首地说。

“三代出贵族，这是一个漫长的过程。雍容华贵，只是我临时借用的一个词，用当前的一个流行语来说，就是做人要‘高端大气上档次，低调奢华有内涵’，不能有钱了就行事高调，要多学习，有修养，‘雍容华贵’就是这么个意思。我提炼出来是希望他们早早成为有内涵、上档次、值得他人尊重的贵族。做内衣设计也要如此。”

何炳祥是一个率真之人，原本大大咧咧，不拘小节，但是在罗杰伦的“雍容华贵”概念的灌输之下，品位也越来越高。

何炳祥：既是继承罗杰伦事业的徒弟，更是发扬他精神的传人

前面的观点，是何炳祥的说法，只是一面之词。笔者在成都面见罗杰伦的时候，向他转述了何炳祥的双重感恩之意。出人意料的是，罗杰伦先生看待这个问题，却提出了另外一个角度，让我感觉他的人生境界实在是高人一等。

罗杰伦说何炳祥当年就是一个人才，只是未加雕琢、没被发现而已，或者是已被发现，但是暂时没有用武之地，所以说他是慧眼识才，这个他承认；如果要说他是有恩于何炳祥，他却只能付之一笑。

在他看来，认识何炳祥就是一个缘分，并没有刻意对他好，照顾他。一方面当年黛丽斯确实要消化国际产能，产品质量要再上台阶，为香港上市做准备，而与何炳祥的合作，能够让这个进程加速，从这个角度，他也要感谢何炳祥，

毕竟与何炳祥的合作，是当时最佳的选择；另一方面，当时罗杰伦已经从事内衣30年，也希望能将衣钵传授于人，人要留下一份事业，也要留下一种精神。

认识并启用何炳祥，就是看重他能传承他的精神。

“学生希望寻觅名师，名师也在寻觅高徒。无谓感恩，皆是缘分；无须修饰，如此而已。”罗杰伦说的这句话充满着哲理。

●何炳祥

罗杰伦和何炳祥这对师徒，对他们之间的关系，外界说法各异，却又殊途同归，不能不说是一对好师徒，又似两父子。

主动开枝散叶，不要苛责同行侵轧，善待员工借势创业

奥丽侬成功之后，随着中国内衣的高速发展，很多人都开始进入内衣行业。一些人采取“近水楼台先得月”的策略，要么直接挖奥丽侬专业的人才，抄袭奥丽侬优秀的产品，要么采取和奥丽侬相似、相近的宣传手段，侵蚀奥丽侬现有渠道。

由于他们用的是奥丽侬挖来的人才，或者自己就曾经是奥丽侬人，因而对奥丽侬的市场伤害很大。

最初，何炳祥非常生气，觉得这些人不遵守商业规则，甚至是背叛了奥丽侬。因为根据他自己的商业信条，竞争就应该公开、光明正大，不要用下三滥的手法，同时在营销上也应另辟蹊径，不要大家拥挤在一条道路上。

天地那么宽，同行抬头不见低头见，为什么这些人非要用这些非正常的手段，一定要采取这种伤和气、伤面子的竞争手段呢？

何炳祥于是找到罗杰伦吐苦水："师傅，当年我做您的加工单，就绝不敢接其他家的单。而您介绍与我合作的一批内衣企业如古今内衣，我们渠道招商时，我也让所有的业务人员回避他们的渠道。我总觉得做人一要知道感恩，二要尊重商道。这是基本的道理啊。"

何炳祥接着气愤地说："但是我们一些同行，不仅抄袭我的专利产品，还挖我的人才；而从我这里出去自行创业的员工，不但带走我的设计稿，带走我们的员工，还在终端市场上以所谓更优厚的条件、更便宜的价格，挖我的客户，想想都觉得生气！为什么他们可以这样肆无忌惮？怎么解决这些问题啊？"

何炳祥向师傅大吐苦水，原本希望师傅能支几招，来化解内衣同行的这种恶性竞争，或者至少能安慰他几句，但是罗杰伦只是淡淡地笑了笑，说道："你说的这些企业和个人固然不是很地道，但是也能理解。你想啊，内衣行业就那么大，专业人才的培养周期很长、人数很少，但新创立的内衣厂家想快速发展，他们自然会挖你的人，抄你的款。什么知识产权啊、商业道德啊，那些是在社会、行业规范之后才会有的。等这些抄袭、模仿、挖你人才的企业发展到一定程度，仓廪实而知礼节，他们就会收敛一些了。他们目前还很'穷'，生存阶段嘛，顾不了那么多。当前中国还是草创时期，有些规范得慢慢来，遇到这样的事情是必然的，只能劝你看开点。"

罗杰伦接着说："欧美很多著名的品牌，如汽车品牌和服装品牌，他们那些创始人，以前也是到相关企业学习的。像保时捷创始人之前就在奔驰公司做过设计师，之后才创造保时捷的，现在这两个都是著名汽车品牌。这样的事情非常多。为什么德国有好几个著名汽车制造公司，而法国有很多著名的香水品牌？就是因为人才相互沟通，相互学习，形成一个庞大的圈。这个圈具有相互感染和提升的作用，虽然相互之间会有竞争，但也正是因为这样，他们才能互相激励、互促互长，形成一个优势产业，成为世界著名品牌啊。”

罗杰伦继续说：“这就是圈子的力量。用中国的话，就是共生。所以我当年到内地来做内衣，培养了一批内衣人，他们从黛丽斯走出去都成为成功的内衣老板，比如你，比如美思、依之妮、桑扶兰等的创始人，看到你们快速发展，我感觉到很开心。这是开枝散叶，只有这样才能根深叶茂。如果大家都相互内耗，即使你的这些竞争对手都没有了，你也不会一家独大，反而会因为缺乏竞争而慢慢退化的。现在有很多企业挖你的人才，抄你的款式，这说明你一方面技术和款式好，另一方面也说明你管理还不到位，员工激励政策或措施不足。你如果从这方面去考虑，也许自己会做得更好。”

听君一席话，胜读十年书。

这番话，何炳祥听在了心里。现在无论是小到盐步，还是大到中国，奥丽侬的学生已经遍布各地，如今何炳祥看到他们茁壮成长，不再是五味杂陈，而是感觉到一点欣慰。技术与管理上的经验与心得，何炳祥都乐意与同行们分享，他“黄埔军校”的大门时刻都为人们敞开着，他似乎从不担心人家把他的技术学走后会超越他。

“奥丽侬的一个主管或班长，到了别的公司就是经理，盐步的其他企业总是死死盯着我们奥丽侬的人才，原来我师傅罗杰伦的工厂黛丽斯是黄埔军校，现在我接过了师傅的接力棒，奥丽侬也变成了这样类似的角色。”何炳祥曾如此说。

甚至，现在他的一些徒弟在遇到麻烦时，比如资金短缺、产品生产工艺有问题、企业之间产生纠纷等，他们都会找何炳祥帮忙，而何炳祥也总是力所能及地帮助他们。

罗杰伦，与何炳祥俨然一家人，他的教诲，让何家更幸福

一开始，笔者以为罗杰伦仅仅是梁雪兰的老板，和何炳祥则是忘年交。

结果，我又错了。

事实上，罗杰伦和他们全家人都过从甚密，完全是亲戚加恩师，何炳祥的大女儿特别喜欢这个老前辈，直呼其爷爷，甚至小时候在父母那里受了委屈，都要到罗杰伦那里告状。

何炳祥的爱人梁雪兰是黛丽斯的老臣子，梁雪兰自然对罗杰伦尊敬有加，

●当年罗杰伦（右二）与何炳祥家人

口口声声都是“罗先生”“罗老先生”。当笔者问起她对罗杰伦的终极评价时，梁雪兰说：“罗先生是内衣行业的伟人！也是我生命中的贵人！我很敬爱他！”

这个回答让我非常惊讶，梁雪兰敬爱罗老，这个不难理解，但“伟人”这个词，是极为庄重的，只有在一个领域，如政治、文化、科技领域，达到登峰造极、首屈一指的时候，才能配上“伟人”一词。

我这样诘问，梁雪兰如此回答：“罗老先生来盐步甚至来内地建内衣厂之前，内地是没有现代内衣厂的，他第一个来，属于拓荒性质，那就是第一了，且规模宏大。另外就是，罗老先生在 1997 年因为亚洲金融风暴，房地产、物业资金链出现问题，宁愿自己一力承担，也要保证黛丽斯的正常运营，这种胸襟让我很佩服。至于他对我们全家和奥丽侬公司的照顾，也让我非常感动。”

“我不管别人怎么评价罗老先生，他在我眼里，就是‘内衣伟人’！”

何炳祥创立奥丽侬之后，生意愈加兴旺，工作更加繁忙，应酬众多，回家的时间自然也就减少，但期间他却经常抽空探望罗杰伦。罗杰伦是过来之人，常常提醒何炳祥不能只顾工作，也要兼顾父母妻儿。何炳祥本是一个工作狂，但是在罗杰伦动之以情、晓之以理后，他对家庭的关爱也更多了。

在这个人情冷暖、物欲横流的社会，尤其是诱惑众多的广东，何炳祥和他的家庭却保持了传统家庭的和睦，十分难得。这其中有罗杰伦的教诲之功，也只有罗杰伦这样的高人，才能点化何炳祥这样的烈马。

希望何炳祥龙虾脱壳，创造更高端、全球性内衣大品牌

归隐之后，深藏功与名。

罗杰伦现在长期隐居，颐养天年，2013 年，笔者和何炳祥一起去拜访他，在快要结束的时候，罗杰伦和何炳祥有这样一段对话。

何炳祥虔诚地问罗杰伦："师傅，您对徒弟我以及奥丽侬，还有哪些忠告？"

"你是我最得意的门生，也有情有义，让我深感宽慰。"罗杰伦说，"从我手下走出去的内衣老板很多，你是让我最感到骄傲的，因为我知道你们最看重产品质量。你也许不是赚钱最多的，但是你是在消费者中获评最好的；你也许不是设计最时尚的，但是你是质量和穿身效果最好的；你也许不是给我回报利益最多的，但是你是对我最真诚的；你也许不是发展最快的，但是你却是成长最稳健的。你们都很好，很成熟，孩子长大了，我已经给不了太多建议了。"

何炳祥开心地说："那就是说，我毕业了？"

"差不多是这个意思了。" 罗杰伦说，"不过我还有几句话。中国内衣在产量和性价比上，已经是世界第一了，但是在品牌影响力、文化宣传上，仍旧还有很大的空间有待提升，这些都需要文化软实力和宣传新手段。这些也是我当年的黛丽斯所缺少的，同时也是我们大家都所缺少的。这也导致了我们在一线大品牌、新销售模式品牌、个性化品牌、自主国际品牌等几个方面，做得还不够好。"

"你的奥丽侬，质量其实是能与世界顶级的品牌相媲美的，已经达到了最好之列，你要有自信。国际品牌内衣能卖几百甚至几千美金一件，你的却只有几百人民币，你应该好好想一下，只要你在设计上更大胆一点，在文化和宣传上力度更大一点，我对你有信心。" 罗杰伦喝了一杯茶，歇了一歇。

何炳祥洗耳恭听，知道师傅还有话说，并没有插嘴。

"你现在年龄不大不小，事业有成，这个时候，有一些人想停下来享受生活了，而另外一些人则整理前半生，为下半生的第二次创业做准备。你选择哪一样呢？奥丽侬目前在中国内衣界算是小有成就了，但是相对中国内衣市场而

言，世界的内衣市场更大，从这个角度来说，你现在的成功还不够，未来仍然大有可为。”罗杰伦说到这里，我似乎看到他年轻时意气风发的壮志豪情。

“香港有一句话，叫做‘龙虾脱壳’，龙虾为什么那么大，那么漂亮，就是因为它要经常脱壳，因为那个壳让它很安逸，禁锢它继续长大，龙虾想继续长大，只能不停地脱壳。但是脱壳的过程很痛，选择不痛就不可能长得更大，那么就只能是一只被人看不起的小虾米了。用文人的说法，这个过程就是‘凤凰涅槃，羽化蝶变’，凤凰要烧一遍，才能变得更漂亮，毛毛虫要冲破茧蛹，才能变成美丽飞翔的蝴蝶。”

“这就是选择。”

罗杰伦最后说：“我只能说这么多，关键在于你自己，希望你能走出国门，创建全球性内衣大品牌。”

第九章　拼搏

舒适高雅定名适雅，18万元闯出天下

【何炳祥】：回想当年开始创业时候的种种故事，真是百感交集，热泪盈眶。那时候，就算有千般艰辛，我也用万般豪情去直面应对，没有什么山不能翻越，没有什么坎不能踏平，没有什么事不能做到。无论多大的风雨，只要有胆量，就能将风雨都转化为能量。无论多难的问题，只要肯学习，解决问题的能力都转化成竞争力。爱拼才会赢，天道应酬勤。敢于拼搏，勤奋进取，就能赢得成功，就会获得上天眷顾。

18 万元起家，闯出内衣天下

1989 年年初，何炳祥开始自主创业，奥丽侬揭开了她的历史元年。

万事开头难。不过何炳祥有罗杰伦的资本与业务支持，有妻子梁雪兰的技术和精神支持，有自己初生牛犊不怕虎的狠劲，所有的难关，都被他一一闯过。

第一关就是资金关。

何炳祥的启动资金是 18 万元。在 1989 年，18 万元现金和价值约 10 万元的设备，折算成今天的物价和购买力，总计相当于现在的 200 多万元。这是一笔不小的数字，那时候工人的月工资大约是 100 多元，大米是 0.4 元 / 公斤。

在罗杰伦和亲朋好友的帮助下，何炳祥的事业起点还是比较高的。

可以这么说，何炳祥早年创业的原始资金，绝大多数都是罗杰伦支持的。正如罗杰伦当初力劝何炳祥自立门户时所说的那样："你出酱油我出鸡。"罗杰伦不仅借给何炳祥 108 台衣车设备，还有 12.8 万元现金，让何炳祥的内衣事业有了启动资金。那个时候，能一次性借到别人这么多设备和现金，是非常不容易的事。尤其是在没有任何担保的前提下，更属不易。

这也从另外一个方面说明了罗杰伦对何炳祥能力的认同，以及对其未来前景的看好。

罗杰伦跟笔者说："当年一看到何炳祥，就觉得这个后生不错，应该是一支潜力股，值得信任。我还是相信自己眼力的。"事实也证明，罗杰伦当初确实未看走眼，何炳祥靠自己后天的勤奋努力，成为内衣行业一位响当当的领袖。

受人恩惠，何炳祥自然感恩戴德。不过何炳祥自立自尊的性格，也异于常人，人穷志不穷，他也有着自己的志气——就是不能全部都靠罗杰伦，他也要将自己的身家都投进去，自己有身家投入，才会紧张，才会全力全情拼搏。

何炳祥夫妇当时省吃俭用，也仅有 4000 多元的积蓄，全部投进去还是缺流动资金，他不希望一开始就让资金过于紧张，所以到处筹钱，但何炳祥在盐步的大多数亲朋好友收入也一般，很难借到钱，这让何炳祥夫妇很是烦恼。

鼎力相助，澳门亲戚将藏在皮带中的 3 万港元借给何炳祥

有一天，梁雪兰和何炳祥一起回娘家。家里来了一个亲戚，是梁雪兰的表

舅父郑蓬开，住在澳门。那时候，澳门还没有回归。这个表舅父参加过何炳祥和梁雪兰的婚礼，对何炳祥的印象非常好。

何炳祥在创业之初，情绪起伏非常大。说起自己对未来的规划和展望的时候，他激情澎湃，滔滔不绝，讲到需要的厂房、设备、工资等费用的时候，他又十分低落，但是何炳祥有着很强的自尊，就是不愿意开口。

表舅父看在眼里，什么都很明白。吃完饭，他将何炳祥拉到门外说：“是不是缺钱？”

何炳祥一看心思被看透，脸都红了，先摇了摇头，然后又点了点头。

●澳门大三巴牌坊

“你刚才讲的内衣生意，我觉得很有搞头。罗杰伦和黛丽斯名声在外，值得信赖，他支持你，这是很难得的机遇，一定要抓住。你的规划也非常好，完全可信，有雪兰的技术在你后面支持，生意也更加稳当。我觉得你可以，你一定行的！”表舅父郑蓬开拍了拍何炳祥的肩膀说。

“做生意不能小里小气的，要干就大干，人这一辈子机会并不多，有了就要把握住，看准了就要投入。澳门有世界著名的赌场，那些没有把握的赌博千万不要去。澳门本地人很多只做赌场员工，绝大多数反而是不赌的。去赌博的人，多数是输的；而开赌场的，也有可能输，但他们靠概率赚钱，靠抽水赚钱，有赢有输，但是吃大赔小，总体还是赢的。”

表舅父接着说：“人生也是一场赌博，但你不能去做一个赌徒，而是要做一个开赌场的人。生意有赚有亏，全部赚钱，就没人跟你玩了。只要这个生意赚的概率大，就应该去做。赚多亏少就是不错的。这个内衣生意，刚开始入行，还不完全懂肯定是要交学费的。只有真正入行、深谙其道之后，才能开始赚钱，这样就行了。”

“我支持你，3 天后来珠海拱北口岸。”

三天后，天空下起倾盆大雨，何炳祥如期来到珠海拱北口岸。那时候，过关不能携带外币，必须到国家指定的银行去申请才能兑换，手续烦琐，不划算。于是，表舅父将现金缝在中空的皮带里，冒着狂风暴雨，蒙混过关后，拉着何炳祥躲进卫生间里，一张一张地抽给何炳祥，两个人就像做贼一样，吓得瑟瑟发抖，生怕被当场抓住。

何炳祥回来后一点算，30000 港币。

表舅父郑蓬开主动借给何炳祥这么大笔“巨款”，这让他信心倍增，同时也感觉到压力更大。

至今提起表舅父郑蓬开，梁雪兰仍眼泛泪花，她对笔者说：

“我们夫妇一生中遇到的贵人有三位，一位是罗杰伦先生，一位是我先生的舅舅邵伟尧，另外一位就是我的表舅父。”

对于这位表舅父，何炳祥同样非常感恩：“锦上添花很容易，雪中送炭非常难。那个年代私营企业还没有完全合法，表舅父借我那么多钱，是要承担一去不回的风险的。而且表舅父本人也并不富裕，他借给我的不仅仅是三万港币，而是给我的事业投了一张赞成票，从此我对自己更加自信，担当的责任更大。表舅父虽然不懂内衣，但是他教给我做事的勇气和魄力。这一点我一生受用无穷。”

“感谢表舅父！” 何炳祥重重地说。

一波三折，艰难申领营业执照，奥丽依迟诞大半年

万事俱备，只欠东风，这个东风就是营业执照。

按照中国内衣和盐步内衣的历史，何炳祥创办内衣企业的时间，都是较早的，原本可以独占盐步最早的内衣民营企业名衔，但由于当时法律的限制和当年特殊的原因被延迟了。

1988 年之前，虽然当时在理论上允许个体户存在，但是真正的企业还是以国营为主。一些外资企业、个人创业，都必须采取和国有企业、乡镇企业合作的形式，才可以经营。80 年代早期，开办这样的企业须政府特批，如港资的黛丽斯。80 年代后期，至少也要挂靠国有企业或者乡镇企业，创办完全单一的民营企业，当时是不允许的。

何炳祥申请企业营业执照，是不符合当时法律的，所以一拖再拖，迟迟批

不下来。

后来，何炳祥找到属于国有的盐步城区工业材料公司挂靠，就在快要获得审批的时候，1989 年，因特殊的原因又停顿下来，审批继续往后拖，这一拖，大半年就过去了。

那个时候，何炳祥非常焦急，几乎是天天都往相关部门跑。用何炳祥的话：“我本来就瘦，这样来回一跑，我腿又瘦了三圈。”

功夫不负有心人，几个月后，公司营业执照终于在1989年下半年审批下来了。

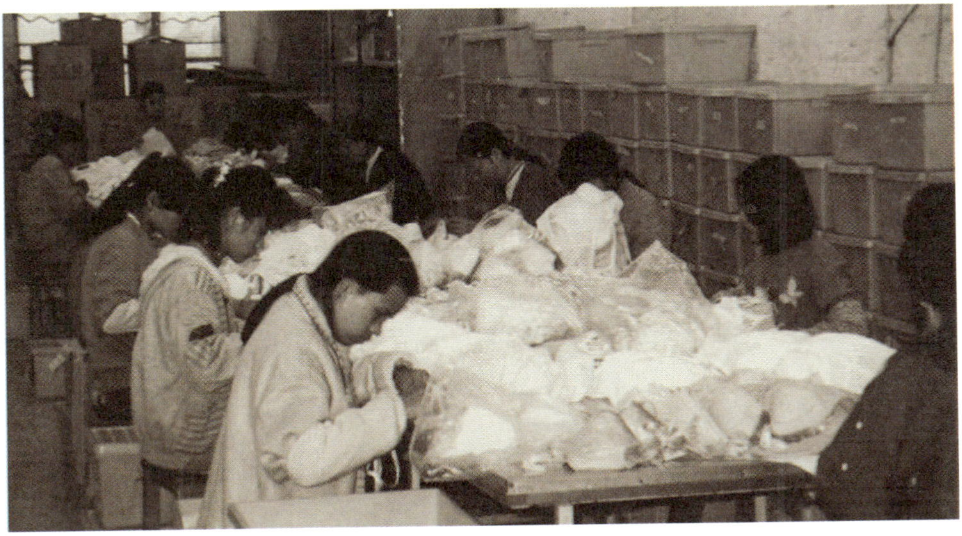

●早期适雅内衣厂

舒适、高雅——适雅内衣厂诞生

所有难关一一闯过了，但工厂应该取什么名字呢？

关于公司取什么名字，何炳祥和梁雪兰夫妻之间当年发生了一场激烈的辩论。

何炳祥说：“这个名字，应该体现内衣的特点，让人们感觉我们做的是内衣行业，且是质量好、设计好的内衣。”

“我赞同。”梁雪兰回应，“所以这个厂名里应该有‘健康’‘舒适’的字眼，我穿内衣，第一要求就是选择舒适的，只有舒适，才能健康。”

“那也不错。”何炳祥先肯定了妻子的说法，“不过人是高级动物，衣服代表一个人的品位，穿衣服不仅要舒适和健康，更要美丽、性感，才能体现人的素养和品位。师傅罗杰伦经常说要‘雍容华贵’，就是内涵高雅的意思，厂名应该在‘时尚’‘高雅’字眼里面来选择。”

一个坚持要健康舒适，一个坚持时尚高雅。相持不下，各有各的道理。他们于是去请教师傅罗杰伦和舅舅邵伟尧。

出乎意料的是，罗杰伦和邵伟尧给的建议，几乎是一致的。

师傅罗杰伦说：“你们两个都没错，内衣既要舒适，也要高雅。纯粹舒适而不高雅的内衣，让人没有品位；纯粹高雅而不舒适的内衣，让人没有健康。内衣的两大核心元素，就是健康舒适和高雅品位。你们将这两个概念，都取在名字里面吧！”

舅舅邵伟尧的观点是，内衣就跟画画、美术是一个道理。美术首先要形似，就是画什么就像什么；但是如果原原本本地画出来，太写实了，也就没有什么意思了，那不是艺术。艺术源自生活，但要高于生活，艺术要在相似的基础上，继续寻找更高的神似，那就是精神境界。前一个就是你们说的内衣健康舒适，后一个就是你们说的内衣时尚高雅。两个都要！

“那就叫‘适雅’吧！既要你的舒适，也要我的高雅。”

还是何炳祥知道汲取二者的特点：“你看怎么样？”

“好！”梁雪兰附和道。

于是，适雅内衣厂诞生了！

舒适、高雅，最终演化成奥丽侬的品牌文化和核心竞争力

字如其人，名如其牌。

适雅内衣厂最早的命名，其实就已经不经意地透露出何炳祥夫妇对于内衣的理解，最终也演化成奥丽侬内衣的品牌文化和核心竞争力。

奥丽侬的产品首要特点就是健康，被誉为“健康内衣专家”，唯有健康的内衣，才能让人舒适，冥冥之中，适雅内衣厂的名字，贯穿了内衣发展的历史主线，穿越了内衣永恒的精髓，那就是舒适。

奥丽侬的产品另外一个重要特点就是高雅，堪称穿在身上的艺术杰作。何炳祥从舅舅邵伟尧那里继承的艺术特质，深深地影响了奥丽侬的内衣设计特点。

适雅，舒适和高雅，就是奥丽侬的品牌文化和核心竞争力。过去是，现在也是。

如果要在未来继续保持行业地位，也必将发扬这两个特点。

舒适和高雅是奥丽侬的孪生姐妹，缺一不可，相映生辉。

若干年后，在 2012 年，何炳祥推出了自己的家居服品牌，命名适雅，由此，适雅不仅仅是一个厂名，也成为品牌的名字，可见何炳祥对这个名字的喜爱。

●早期适雅家居服产品形象图

三天三夜，不眠不休，不怕吃苦的“疯子”何炳祥

笔者前几年曾去过奥丽侬集团参观，设计部、版房、销售部、品牌推广部、商品信息部、成品仓、生产车间、维修部、人力资源部、质检中心、供应部、财务部、电子商务部、档案中心、法律顾问室等，可以说，部门非常之多，分工非常之细。

事实上，一个集团要运作起来，千头万绪，确实需要各个部门分工协作，才能获得更大的效益。

但是，何炳祥创业之初，根本没有如此多部门，只有一个部门，所有的事情都需要何炳祥自己亲自去做。基于开支的问题以及对质量的严密控制，何炳祥只有事必躬亲，才能确保无虞，完美主义者何炳祥只有任何事情都经过他的手和眼，他才放心。

梁雪兰说，先生刚刚开始创业的时候，是一个十足的工作狂。

“和疯子是差不多的，全部工作几乎一手包办，招聘自己来、搬运自己来、安装设备自己来、维修机器自己来、裁床自己来、检查质量自己来、出货点数自己来、报关自己来、发工资自己来、跑关系自己来，甚至认为有些地方卫生不够整洁时连清洁也自己来。

回忆起这一段，梁雪兰的眼睛都有一点红：

“我先生那时候经常通宵达旦加班，有一次为了赶货，三天三夜，不眠不休，就差自己亲自车缝了。我们刚开始创业的第一年，他平均每天睡觉不到 5 小时。吃饭也是和员工们一起，狼吞虎咽，他每次最后去吃饭，却最先吃完，每次不到 5 分钟就吃完了。那时候，一个大男人，体重却只有 100 斤，看着我都非常心痛。有时煲点汤给他送去，要么是忙得冷了忘记喝，要么就是我逼着他让他当面喝，他一口气就喝完，一点都不爱惜自己的身体。”

梁雪兰说。

“老公比较幽默，以前大女儿总喜欢跟老爸玩。但是创业之初那段时间，老公在家时间很短，极少有空陪女儿。女儿只能去工厂找他玩，老公依旧没空，她只能跟员工们待在一起。女儿甚至对爸爸的意见越来越大。我只好和女儿说，你爸爸工作很辛苦，那么多货要赶，那么多工资要发，不容易，你要理解。后来随着女儿年岁的增长，也越来越理解爸爸了，让我宽心了很多。”

练就了全流程管理，内衣“全能老板”诞生

说起创业之初的何炳祥是一个工作狂，那是远近闻名、全厂皆知的。

何炳祥如今这样解释：“现代化管理，需要各个部门的协作，那肯定是不错的，但我们创业那个年代不同。完全找不到内衣熟手，必须亲手教他们，才能保证产品质量，如果你当甩手掌柜，那么质量和管理一定出问题。一个企业在草创之初，亲力亲为是必要的，而且很多部门的技能你都要了解，才能去督检和管理。当然，创业之初不设置那么多部门，从控制开支的角度来说，也是必要的。”

对于外界传言他是不是刻意打造“全能老板”的美名，何炳祥一脸苦笑：“可能我是操劳的命吧，责任心太强。创业之初，我基本是白手起家，要对得起师傅，对得起老婆，对得起跟着我干的员工。我既没有钱，也没有权，他们那么帮我，理解我，我只能是奋斗了。我其实并不在乎什么‘全能老板’的美名，我是在

乎我的质量、我的信誉，在工厂还没有转入正轨的时候，只能我亲力亲为。你看现在，集团规模大了，我只负责品牌营销战略规划和设计方向，当然，设计是我的兴趣使然，很多具体的工作我已经放手职业经理人去做。这说的是现在，创业那时不行。”

正是这样的信念，让何炳祥成为内衣行业罕有的通才式老板，也就是外界盛传的“全能老板”。

有人说这样的管理能够很好地控制质量，将各项政策落实到位。

也有人说这样的管理，对于生产来说，能将“精细化”落实至细节末梢，这也是奥丽侬质量长期稳定并傲视同侪的原因吧。

黛丽斯和适雅兰姐两面兼职，做出常人难以想象的付出

在创业之初，梁雪兰仍旧负责黛丽斯的一个分厂管理，她看到老公如此地拼命，于是在下班之后也经常赶过来，帮助老公打理公司。梁雪兰对内衣的专业，可以说是中国内衣祖师爷的级别，她的加入与指导，迅速让适雅内衣厂进入快轨道。

这里需要插进一个逸事，那就是何炳祥的电车车缝技术，也是当初梁雪兰手把手教会的。不过何炳祥悟性极强，又肯学习，很快他就掌握了车缝精髓，甚至在速度上还超越了“师傅梁姑娘”。

梁雪兰一方面管理着黛丽斯新设分厂，一方面又在自家的适雅内衣厂兼顾指导，一个人等于做双份工。而黛丽斯当时也是业务饱满，基本上都加班到晚上 8 点，下班后，梁雪兰又拖着疲惫的身躯来到适雅内衣厂，工作到深夜 12 点才回去，第二天早上 8 点继续上班，好在当时盐步镇比较小，交通不用花费太多时间。

梁雪兰在怜惜老公这个工作狂人身体的同时，自己同样付出了极大的努力。可以说，适雅内衣厂从创建之初，就浸透了何炳祥夫妇二人同样的心血。

这其中，梁雪兰两面兼职，一个文弱瘦小的女子，其中的艰辛和坚强以及她的全情付出，常人是难以想象的。

何炳祥说到这里也不禁动容。

他们的爱情和家庭，因为共同创建的事业，而更加稳固。

奥丽侬以质量太好而著称，
缘于何炳祥近乎苛刻的极致要求，
只有这种有点极端的性格，
才能强化设计，精密管理，
让奥丽侬的质量近乎完美，
并得到长期坚持。

也正是因为质量太好，
让何炳祥自我迷恋，甚至迷失。
以至于忽视了文化和形象的建设，
在宣传推广上的力度不足，
用师傅罗杰伦的话，
就是有点孤寒，
让奥丽侬在文化形象上，
始终拖了后腿。

质量的一条腿，
已经跨入了内衣最高的云端殿堂，
广告的另一条腿，
却还在和大地上的芸芸众生为伍，
这就是何炳祥的奥丽侬。
或许这个格局还将伴随着他，
对广告宣传、市场营销的忽视、
对“有花自然香”的唯质量论坚持，
也许无所谓对错，
这是他的信仰使然。

第二卷

内衣情缘：内衣为什么选择他

何炳祥打造的核心竞争力

第十章 攻坚

挑战最难日本订单，成就精工品质基因

【何炳祥】：年轻人都喜欢顺境，但顺境会消磨人的意志，放松人的警惕。动物世界里，狮子如果食物充足，环境安逸，狮子就会丧失捕猎的技能，久而久之反而就会饿死；羚羊如果食物充足，环境安逸，羚羊就丧失了逃跑的技能，一旦狮子的食物减少，自己就更容易被吃掉。所以说做生意需要居安思危，在赚钱的顺境中，也要保持一颗时刻高度警惕、持续学习的心，才能长期立于不败之地。师傅罗杰伦当年强迫我做难度很大的日本单，其实就是让我得到更大的锻炼。他对我看上去苛刻，其实是用心良苦。奥丽侬内衣的质量一直领先国内同行，这都有赖于我们当年长期加工日本单的经验积累。这些巨大难度的订单，是我个人意志是否足够坚强的试金石，更是奥丽侬能够壮大的垫脚石。生于忧患，死于安乐。感谢困难，困难教会我快速成长；感谢挑战，挑战让我变得更加强大。

赚得第一桶金，何炳祥志得意满，开始享受人生

拼搏就有出路，付出总有回报。

适雅内衣厂创立的第一年，何炳祥的产品生产完全符合罗杰伦的要求，而且工厂迅速就上了轨道。罗杰伦在何炳祥这里下的订单也越来越多，适雅内衣厂和黛丽斯结成了亲密的战略伙伴关系，黛丽斯提供订单、面辅料，适雅负责生产，利润采取分成形式。

●早期的何炳祥

黛丽斯和适雅在这段时间内，都取得了重大的进步。

创业前几年，何炳祥每年的利润都很不错。赚得第一桶金的幸福感，充盈在何炳祥夫妇及全家的心间，他们的生活质量得到巨大的提升。何炳祥耗费巨资，在盐步虎榜村修建了当时盐步镇最豪华、最具艺术氛围的别墅；何炳祥的弟弟何炳坚结婚，他为弟弟在广州顶级的涉外五星级酒店“白天鹅宾馆”，租借英国伊丽莎白女王馈赠给白天鹅宾馆的劳斯莱斯房车，作为弟弟的婚车。

早早成功，让何炳祥志得意满，开始纵情地与亲友们享受人生。

加工日本单：罗杰伦突然变脸，何炳祥拒不接受

1992 年年初，罗杰伦找到何炳祥，劈头盖脸地就说：“要不要做日本单？”

何炳祥当即脸色一变：“师傅，还是给别人做吧，我不想接。”

“做日本单，比欧美单利润高很多，你还是做吧！”罗杰伦用利益来诱导他。

“我没有那个命，钱还是给其他人赚吧，我真做不了。” 何炳祥两手一摊，

一脸无奈的样子。

“你接也要接，不接也要接，反正都得给我做，否则欧美单也不用做了。”罗杰伦一本正经，声色俱厉，一点也不像说笑的样子。

“师傅，您就饶了我吧，我不是不想做，我是真的做不了。”何炳祥语带哭腔，即使罗杰伦用断供的方式来威胁，何炳祥也不敢接日本单。

有单不愿接，有钱不愿赚，这是为什么？其中大有文章。

何炳祥的公司做的是内衣，那就让我们来说说内衣的历史以及中外的区别，就能明白上述问题的真相。

现代内衣源自欧美，他们制订所有标准

据说，世界上第一件胸罩是一位名叫菲玛莉的女士发明的。

1914 年的一天，菲玛莉为争当巴黎盛大舞会的皇后，一时心血来潮，她用两条手帕加丝带扎成了能支撑乳房的简单胸罩，在舞会上果然引起了与会人士的浓厚兴趣。一家紧身衣公司老板用高价购买了专利，从此胸罩问世，并很快在全世界女性中广泛流传，成为她们卫生保健、身材健美的必需品之一。

●早期欧美内衣（正、反）

另一种说法是早在 1859 年，一个叫亨利的纽约布鲁克林人为他发明的“对称圆球形遮胸”申请了专利，被认为是胸罩的雏形；1870 年，波士顿有个裁缝还在报纸上登广告，售卖针对大胸女性的“胸托”；到了 1907 年，专门设计长袍的法国设计师保罗·波烈声称：“我以自由的名义宣布胸罩的兴起。”虽然不知道他到底设计了什么，但由此被认为是胸罩的发明人；同年美版《Vogue》出现了“胸罩”（brassiere）一词，胸罩开始被大众熟悉和接受。

关于文胸的产生，还有很多的说法，但是每一个说法，都来源于欧美国家，这说明，现代意义的文胸无疑是源自欧美的，欧美在内衣的生产技术、设计潮流上，拥有无可辩驳的话语权。

随着内衣在世界各地的传播，文胸也被东方人所接受，在这个过程中，可以说日本人做得最优秀，也最有特点。

欧美白人以及非洲黑人内衣，并不特别注重塑身修形功能

欧美人是白种人，又称欧罗巴人种或高加索人种，是世界上人口最多的人种，占世界总人口的54%左右，白人女性的乳房相对比较大，而且坚挺。由于当今的世界科技和文明，发源于古希腊和古罗马，英法德意继之，大成于美利坚，所以内衣也以欧美为领先，造成了对女性的审美标准——乳房饱满而高耸，中国和日本等东方国家，乃至全球其他地区，也接受了这个观点。

当然，乳房饱满而高耸，也是生育力强盛、性感、吸引力强的标准，这也是内衣功能塑造的主要方向。

由于白人女性的胸部先天就较为丰满坚挺，她们对文胸的塑形功能也就不那么强烈。

20世纪60年代，世界发生了深刻的改变，自由主义席卷全球，尤其是欧美，人们厌倦了源自中世纪的束胸，纷纷放开束紧的文胸，拥抱自然，欧美的审美标准又一次发生了改变，欧美文胸的塑形功能进一步被看淡。

●早期欧美等地注重收腰束胸的漫画

这也是中国做外销的厂家都很喜欢做欧美订单的原因，那就是塑形功能弱、工艺难度相对小、违约风险低。

日本订单，要求最高，难度最大，风险最大

我们再来说说日本内衣。

不可否认，日本人的认真精神，让他们的品质独步全球。虽然欧美更具创新精神，但是日本在做自己的特色方面，显然也得心应手。

举两个例子。

一个例子是化妆品。欧美的化妆品功能强大，宣传有鬼斧神工之效，相对而言，日本的化妆品则逊色一些。不过，在中国，日本的资生堂、SK-II 等品牌销售并不比欧莱雅、美宝莲差。这是为什么？欧美对化妆品的原材料审批周期很短，效率很高，很快就可以投入市场，这样对科研的反刺激也很大，所以欧美这方面比较领先，不过他们的研究消费者对象主要是白人，针对黄色人种的比较少。

而日本民族性比较谨慎，一个药品、化妆品审批周期非常漫长。而且东西方人种差异很大，东方人皮肤更加细嫩，更容易被侵，化妆品直接学欧美的，既不科学又不现实。于是日本人不但将审批周期拉长，而且根据黄种人皮肤特点，自己建立了一套体系。

而中国人和日本人同属东亚，都是黄色人种，理论上，日本人的化妆品更适合中国人。

另外一个例子是汽车。汽车是欧洲发明的，技术上欧美一直领先的。在速度、安全性、驾驭感上，欧美汽车都胜出一筹，但是在油门的灵敏度、驾驶乘坐的舒适性、性价比上，日本车更适合中国人。这也是因为日本人的要求和中国人更为接近的缘故。

内衣也是如此。

日本接受了欧美制订的女性审美标准，即乳房饱满而高耸。但是黄色人种的胸部，整体而言比白色人种要小，尤其是黄种女性的胸不够坚挺，呈自然下垂的特点。

但是乳房饱满而高耸的标准，与东方女性乳房偏小且略微下倾的特点之间，就形成了一个巨大的矛盾。矛盾越大，解决问题的技术也就显得越高。

日本人做到了这一点。

日本文胸的技术特点就是既要呵护柔嫩的胸部，同时又要塑造出丰满坚挺的胸型，这几乎是一个难以完成的对立任务。塑造丰满胸型，对于略微下垂的东方女性，要丰满难免要强行提拉、侧推，就会让胸部不舒适；若要保护胸部的舒适和健康，那么胸型又很难塑造得更完美。

于是，为达到二者的和谐统一，日本内衣在材料使用、技术工艺、罩杯杯型、侧肶宽度上，进行了系列改进。例如，当时欧美单的下脚误差在 1.5 ～ 2 厘米，而日本单则必须控制在 1 厘米之内；罩杯尺寸上，欧美订单一般误差在 3 ～ 4.5 毫米可以收货 ，但日本订单在 2 毫米内才可收货；在侧肶宽度方面也适当进行了加宽，以包容更多的副乳和脂肪。

当然，日本内衣的外观时尚设计也有它的特色，显得更粉嫩、更东方化，与欧美的超性感、简约主义也有很大的不同。

早期日本内衣都是在日本本国生产，后来随着日本经济转型，内衣开始选择在东南亚、中国等地加工，但是日本对内衣的生产要求依然很高，很多加工厂达不到他们的要求，于是日本将加工价格提高。不过如果加工达不到他们的要求，不但不收货，罚款更加严重，很多为日本加工内衣的企业，不但钱赚不到，最后还搞得焦头烂额。

罗杰伦断货，梁雪兰劝夫

何炳祥当然知道，师傅罗杰伦想让自己做的日本单，是一块难啃的硬骨头。多一事不如少一事，做不好不但钱赚不到，还对不起师傅。与其以后麻烦，不如现在硬顶着不做，就不会重蹈其他企业失败的覆辙。

“真的不做？那你不要后悔啊。”罗杰伦甩下一句话，走了。

一个月过去了，罗杰伦没有在何炳祥的适雅内衣厂再下一个订单。

何炳祥沉不住气了，和梁雪兰商量，该如何应对。

梁雪兰分析道：“日本单确实难做，即使是黛丽斯在香港的工厂返工率也比较高。我们做，风险肯定大。不过如果我们不做，就是不给师傅分忧，师傅一定非常需要这些单。我们有钱赚的单就做，没钱赚、风险大的单就不做，那也是不太对的。”

“拿出你当年创业的狠劲，我们应该能够慢慢做好的。我相信你！你行的！”梁雪兰鼓励老公。

听了妻子的分析和鼓励，何炳祥既感到惭愧，也再一次激起他的万丈雄心：“日本人做得到，我何炳祥就能做得到，我还要做得比他们更好！”

“这才是真正的你嘛，我就喜欢你现在这个样子。”梁雪兰开心地说：“我们现在也挣了些钱，亏一点也没什么，做好后都能赚回来。关键是我们要对得起师傅，更要对得起内衣。”

梁雪兰在这个时候，已经将内衣当成了一个人，一个有思想有信仰的人了。

“不过以我一己之力，恐怕要耗费更长的时间摸索，你要是全职回来帮我，我就信心更足了。”

何炳祥眼神定定地看着妻子。

梁雪兰什么也没说。因为在梁雪兰心里，罗杰伦是自己的老板，更是自己的恩人，只要罗先生不解雇自己，自己肯定就一直在黛丽斯做，梁雪兰是60年代人，具有非常传统的道德思想。

后来，梁雪兰在接受笔者采访时说：“跟定老板，就跟一辈子；嫁个老公，就嫁一辈子。罗老一直都是我的老板，以前是，现在是，以后一直都是。”

这些思想，放在当下的年轻人，没有此等经历和情感，是很难理解的。

要回梁雪兰，夫妻共攻坚

何炳祥的思想显然更灵活。

他找到师傅罗杰伦那里，答应做日本单。

罗杰伦脸上又展现出他习惯性的微笑：“早说就好了嘛，那些欧美单你还继续做。日本单你也慢慢来，等你彻底能做好的时候，才放手给你做。你失败了，我也不会有好处；你成功，我才能更好。你有什么难处同我讲嘛，包括安排技术人员去你厂里指导，香港的总姑

●早期梁雪兰车间巡视指导

娘都可以派去，只要你要。”

“我不要什么香港总姑娘，我就要梁姑娘！”何炳祥的声音分贝立马提高八度。

“没问题，你的老婆，随时都可以回去你那儿啊，我怎么能不同意呢？老话说得好，‘公不离婆，秤不离砣’，你们俩本来就应该在一起，只是我太疏忽了，没有主动让雪兰回去。你现在也算盐步一位有分量的内衣老板，你的老婆还在我这里打工，确实不太合适。”

“也是雪兰太能干了，是我黛丽斯四大姑娘之一。四大台柱，少了一个，我难免是有点舍不得了。不过，再舍不得也要舍得，只是以后要经常来我厂指导新员工，给我多培养几个姑娘吧！”

罗杰伦的声音里，明显有些惋惜。

“这个没问题，我和雪兰说。”何炳祥拍拍胸脯，就直接去找妻子去了。

“我给你利润再加几个点！”罗杰伦在后面追着喊道。

加工日本单，奥丽依核心竞争力锤炼的源头

做日本单，是何炳祥内衣事业的第二阶段。

创业是从无到有，做日本单是从有到好。这一次，梁雪兰就在身边，何炳祥也就更加有信心，更加用心、用力去攻坚了。

为了能够做出合格品，何炳祥开始摸索“精细化”管理。

首先何炳祥细化工序、增设流程。以前一件文胸的工序较少，一个员工往往操作几个工作环节，有点手忙脚乱，自然容易出错。何炳祥根据工序动作要领，分化出更多的工序，新的工序变得更简单，工人操作速度加快了，这样一计算，成本并没有上升，但是质量却提高了。

其次何炳祥敢于亏损，让员工们慢慢上手。何炳祥让师傅将车缝马达换掉，将速度调慢，这样员工们就能慢慢地调整手势，逐渐标准规范化，质量于是稳定并提高了。随着员工操作进一步熟练，再慢慢加快马达速度，最后恢复到与以前速度同步，产量也逐步恢复。通过一个月的训练，车间员工从开始做 1 打到慢慢加快到做 2 打，逐步加速，稳步开班，渐渐培养出具有稳定性、高要求的员工。

这个培训过程中，虽然在开始的一段时间内产量有所下滑，但产品质量却

得到保障，返工率大幅降低，总体来讲还是合算的。

罗杰伦也派来 2 位姑娘，一位香港的、一位内地的，帮忙指导。

8 个班，每班 40 台车，共 320 台，仅仅 4 个月，何炳祥转型成功了！以过往经验，同样开 8 个班，即使是黛丽斯也要 2 年才能开完。

●早期车间生产

这几个月，何炳祥宁愿亏钱，也要完成这个使命。

由于当时很多内衣加工厂无法承接日本单，何炳祥的适雅内衣厂就具有了更强的竞争力，订单充足而且利润较高，这些都为奥丽侬后来转内销奠定了强大的技术和质量基础。

成功是有代价的，但是成功更加诱人，不是每一个人都有机会品尝。加工日本单，是何炳祥创业路上的一次质的飞跃，其中积累的精工生产技术，经过 20 多年的不断改进，已经日臻完善；奥丽侬不仅质量过硬，而且生产效率很高，这也减少了浪费，增强了竞争力。

同时，日本顶级品牌的上身效果、设计理念、各种杯型，和中国人的特点完全是无缝对接，很多做外销的厂家转做内销都不成功，很大的原因就是他们做的外销单是欧美单，无论是上身效果，还是设计美学，都与中国水土不服。

何炳祥在学习做日本内衣的同时，也开始融入自己对中华美学的理解，创新出新的东方女性内衣时尚。

罗杰伦：逼迫何炳祥加工日本单，煞费苦心

罗杰伦导演逼迫何炳祥加工日本单的大戏，可以说是煞费苦心。

这一方面是因为黛丽斯发展的需要，另一方面也是倾注了他对何炳祥的关爱。

罗杰伦本人曾对笔者说："1992 年，中国改革开放加速明显。黛丽斯当时发展很快，在全球各地设厂，招聘工人，投资非常大，对资金的渴求也非常强烈，公司股票在香港上市，这是必需的。想要上市，一方面就要向股东们展示黛丽斯在内衣行业的霸主地位，而这个地位，既要有广度，也要有深度。前者是产业规模，后者是技术实力。全球开厂就是产业规模，勇于接日本单就是技术实力。股东要看挣钱的数据和技术的实力，而股民们则要听财富的故事，所以我们必须接日本单，必须扩张。"

"接下来，我们就是要挑战内衣生产的最高难度，以及在全球进行扩张，那么就必须大规模接受并消化高利润、高附加值的日本单。回避日本单，不是一个有魄力的国际企业所为。你能想象当年的富士康，因害怕乔布斯的苛刻，拒接苹果手机和电脑的加工订单吗？不可能！一个有抱负的企业，不能害怕难度。挑战难度既代表你的勇气和境界，也能够为你带来更大的利润。迎难而上，才是真正的大企业家；知难而退，那只是一个懦夫，一个守财奴而已。黛丽斯当时在国际内衣界，就如今天富士康在 IT 界，生产规模和生产技术都要第一，没有选择，当仁不让。"

罗杰伦深情地说："从另外一个角度讲，逼迫何炳祥做日本单，其实是我喜欢他的一个表现。"

"当时已经有其他欧美、港台内衣企业在东莞、深圳、汕头开设工厂，我预计新一轮价格战必将打响，以后的加工利润必将越来越低，加工的要求反而会越来越高。如果继续做欧美、南美、非洲、中东等内衣订单，以后钱不但难赚，能不能活下去都难说。当然，时间是多久，当时我也不清楚，但是这肯定是一个趋势。逼迫何炳祥做日本单，就是要让他和黛丽斯共同进步，超越普通的内衣外单加工厂家，这样才能一直有竞争力。我是喜欢这小子，所以才将最难的

订单给他做，逼他成长和提升。”

“打是亲，骂是爱，就是这个意思。”

笔者追问道：“那么，逼何炳祥做日本单，是因为日本内衣和中国内衣设计理念相近，您是想为奥丽侬后来的发展练兵，奠定基础？这是您的初衷，还是无心插柳？”

罗杰伦还是淡淡一笑：“你怎么说、怎么想都可以啦！反正结果是很好的，这就足够了。”

他其实没有回答我，不过在他眼神中，我感觉到一丝智慧的狡黠。

有一些问题，可以不必深究，没有答案，也许更有想象空间。

或许就是最好的答案。

第十一章　转型

亚洲金融风暴袭来，沉着应对转型内销

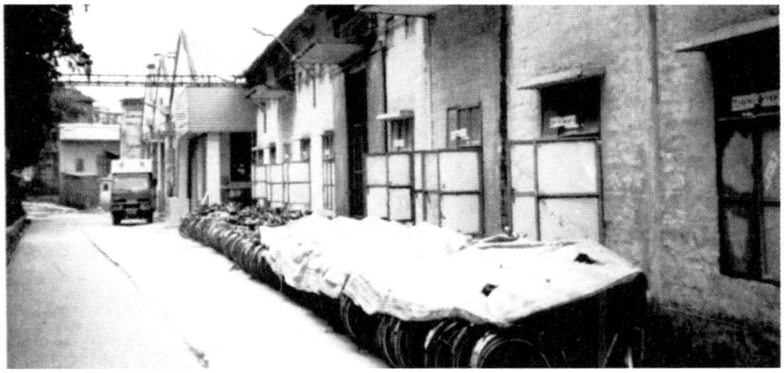

【何炳祥】：世界股神巴菲特说过一句话：“别人贪婪时我恐惧，别人恐惧时我贪婪”，这句话是很有道理的。我当初因为不懂这个道理，而遭到挫折；后来因为懂得这个道理，又获得更大的成功。人们说，危机，既是危险，也是机遇，这句话非常具有哲学内涵。当危险来了，人们都习惯性地逃跑、躲避、龟缩起来，这时候，如果你也放弃，那么就失败了。如果你迎难而上，就会发现你的对手们都因为危险而不在了，反而这时候是很大的机会。1997—1998年的国际金融风暴，就是危险与机遇并存的危机。做外销加工赚钱又轻松又快，让我们忘记了风险，没有做相应的准备。我们缺乏预判，导致当时极为被动；但是我们沉着应对，勇于接受挑战，适时地进行转型，结果获得更大的成功。

中国古代内衣，走过漫长而辉煌的道路

前面我们说过，文胸是欧美西方的发明，并不是中国的原创。中国古代的内衣历史悠久，融合了汉民族和各个少数民族的风格，至今还影响着内衣的设计与发展，因为和本书相关，且影响着何炳祥和奥丽侬的发展轨迹，所以我们根据相关资料进行汇编，在这里做一个简单的介绍。

中国汉代的时候，那时候的内衣叫“抱腹、心衣”。“心衣”的基础是“抱腹”，“抱腹”上端不用细带子而用“钩肩”及”裆”就成为“心衣”，两者的共同点是背部袒露无后片。平织绢是汉朝常用的内衣面料，其上多用各色丝线绣出花纹图案（称彩绣），图案多以“爱情”为主题，在当时用素色面料来制作内衣的情况是不多的。

魏晋南北朝时，内衣名为“两当”，与“心衣”的区别在于它有后片，“既可挡胸又可挡背”。材质多为手感厚实、色彩丰富的织锦，双层，内有衬棉。“两当”最初是北方游牧民族的服饰，后传入中原。

唐朝时，内衣称为“诃子”，唐朝以前的内衣肩部都缀有带子，到了唐代，出现了一种无带的内衣，称为“诃子”，这也是其外衣的形制特点所决定的。唐代的女子喜穿“半露胸式裙装”，她们将裙子高束在胸际然后在胸下部系一阔带，两肩、上胸及后背袒露，外披透明罗纱，内衣若隐若现，因而内衣面料考究，色彩缤纷，与今天所倡导的“内衣外穿”颇为相似，为配合这样的穿着习惯，内衣需为无带的。“诃子”常用的面料为“织成”，挺括略有弹性，手感厚实，穿时在胸下扎束两根带子即可，“织成”保证“诃子”胸上部分达到挺立的效果。

宋代内衣则变成了“抹胸”，一直延续到现代。“抹胸”穿着后“上可覆乳下可遮肚”，整个胸腹全被掩住，因而又称“抹肚”，用纽扣或带子系结。平常人家多用棉制品，俗称土布，贵族人家用丝质品并在其上绣以花卉。

元朝内衣称为“合欢襟”，“合欢襟”主要特点是由后向前系束。穿时由后及前，在胸前用一排扣子系合，或用绳带等系束。合欢襟的面料用织锦的居多，图案为四方连续。

明朝内衣称呼为“主腰”。“主腰”外形与背心相似，开襟、两襟各

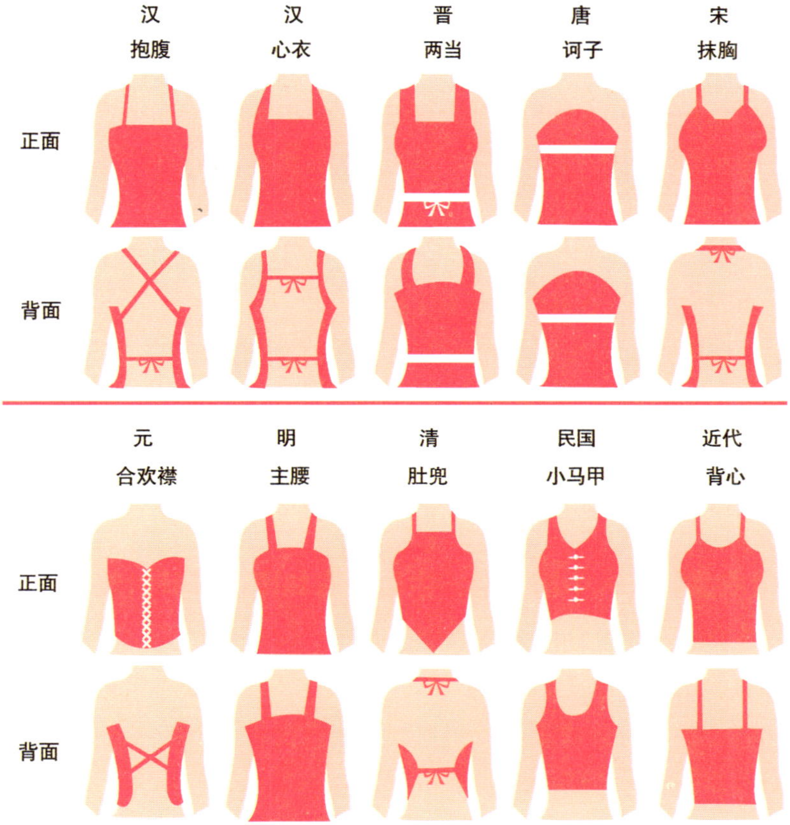

●中国古代内衣图例

缀有三条襟带，肩部有裆，裆上有带，腰侧还各有系带，将所有襟带系紧后形成明显的收腰。可见明代女子已深谙凸显身材之道。

清代内衣叫“肚兜”，其实和宋代抹胸一脉相承，一般做成菱形。上有带，穿时套在颈间，腰部另有两条带子束在背后，下面呈倒三角形，遮过肚脐，达到小腹，材质以棉、丝绸居多。系束用的带子并不局限于绳，富贵之家多用金链，中等之家多用银链、铜链，小家碧玉则用红色丝绢。“肚兜”上有各类精美的刺绣，红色为“肚兜”常见的颜色。

民国时期，就是20世纪二三十年代，女性流行穿小马甲。“小马甲”形制窄小，通常用对襟，襟上也施数粒扣，穿时将胸腰裹紧。“小马甲”进一步发展并吸收了西方的某些特点便成了现在的胸罩，面料以棉、丝为主。

由于在塑胸的功能上无法与欧美的文胸相比，中国古代内衣于是被迅速取代，部分设计元素和美学素材被保留。

中国当代女性逐渐接受文胸产品，内销市场逐渐兴起

中华人民共和国建国的前30年，由于意识形态的保守，文胸的发展完全停滞，甚至倒退了。那个年代，女性的性感美被边缘化，主要强调的是健康的劳动美，成年女性主要穿的是各种背心、汗衫，基本上与男性的汗衫没有什么本质区别，仅是大小不同而已。

20 世纪 80 年代，随着改革开放，欧美的文化及生活方式被越来越多的中国人所熟悉，并逐步接受，这其中就包括文胸。

文胸这一新的内衣形式进入中国以后，女性们争先恐后丢掉了小背心，文胸很快成为中国女性的主流内衣。但是当时的文胸还非常简单，十分低档，主要是城市女性穿着，广大的农村尤其是偏远地带、少数民族地区的女性依旧与文胸无缘。

国际内衣品牌进入中国市场，中国内衣如雨后春笋出现

我们简单介绍一下这个阶段的内衣发展情况。

1979 年，德国黛安芬开始在中国设厂。1992 年，开始在中国销售内衣。

1988 年，上海古今内衣重新开始生产销售内衣。古今内衣创始于 20 世纪 40 年代，是一家中华老字号的内衣企业。

1992 年，中国全面实行市场经济。主营内销的内衣厂开始像雨后春笋般出现在中国大地，深圳、汕头、东莞、佛山、福建晋江、江苏等地涌现了很多内衣厂。

1993 年，日本华歌尔正式进驻中国。1996 年，华歌尔在北京设立加工基地并销售。

1993 年，爱慕品牌启动在中国市场的营销。

1996 年，曼妮芬等品牌纷纷开始内销。

紧接着，其他一些内衣品牌也纷纷跟进，中国内衣开始步入大发展时期。

史无前例的内衣创业机会，罗杰伦力劝何炳祥做内销

让我们再来看一看适雅厂当时的发展。

由于罗杰伦与何炳祥情同父子，且何炳祥在加工日本单之后技术功底大增，黛丽斯委托给何炳祥的订单越来越多，适雅内衣厂越来越大，员工达到近 800 人，已经迈入大型内衣生产厂之列。

何炳祥的生意火爆，日子滋润，自然没有太多想法，对于当时利润较低、质量较差的内销，何炳祥并没有兴趣。

但是现实并不像他想象的那样，文胸，在中国正以迅猛之态快速发展。

罗杰伦一直关注着中国和世界经济的发展动向，也关注世界内衣时尚潮流和中国内衣的发展趋势，他敏锐地意识到，中国的经济将要飞速发展，内衣行业也将迎来史无前例的机会，罗杰伦思考如何面对。

黛丽斯此时已经在香港上市，主要是为全世界加工内衣，订单主要来自欧、美、日等国，由于外销利润可观，他们并无做内销的动力。

此时香港和内地，尤其是上海、深圳、北京等地房地产发展更为迅速，于是罗杰伦和黛丽斯将很多资金投入其中，开始阶段也赚得盘满钵满，利润远远比做内衣来得快。

但是做内衣内销品牌，一直是罗杰伦的一个梦想，于是罗杰伦找到何炳祥。

“内地这么多人，这么大的市场，未来内衣内销一定会有大发展，销量会快速上升，价格和利润也会升起来，你可以考虑一下。”罗杰伦给何炳祥出主意。

“适雅做黛丽斯的订单，就已经忙得不可开交，天天加班，如果要做内销，无论人力物力投入都非常大，我们可能没有时间精力啊。”何炳祥回答。

何炳祥没有采纳罗杰伦的建议。

亚洲金融风暴袭来，罗杰伦遭到重创

1997 年 7 月 2 日，泰国宣布放弃固定汇率制，实行浮动汇率制，最后引发一场遍及东南亚的金融风暴，各国货币大幅贬值，股市暴跌，楼市暴跌，大量银行和证券公司破产，私人破产的更是不计其数。

印度尼西亚、韩国和泰国是受此金融危机波及最严重的国家，老挝、马来西亚和菲律宾也受到波及，我国香港受到的影响也极其严重，人均收入大幅下跌，股市楼市双双暴跌，直到 2005 年才恢复到 1997 年回归前的水平。

而中国内地、中国台湾、新加坡受影响程度相对较轻，因为中国内地在此次金融危机前实行宏观调控，并因市场尚未完全开放，使损失得到控制。

当时，黛丽斯集团收购有亚洲包括中国等地的下游零售与批发业务，这其中有著名的上海巴黎春天。然而，此举导致债务加重，因为几乎所有物业都是按揭购买的，亚洲金融危机爆发，这些物业迅速贬值，贬值后的房地产就算全部送给银行，也还不清之前的贷款。

罗杰伦为了能够保住自己的心血黛丽斯，拿出自己的个人积蓄清偿银行贷款，同时变卖了自己的股份。黛丽斯分别进行多轮重组，引进国际资本 AIG、VF Corp 及 VDV，使得黛丽斯渡过难关，重组的结果是冯炜尧先生加盟，出任主席一职，黛丽斯联合创办人黄松沧先生实际控制黛丽斯，而罗杰伦黯然引退。

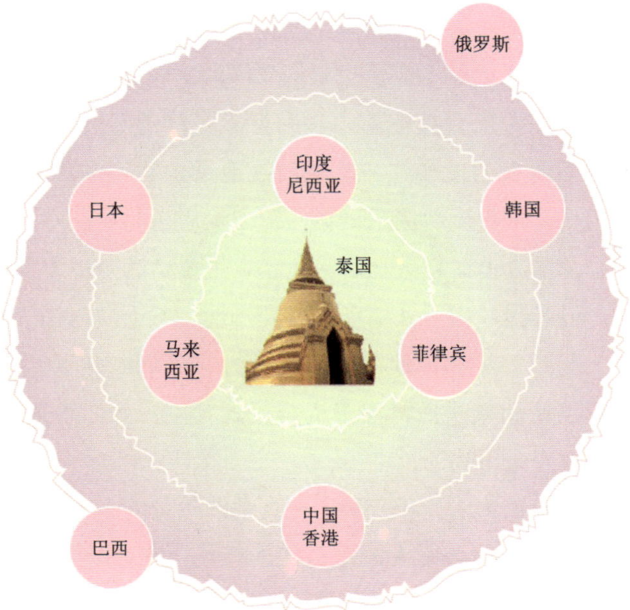

●当年金融危机波及国家

当时，罗杰伦宁愿付出个人的积蓄，为自己和黛丽斯整体的投资失误埋单，即便失去黛丽斯的控制权，也不愿意让黛丽斯这个伟大的内衣企业陷入困境。

罗杰伦失去了黛丽斯，但是他勇于担当的精神，载入了内衣历史，香港权威媒体将罗杰伦评为“香港胸围大王”，实至名归。

适雅厂受到极大冲击，何炳祥面临绝境

亚洲金融风暴同时也重创当时的内衣外销企业，很多企业生产利润和订单数量都急剧下滑，为黛丽斯代工的何炳祥自然也受到极大的冲击。

屋漏偏逢连阴雨。

亚洲金融风暴不但重创内衣外销，也让罗杰伦失去黛丽斯的控制权，新的控股者不知出于何种原因，几乎完全不再下订单给适雅内衣厂，而且还抽走了借给何炳祥的大量设备。

何炳祥失去了业务来源，800 人的工厂每天耗费巨大，嗷嗷待哺。

适雅内衣厂危在旦夕。

适雅厂人走大半，何炳祥佯装正常

1997 年，由于没有订单，适雅内衣厂只能发基本工资，计件工资没有了，很多员工辞职离开，何炳祥旗下的员工从 800 人急剧下降到不足 200 人。

这个时候，何炳祥才后悔当初没听罗杰伦的劝告做内销，但是现在转型做内销，就有点太过仓促了。面对困境的何炳祥，当时反而出奇的冷静。

后来他对笔者说："我是老板，当时工厂出现这种状况，责任在我，员工们是无辜的，不能让员工们没饭吃。一方面，要拿出之前的家底，让工厂继续运转，保留一部分忠诚的老员工；另一方面，要迅速寻找出路，不能坐以待毙。悲伤是没有用的，那是弱者的表现，面对困难，除了寻找解决问题的方法，其他一切负面情绪都不能有。当时我告诉自己，天无绝人之路。情况再惨，也比我小时候一无所有好得多，既然当年我都能挨过来，现在自然也能挺过去。"

"人是最重要的，信心是最重要的，这时候钱反而不是最重要的。只要能留住员工，恢复信心，我们就能找到新的业务，无论外销还是内销，以适雅厂的质量，我相信自己一定能行，我有这个信心。"何炳祥的眼神闪过斗志和激情。

压力越大，动力越大，何炳祥此时展现出超常的冷静，他开始采用非常规手段挽救适雅内衣厂。

首先，他购买了一批新设备，甚至比黛丽斯的还要好，让员工们误以为，黛丽斯收回一部分设备，只是因为适雅要新添置更好的设备。

其次，他购买了大量的内衣面辅料，开始按照内销的要求，做一些简单的基础文胸款式，以维持正常生产运转，其实这些款式究竟能不能卖掉，何炳祥当初心里一点底都没有。

再次，何炳祥对留下的员工采取工资不减、福利照旧的政策，让他们吃下定心丸。何炳祥因早年家境贫困，对金钱是比较看重的，但是这时候却将积蓄拿出来补救适雅，一点都没有拖泥带水，非常豪爽大方。

最后，何炳祥开始他最擅长的"表演节目"：每天早早就来到工厂，衣服穿得整整齐齐，头发梳得亮亮堂堂，皮鞋擦得光彩照人，喜笑颜开，好像是中了彩票、金榜题名、娶了新娘一般高兴，绝不泄露出一丁点工厂存在重大危机的负面情绪。

员工们看到有货做，也有钱发，而且老板精神高涨，觉得工厂一定是有盼头，老板一定赚到了很多钱，心也就安定了下来，人员流失也少了很多。

台湾厂合作不利，何炳祥另觅新路

撒钱归撒钱，表演归表演，找到新的业务才是最重要的。

当时，台湾某著名品牌老总知道何炳祥的工厂质量不错，现在遇到了困难，于是找到何炳祥，愿意将他在东莞工厂的部分订单交给适雅厂做。

何炳祥看到有人雪中送炭，非常高兴，于是欣然接受。

不过该老板看到盐步有熟练工人，希望何炳祥能够帮助他在盐步设置一个工厂，何炳祥满口答应。在何炳祥的帮助下，台湾老板在盐步的内衣工厂迅速开工。

不过不知什么原因，可能是该品牌的销量本来就不很大，这个老板在何炳祥那里的订单量迅速减少，杯水车薪，根本无法维持适雅厂 200 多名员工的日常开支。

何炳祥只能另寻出路。

一颗创立品牌的雄心，已经萌动
一个征战内衣的灵魂，正在起程

早在 1996 年，何炳祥已经注册了“奥丽侬”品牌，那时候还只是准备，尚没有大规模运作品牌的意思。

但是现在，逼上绝境的何炳祥只能采取突破和转型，他已经将目光从国外转移到国内，国内的内衣市场在蓬勃发展，这些都让何炳祥兴奋莫名，再也按捺不住。

何炳祥已经对中国内衣市场有了自己初步的认识，立志做自己 100% 品牌的心，已经萌动；一个征战内衣的灵魂，正在起程。

第十二章 开辟

创品牌奥丽侬诞生，凭激情何炳祥演讲

【何炳祥】：创立奥丽侬品牌，是我人生的第二次创业，也是真正意义上的创业。之前在别人看来，我也算成功，但在我眼里，那仅是生意而已，是一种原始求生的能量在激发着我。但是这一次不同，在创立自主品牌前，我对中国内衣市场做了深入的调研，奥丽侬一开始就有着明确而清晰的战略规划，而且之后也很少摇摆，一直按照我的部署在有条不紊地进行着。做适雅厂加工外销阶段，只能算是较低层次的生意成功；而做自主品牌——奥丽侬阶段，则是较高层次的事业成功，性质和境界，都有了很大的提升。后者激发出我更大的斗志，更大的创造力，也给我带来更大的成就感。在做品牌之后，我才知道内销远远比外销复杂，也更有趣味性和挑战性。我的师父罗杰伦、我的妻子梁雪兰，他们在我第一次创业时给予了直接而关键的支持，同时也是我第二次创业背后巨大的精神支柱。而那些在适雅厂陷入低潮时与我不离不弃的老员工们，则是我创业的坚实依靠。那些在早期就与奥丽侬品牌合作并认同我何炳祥本人的全国代理商和终端商们，无论现在是否还在合作，我都对他们心存感恩。上述奥丽侬的新老家人们，你们是我的动力所在，也是我的精神源泉，我永远感谢你们！

第二次创业，何炳祥升华

何炳祥坦承，在刚涉足内衣的初期阶段，妻子梁雪兰比自己更懂内衣生产技术，师父罗杰伦则提供了至关重要的资本和业务。第一次创业的成功，虽然很大程度上是靠自己的积累、雄心、耐力等因素，但是师父和妻子的帮助，也起到至关重要的作用。

但创立奥丽侬，何炳祥在其中的主导作用，则是当仁不让的。

何炳祥将第一次创业的成功，只当做生意，第二次创业成功，那才是他真正的事业：一个内衣品牌的事业、一个内衣行业的事业。这份事业，让他本人得到了精神的升华，也给他带来了巨大的精神满足感。

创立品牌之前，何炳祥是一位商人，而现在，则是一位企业家。

准确地说，之前何炳祥是何老板，现在何炳祥是何董事长。一词之差，差之千里；个中区别，有如天壤。

内销单意外火爆，何炳祥冷静思考

上一章我们说过，何炳祥在外销单中断、设备被收回的危急关头，为了留住员工，购买了一些新的设备，试着按照内销的要求，临时设计了几款内衣。在还不知道销路在哪、订单在何方的时候，就让员工们进行大批量的生产，是冒着极大风险的，如果这些内衣适销不对路，那么生产越多，浪费越多，最后甚至可能成为废料。

令何炳祥感到意外的是，这些款式当时一经推出，居然都成为非常畅销的爆款，而且让很多代理商发家致富了。

一些早期的奥丽侬老代理商，如广州高第街的张洁华都曾慕名来奥丽侬拿货，18 年过去了，他依旧记得那些爆款的热销场面：

“801、802、803，奥丽侬这几个内衣款号，我到现在还记得清清楚楚，当时简直卖疯掉了，拿货到高第街，有多少卖多少。奥丽侬产品质量在整条街是最好的，价格又公道，不但广州本地、广东其他地方、湖南、云南、广西、贵州、江西，甚至湖北、福建都到我这拿货，只恨当时奥丽侬还没有那么大的产量啊。”

“我当年发家，何总帮了我大忙啊。我当时没有那么多钱，只有一个档口而已。别人到奥丽依是先给钱后拿货，何总对我特别信任，是先给我货，卖了再给钱，真的要谢谢何总。不过他现在太忙，想请他喝茶表示下谢意都不太容易啊。”

张洁华现在提起当年，仍很激动。

何炳祥当初的急就章，为什么这么好卖，这是有原因的。

何炳祥在设计这几款内衣的时候，虽然是急就章，但是以他细腻缜密、追求完美的性格，是不允许随随便便就推出产品的。

首先，他本人的艺术感和设计天分，这时候起到了关键的用途。这几款内衣，是根据当时日本产品的款式进行改良和创新，起点在国内已非常之高。

其次，在材料上，何炳祥不计成本，也是向国际看齐，一开始用的材料就比多数国内品牌高一个档次。

最后，适雅厂的生产、质量标准，实际上就是黛丽斯的国际标准，自然是领先一筹。

最关键的就是，何炳祥对第一批货的价格定位也相对不高。

当时国内消费者对内衣的要求也没有现在这么苛刻，突然看到设计如此精美、质量如此之好的内衣，价格又如此之实惠，自然是趋之若鹜。于是，造就了何炳祥的第一批奥丽依内销单火爆异常的情况。

这些款式的热销，让何炳祥迅速地走出了事业低谷，但是经历了大起大落的何炳祥，已经显得格外冷静，他没有沉迷在这种小成功之中，而是在思索其他问题——那就是做真正的内衣品牌。

现在回头看，如果当时何炳祥一直继续那样的爆款生产、销售方式，那么现在的奥丽依也会很成功，但不是品牌商，而是以一个超级流通货的形式呈现在市场上，凭借他的超前、时尚的设计和质量标准，同样销量巨大，而且不费太多精力。

但是如此，企业利润则不会太丰厚，尤其是没有品牌的荣誉感和附加值，这些是钱都买不到的无形资产。何炳祥已经意识到自己潜在的价值，他显然志不在此，他有了更高的追求，那就是创建自主高档品牌。

定位：拒绝低端流通货，回避高端大品牌

回想当年创立奥丽依时，之所以将品牌定位在二线专卖店，何炳祥这样解

释：“我 1996 年转内销，当时虽然时间上不再是‘头啖汤’，因为当时国内已经有一些内衣厂家在做内销品牌了。但是从内衣全国全局的角度，我们依旧是非常早的。”何炳祥说这段话，语气不无遗憾。以他追求完美和争第一的性格，他是很想拥有内销“最早”“第一”这种名头的。

“我当时在想，虽然我们已经无法是最早的内销内衣品牌，但是我们有可能做到比内销最早的品牌利润更大、比最高档的品牌覆盖率更高、比最赚钱的品牌口碑更好。总之，我要在一个领域做到最好或者第一，而不是在别人后面拾人牙慧。”

这是何炳祥的一贯风格，那就是“我不是全行业第一，但是要在某个领域第一；即使不是第一，我也要做唯一”。

他的这种追求和笔者本人的性格很有几分类似，我欣赏这一点。每个人都有自己的独特性，这种特质永远不能抹杀，也是我们存在于世上的依据，更是我们获得尊敬的根本。

“当时南海只有几个做内销的内衣厂家，多数是生产低端的流通货。而汕头那边，当时的内衣厂家数量也不太多，不过也是生产流通货，尚没有品牌意识。既然决定做自主品牌了，我就不想将品牌定位做得那么低端，如果这样做，不如直接给高端品牌做贴牌，赚钱更快更简单；也不如我重新寻找外单加工，更舒服。另外一方面，由于流通定位价格低、利润低，就必须在材料上用低端的，那么质量难以保证，这和我的做人做事信条有冲突，我无法这样去做。”何炳祥坚决地摇了摇头。

何炳祥一开始就否定了做流通品牌这条路，即使当时奥丽侬流通爆款市场大卖，甚至脱销，也赚了不少钱，但是他坚决地抵制了这种诱惑。这时候的何炳祥，已经为自己设定了更高目标，一种脱离闲适慵懒的、无关金钱诱惑的、更高的品位追求。

何炳祥接着分析：“那时候在商场，一线品牌黛安芬、安莉芳、华歌尔、古今等已经做得不错，爱慕和曼妮芬也刚刚起步。我们之所以没有去做商场高端品牌，出于几方面考虑。一方面，我加工过一线品牌，它们的质量和设计确实很不错，我如果做商场，恐怕竞争不过它们。现在看来我是错的，因为早期国外一些品牌，很长一段时间并不重视中国市场，营销也不太用力，远不如在它们自己的国家，可以说在中国‘起了个早，却赶了个晚集’。以当时我们的设计和质量，是完全可以做一线品牌的。”何炳祥说起来，一脸落寞。

“另一方面，当时，我对操作商场品牌的营销管理还是不太自信，也没有这样的人才班底，不敢贸然进行。而且，当时商场也有了好几个内衣品牌，我认为按照品牌营销策略，同一个档次的高端品牌，也就两三个能够开发成功，更多是不可能。如同饮料行业，成功的可乐品牌就可口可乐和百事可乐，多一个都难。现在看来我当时的想法是错的，虽然没有第三个可乐成功，但是还可以创新出雪碧、七喜，甚至后来还可以再开发出冰红茶、凉茶、果汁等。只要定位不同，哪怕属于同一个档次，也有成功的案例。”

●奥丽依早期画册

“只能怪当时我的视野还是不够开阔。”何炳祥言语之间，似乎对当年的决定有点懊恼。

“还有一个原因，就是当时我们也已经有了紫兰蒂高端品牌了，授权古今销售，也不想重复投资。这些原因，让我们在很长的时间内，没有去做商场一线高端品牌。”

“其实，当时还有个想法，总是觉得高端品牌利润太高，水分过大，不是我做生意的风格，我一直认为赚取合理的利润比较心安理得。做品牌，做到物有所值、物超所值就好，如果价格高于成本太多、利润太大，我心理上有个坎过不去。”

这就是真实的何炳祥。

有点迂腐，有点真诚，还有些可爱。

未雨绸缪，目光高远，确立二线专卖店战略定位

在何炳祥的思考中，还有一个问题，就是高端品牌的覆盖率比较有限，当时大商场始终还是少数，柜台就那么几个，挤进去不但不容易，市场容量也不一定大。

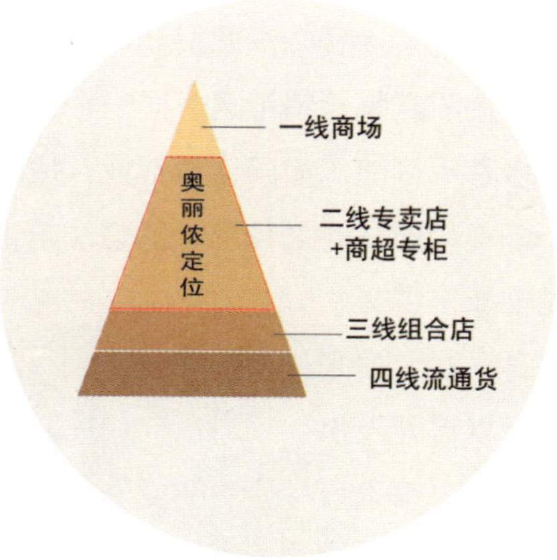

●奥丽依市场定位

“上不容易，下不甘心，取法其中。”何炳祥说。

这个“中”，就是做二线专卖店。

当时，一线内衣品牌已经有黛安芬、安莉芳、华歌尔、爱慕、曼妮芬、古今等几个大品牌占据着，还有几个正在进入；低端内衣品牌汕头那边也很多，更多属于流通货，以杂货店和内衣组合店为主；定位二线专卖店的内衣品牌，当时几乎没有。

何炳祥说，定位二线专卖店有两大好处。

一是有形象设计和专柜陈列，比低端品牌更有卖相；同时作为品牌和专卖店的承诺，质量会持续有保障。做流通货无法保证质量，这不是他的做事作风。

●奥丽依早期专卖店形象

二是做商场一线品牌受制于商场，专柜少，价格高，不是每个人都有机会和能力购买，二线专卖店内衣价格比流通货高，但是质量一点不比商场专柜产品差，性价比还是很实惠的。

另外，做二线专卖店还有一个更重要的优势，那就

是当时店铺租金非常便宜，专卖店几乎可以无孔不入地开店，这既有流通货的流通特点，又突破了商场的限制，而且当时也没有太多同类的竞争品牌。

这是一个商机！还是一个巨大的商机！让更多女性以实惠的价格买到高质量的内衣，甚至可以说是一个社会贡献。

何炳祥更加认定了这个渠道定位。

正是这些未雨绸缪、目光高远的考虑，让奥丽侬开局良好，甚至在当时的内衣界有石破天惊的感觉，并且让奥丽侬在相当长的时间内，一直保持着持续上升的发展势头。

奥丽侬与特丽侬，奥丽侬品牌名称的由来

在 1992 年，何炳祥已经开始使用奥丽侬品牌名字，只是没有大规模使用。

当年为了取这个名字，何炳祥花了不少心思，他找到师傅罗杰伦商议："师傅，我想取一个品牌名字储备，一直没有个头绪，您指点下我？"何炳祥问。

"这个我也不擅长，品牌名取得好固然重要，关键还是需要人去做，大品牌名字取得好的有，取得不好的也有。你可以斟酌，但不必太在意。" 罗杰伦回答："当年我也想做自己的品牌，不过香港市场小，香港人又偏好进口内衣，所以我们觉得不好做。公司董事会认为加工单赚钱快，做自主品牌很麻烦，而且周期也长，他们不赞成。不过当时我还是做了一个内销厂，只是销量一般般。"

"您那个厂叫什么名字？"何炳祥如获至宝，"我可以在内地继续做啊，也可以完成您的梦想。"

"那个厂名叫特丽侬。"罗杰伦说，"只是这个厂是在香港注册，在内地并不方便直接用。你的心意我明白，你只要做的是内衣这一行，就算是继承我的梦想了。"

何炳祥很失望，不能够将师傅使用过的厂名发扬光大，感觉很是失落。

回到家，何炳祥和妻子梁雪兰商量，应该取什么品牌名。

他将和师傅讨论的情况也告诉了梁雪兰。

"国内无法使用，我们可以在'特丽侬'的名字基础上改一改啊，例如当年卓别林主演的关于希特勒的电影《独裁者》，就是因为同名无法上映，他就在前面加了一个'大'字，变成《大独裁者》，后来效果反而特别好。"梁雪兰说。

“文胸是女性产品，充满着神奇的奥秘，师傅的‘特丽依’中的‘特’字读起来有点生硬，换成一个‘奥’字，谁能解开内衣这个奥秘，谁就能获得成功。再加上‘特丽依’后面‘丽依’两个字，叫‘奥丽依’如何？既有内衣的神秘感，又能继承师傅的精神，这样可不可以？”何炳祥开始了头脑风暴。

“这个很好啊！”梁雪兰说：“‘依’字非常中国化，是古代汉语的词汇，也是现在地方语种的词汇，很亲切的称呼，就是‘我’的意思，‘你侬我侬’有柔情蜜意的感觉，而‘丽’自然是美丽的意思。奥丽依合起来意思就有‘我的美丽奥秘’，这个让女性美丽的奥秘，就是我们做内衣的使命，这个名字很好啊！”

奥丽依——我的美丽奥秘

一语点醒梦中人！奥丽依 = 奥秘 + 美丽 + 我 = 我的美丽奥秘，而且还可以继承发扬师傅的内衣精神，经过两人的头脑风暴，如此诠释，何炳祥觉得这个名字无比地准确，品牌名称“奥丽依”由此确定。

奥丽依的品牌故事如此释义，倒是挺有奥妙的。

可以说，在品牌名的选用和创造上，何炳祥与盐步其他几个内衣品牌命名思路有所不同，各有千秋。不过，品牌名源自师傅罗杰伦的“特丽依”，却也可见何炳祥是一个饮水思源懂得感恩之人，没有投机取巧，却又大智若愚。

从另外一个层面，“奥丽依”命名源自“特丽依”，也坐实了何炳祥与罗杰伦的师徒关系。奥丽依既是何炳祥的事业和梦想，也是罗杰伦事业和梦想的延续。

在这之后，何炳祥成为“香港胸围大王”罗杰伦名副其实的衣钵传人。

自己激动，全厂感动：何炳祥的第一次正式演讲

时间来到了 1997 年。

在经历早年的贫困、挨白眼，到后来的爱情甜蜜，接着迎来了适雅厂的成功以及外销单的颠覆，直到今日内销的火爆，展望明天，“奥丽依”即将升级成品牌，做大做强即将起程，何炳祥的人生阅历越来越丰富。

此时此刻，他对内衣事业有了全新的认识，也对人性的冷暖有了更深的领悟。

在第二次创业的历史关头，他感觉有很多话要说，他召集现有的不到两百

名员工，在厂区开了一次动员大会。厂区布置了奥丽依的新形象，并邀请了本地的部分官员、一些代理商代表、面辅料代表等到场。

在大会上，原本就口齿伶俐的何炳祥充分发挥了他的演说才能，给全体员工们鼓劲。以下是他保留至今的当时演讲稿：

兄弟们，姐妹们：

大家好！

我和你们每一个人都说过话，都交过心，我们大家都是好朋友，今天，我把大家集中起来，开一个全厂大会，对你们讲一段真心话。因为，我们现在到了一个非常重要的阶段，那就是，我们要自创品牌了！

大家多数都是外地人，之所以背井离乡来到我们厂打工，很多都是因为家庭贫困，想赚一点钱，为家里做点贡献。或者想学点技术，学点文化，以后自己有个好的发展前景。这都很好，我都能理解。

将心比心，我和大家是一样的。当年我也很穷，穷到吃盐炒饭，甚至是没有饭吃，去捡邻居不要的剩菜剩饭，远远比不上我们厂现在的伙食。而且因为年代特殊，我读书不多，我也想多学点技术和文化，因为技术和文化不但让我们能多赚钱，而且让我们活得充实，活得有尊严。那时候我也想多赚一点钱，帮助父母和兄弟。所以，我很理解大家，我和你们都是一样的。

后来，通过我舅舅的引导，我学了一些美术；通过我师父罗杰伦的支持，我做内衣生意赚到了一些钱，也学会一些做人的道理；这其中也有其他一些朋友们的帮扶和我自己的努力。当然更重要的是，有了你们的奉献，我才获得了一些成绩。

现在，我们要重新起航，要一起成功！不仅仅是指我一个人，而是指我们大家，在座的所有人，就是你们！

大家跟我有好几年了，很多人跟我七八年了。你们也知道，当年我们做黛丽斯的单，很赚钱，那时候我们有800多人，后来，黛丽斯经历了亚洲金融风暴，我们没有订单可做了，适雅厂非常危险，很多员工失望而去。我当年没有做内销，也没有办法接国外的直接订单，是我本人的战略失误。那些员工离开，我都能理解，我没有给他们更好的收入和发展前景，是我的错，与他们无关。

而你们，在座的200个兄弟姐妹，你们没有离开我，没有离开适雅厂。这几个月，你们的底薪虽然没有少，但是计件工资几乎没了。你们原本也可以选择离开，去找更好的工作，但是你们没有走，你们爱适雅厂，你们爱奥丽侬，你们相信我何炳祥！你们觉得跟我还有希望。我要谢谢你们，我不能辜负你们对适雅厂、对奥丽侬、对我的信任！

穷则变，变则通，通则久。外销单没了，我们就做内销，我们要寻找新的出路，无论这个路多么难走，我都要坚定地走下去，为了大家，也为了我自己。

这些天我在想，之前我们做黛丽斯的单，那都是国际名牌、日本名牌，很多产品在国外卖四五十美金，就是相当于三四百人民币。在为黛丽斯服务的各加工厂中，我们的质量是最好的，这是你们的功劳，也是我的骄傲！我的太太，就是梁总，她就穿我们厂自己做的内衣，她说我们的文胸比商场那些大品牌都要好，还要舒服，还要好看。既然我们能做得出这么好的内衣，为什么我们不能将这么好的内衣做给我们中国自己人穿呢？

我们中国有13亿人，全世界最多，女性有6亿多，穿文胸的成年人有4亿多人，如果每个人每年穿8件，那就是32亿件，这是多么惊人的数字，只要做好这个，我们还需要做外单吗？现在中国改革开放了，很多中国人有钱了，都要买内衣，但是内衣厂却不多。内销前景很好，很有发展前途，外单做不到，我们就做内单，为自己人服务，为中国人服务！

大家的内衣生产技术都很好，我们之前为世界名牌加工，也就是说，我们的技术和世界是同步的，大家都是好样的！现在，商场的内衣太贵，一般人买不起，我们要做不太贵、多数人都买得起的内衣。地摊货的内衣质量很差，这对女人的胸部有伤害，我们要做质量好的内衣，这也是一个功德。“不太贵，又很好”，这就是我们新品牌的定位，我相信我们一定能做好，消费者一定能认同我们的内衣！

之前我们所做的几款产品801、802、803，现在广州、义乌、株洲等地卖疯了，我们的价格、设计、质量，都很有竞争力。我们还没有完全发挥出我们的才能，就赢得了市场开门红，相信我们再多努力一点，就能获得更大的成功！

在奥丽侬厂遇到困难的时候，你们没有离开我，我十分感动。我们曾经有800人，现在只有200人了。我跟大家承诺，我要努力做好奥丽侬，做好新品牌，我们要恢复800人大厂的生产规模，甚至要达到1000人、2000人，我们要成为中国最大的内衣厂之一！

现在我们还没赚到很多钱，但是我对我们的新品牌有信心，我对你们有信心，我对自己有信心。只要我们大家团结一心，其利断金，我们就一定能获得成功。奥丽侬是我的，也是你们的；品牌是我的，也是大家的。未来成功了，大家的工资要涨上去、奖金要涨上去，只要好好干，一直和我们一起干，按照列宁的说法，到时候不但“面包会有的，牛奶也会有的”，而且是“车子也会有的、房子也会有的、本地户口也会有的，一切都会有的！”

我们这个品牌名叫“奥丽侬”，在厂区四周布置的海报上大家可以看到。奥丽侬意思就是“我的美丽奥秘”，让每一个女性都能发现自己的美丽奥秘。

我希望有一天，奥丽侬能做到和现在的黛丽斯一样好！

我们请了广告公司进行品牌策划，商标很高档，画册拍摄很漂亮，相信奥丽侬一定能大卖，预祝我们以后订单滚滚，财源广进！

文胸是个好东西，女性穿上去会很漂亮，我们做文胸，没有什么可羞涩的，是一件很好的事情，只要有利于老百姓的，那就是好的，我妈妈曾经是环卫工人，就是收垃圾的，我也觉得很伟大，工作不分贵贱。

我们做文胸，就要爱文胸，这样，我们在工作的时候，才不会感觉到累，才会感觉到很开心。开心地工作，我们就能做出中国最好的文胸，世界最好的文胸！我本人虽然是大男人，但是我就是酷爱文胸，我以做文胸为荣！

今天，奥丽侬品牌诞生了，我们公司的新纪元来到了，让我们一起努力，将奥丽侬打造成中国质量最好的内衣品牌，让奥丽侬成为中国最著名的品牌之一，让我们拥有一个共同的名字——奥丽侬人！我们要为这个名字而自豪！

万里长征，我们今天开始走第一步。今天，奥丽侬人就是一支军队，在奥丽侬的旗帜下，我们将获得胜利、胜利，再胜利！

谢谢大家，谢谢兄弟姐妹们！

何炳祥发自肺腑的演讲，不但让自己激情澎湃，更让全厂的员工们都很感动。那一刻，掌声雷动，泪雨纷飞。员工们虽然没有什么钱，但是他们似乎都变成了精神富翁，他们觉得跟了何炳祥，就有了未来和希望。

何炳祥说到做到，这些老员工中的佼佼者，至今仍有很多还在为奥丽侬服务，成为奥丽侬的中坚力量。

何炳祥也待他们不薄，很多员工后来都在盐步、黄岐等地买了房，有了私家车，甚至入了本地户口，以方便孩子能就近在本地就学。

何炳祥之后跨界与朋友合作开发了房地产项目——盐步“骏雅豪园”，与公司技术员工和管理层签订劳动合同，满一定的工作年限就送房子给他们，这些房产如今已增值数倍。

凡此种种，何炳祥为兑现他当年对员工的承诺所做出的努力，我们在后文还要详细再提。

●何炳祥早年开发的骏雅豪园小区

奥丽侬二线定位的成功与遗憾

人们进入高档的商场、装修精美的专卖店，和普通的内衣组合店以及杂货店等场所，可能购买的内衣差别不是特别大，但是内衣之外的因素却影响着人们的衡量标准和购买行为。

笔者认为，内衣只有质量好与质量不好的区分，只有品牌与非品牌之分，不应该有什么一线、二线、三线、四线等渠道与档次之分。但你在大商场买的青菜和路边地摊买的青菜，其实产地可能是一样的，但是价格相差很远，对大家也造成了一定的心理落差。

奥丽侬定位在二线专卖店，在当时无疑是正确的。

其实它的质量和一线内衣品牌相比毫不逊色，在某些层面，尤其是工艺层面甚至更好。奥丽侬当年巨大的成功，有赖于脱离了低档的形象，给予了消费者以良好的性价比，不过在获得成功的同时，在消费者的心中，也固化了自己“中高档内衣”的形象，这也许是一个深深的遗憾。

或许，对于奥丽侬，有得就有失。是桎梏，也是机会。这会不会也能成为奥丽侬未来飞跃的动力所在呢？

我们拭目以待。

贵人搭桥，强强对话，何炳祥初识蒲雅玲

奥丽侬正在蓬勃发展之际，又遇上了锦上添花、双喜临门的事情。

这一年，罗杰伦致电何炳祥：“想不想和古今合作一把？”

“当然想，古今是优秀的内衣品牌，能和它合作，是一个好机会啊。”何炳祥回答。

“你在寻找机会的时候，机会也在找你。”罗杰伦说。

在罗杰伦牵线搭桥之下，何炳祥初识蒲雅玲，之后古今与奥丽侬进行了一系列的深度合作，缔造了一个内衣强强合作、共创双赢的经典案例。

身处大上海的古今内衣历史悠久，甚至可以追溯到新中国成立前的民国时期，是中国内衣中的“中华老字号”。“古今胸罩，一戴添娇”的广告语，霸气凌人，当年轰动全国，笔者曾著文将其列为中国内衣十大广告语之首。

1988年，古今内衣开始品牌操作，1992年开始着手专卖店、商场专柜的建设，是中国内衣内销品牌的开拓者，也是当时高档内衣的代名词，尤其是在身处富庶的江、浙、沪地区，拥有一大批忠实的消费群体。后来更与奥丽侬等品牌一起，成为新中国成立以来首批也是截至目前、内衣行业仅有的四大“中国名牌”，这个荣誉是目前为止，中国文胸能够获得的最高殊荣。

当时的古今内衣领导人是蒲雅玲女士，是一位深谙中国内衣文化与市场的智慧女性。黛丽斯和古今内衣业务来往很多，而罗杰伦和蒲雅玲也惺惺相惜、交情莫逆。

罗杰伦将何炳祥介绍给了蒲雅玲，自此，两人也结下了不解之缘。

古今与奥丽依深度合作，共创双赢

由于古今内衣脱胎于国有内衣企业，以前是以生产背心汗衫式内衣为主，当时在专业的文胸技术领域还比较欠缺。由于产能也不够，当时只能寻找加工企业代加工，但是古今要求很高，一般的内衣厂都入不了蒲雅玲的法眼。

蒲雅玲与何炳祥夫妇相识之后，彼此甚为欣赏，精通内衣质量把控的何炳祥，正是她寻找的理想合作对象。当时古今设立文胸生产工厂，需要有专业的人才给予技术援助。

如果既能够帮古今代加工产品，还能够给古今内衣工厂提供技术援助，这无疑将对公司的发展有很大的推动作用。这应该是蒲雅玲当时的想法。

和古今这样的品牌化企业合作，既能够释放产能，也能在合作的过程中借鉴品牌化的操作手法。这应该是何炳祥当时的想法。

尊重彼此、共享互助的精神，让这两个想法一拍即合。

为了让古今的文胸工厂迅速上马，何炳祥夫妇亲自去古今驻扎多日，安排

●早期紫兰蒂产品形象图

各项工作。在他们夫妇的努力和帮助下，蒲雅玲投入力度很大，信心很足。

很快，古今的生产技术得到大幅提升，为了让产品质量更加稳定，蒲雅玲还派技术人员到奥丽侬学习一段时间。这一来一去，何炳祥帮助古今内衣质量打下了雄厚的基础。

与此同时，古今内衣订单汹涌而来，也为奥丽侬带来了不错的效益。

借鸡生蛋，高端内衣品牌紫兰蒂强势推出

但何炳祥与蒲雅玲并不满足于当前的合作，随着古今和奥丽侬之间的信任和默契加深，他们开始探讨更深度的合作模式。

当时，古今的终端体系需要引进更多各具个性的内衣品牌，来满足消费者的不同需求，而何炳祥也需要建立一个高端的品牌。

这就是他们另一个更重要的合作项目：高端内衣品牌紫兰蒂。

紫兰蒂的品牌命名，据何炳祥述说，紫兰蒂的“紫”，是取自何炳祥的大女儿的名字何紫君中的“紫”（何紫君为何炳祥大女儿早年的名字，后来改名为何芷瑩），而“兰”字，则取自她的太太梁雪兰的“兰”，由此，亦可看到何炳祥对妻女的疼爱之情。至于紫兰蒂的“蒂”，则是花儿含苞欲放之意，当然“蒂”音同“帝”，王者风范，也暗喻何炳祥想把这个品牌打造成“最高贵内衣”的美好愿景。

奥丽侬内衣集团旗下的紫兰蒂品牌，何炳祥因为研发、生产、质量方面具有优势，于是负责设计、生产；蒲雅玲具有营销和网点的优势，负责销售。他们各尽所能，各出所长，共同打造高端而优质的紫兰蒂品牌。

这个合作模式，也借鉴了罗杰伦与何炳祥的合作模式。

今天，紫兰蒂已经发展成为中国内衣高端品牌之一，为奥丽侬和古今都带来了巨大的利润和声誉。

精诚合作完美典范，中国内衣市场佳话

奥丽侬给古今带来了产品生产和技术支持，古今也给奥丽侬带来利润和品牌影响力。二者完全没有保留，相互坦诚，是内衣行业完美合作的典范。

二者合作已经近 20 年之久，可见相互之间的认同。

何炳祥在提到蒲雅玲、上海古今、紫兰蒂的时候，一直心怀感恩。何炳祥

曾多次在不同场合，对奥丽依所有员工宣布：无论市场如何竞争，所有员工不得对古今内衣进行任何形式的诋毁；只要有古今招商开店的地方，奥丽依不得争抢资源，甚至需退避三舍，以示尊敬。

这种对合作伙伴的尊重，甚至到了有点迂腐的程度。

现如今，商场如战场。何炳祥的这份坚持，令人肃然起敬。

第十三章 钻研

发明永不变形模杯，推动中国内衣发展

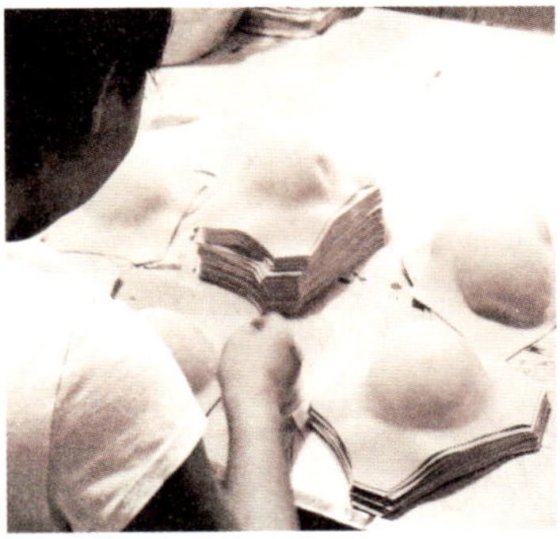

【何炳祥】：我从小就喜欢搞点小发明，那时候主要是给自己做点土质玩具，整点恶作剧而已，让童年的生活增添一些乐趣。现在，我将这些小心思继续发挥，变成了内衣的设计、创造和发明。我们经常觉得发明创造很难，那是误解了，原子弹、卫星，当然难。但是日常生活中的小发明，一样能给人类造福，在电能发明后，其实如吸尘器、电饭锅等也是小发明而已，但是同样深刻地改变了人类的生活方式。我做文胸，对文胸的肩带、模杯、布料等，都花了不少心思，有一些无功而返，有一些让我获得意外的惊喜，比如“永不变形”模杯，就是我在 20 世纪 90 年代发明创造的专利产品。我一直认为，中国人、中国内衣人应该去创造发明，而不是总在外国人背后亦步亦趋、习惯抄袭。要相信自己的能力，不要怕失败。发明创造这些新事物，失败 100 次都不要紧，因为只要 1 次成功，就有巨大的收获，那 100 次的付出也都值了。

奥丽侬的成功，有诸多因素

失败，可能只有一个原因；成功，确实有很多因素的影响。除了成功的市场定位外，还有很多因素让奥丽侬名垂内衣青史。例如：

何炳祥最早发明了“永不变形”的模杯；

他还率先设计出“一种新型吊带结构的文胸”；

他促进了美体面料的高弹性能设计；

他将精细化、标准化管理导入内衣行业；

他参与了中国内衣国家标准的制定和修改；

……

凡此等，以下的章节，我们逐个为你剖析。

奥丽侬内衣的一个奥秘：上身效果好

内衣不仅是一件贴身的艺术品，更是一门高难的艺术，要包裹柔软娇嫩、没有骨骼支撑的海绵体乳房，还要对抗强大的地心引力。在中国内衣行业，这门艺术做得好，那称之为文胸上身效果好，这是衡量内衣好坏最重要的内在指标。

何炳祥正精于此道。如果论上身效果，奥丽侬在中国内衣行业排名位居最前列。这是如何做到的呢？

从文胸的结构来说，这是一个综合的工程。海绵的塑形度、各类模杯的形状、织带肩带的弹性、侧肶位材料的宽度和拉力、鸡心位的稳定性、定型钢圈的固定和提升等，都影响文胸的塑形性、上身效果及舒适度。

上述每一步骤的发明、改良，都能推动文胸制造往前发展。

而模杯，是其中的重中之重。

如何为女性的乳房塑形，是内衣行业永恒的挑战

由于生物个体的差异，每一位女性的乳房都是千差万别的，但是在同一地区，人们对女性乳房的审美标准都是相近的。女性身材美不美，胸部很重要，而胸部的美丑则主要取决于乳房的形态。在中国，人们将女性的乳房形状分为圆盘形、圆锥形、半球形、纺锤形、下垂形五种。

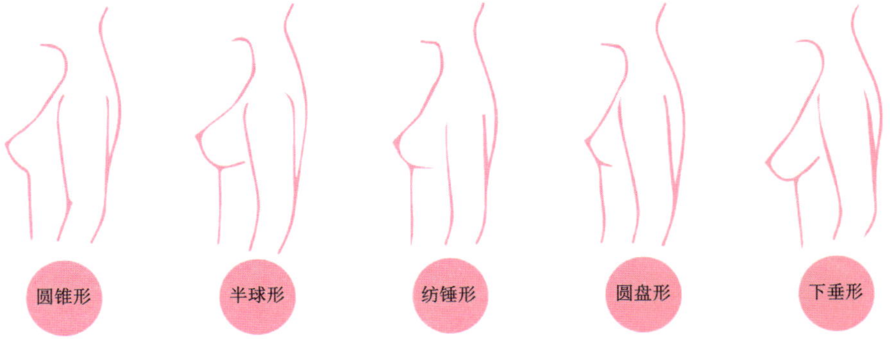

●中国女性乳房的五种形状

这其中，关于乳房的美丑当然有个人的喜好，但在国内，一般认为美丽的胸部是有弹性的半球形，乳头是粉红色且没有下陷的状态。乳头和乳头的间隔，联结两条锁骨的中点，亦即胸骨的上端和两个乳头联结形成的三角形是正三角形最佳。

所以，对于女性来说，扁平或者下垂的胸部不符合国内审美标准，会令美丽打折，但可通过文胸让胸部变得更丰满、更坚挺。

一件好文胸，应该具有令胸部看上去更丰满、更坚挺的功能——这也是内衣行业又一次挑战，文胸功能从早期单纯的遮羞演变到舒适，从健康呵护演变到兼具塑造胸型的需求，每一次变革都演绎出一次次美丽的传奇。

这些传奇之中，何炳祥的奥丽侬也留下了他浓墨重彩的一笔。

何炳祥第一次亮相内衣设计，正是从模杯入手。

传统模杯的缺陷，容易变形，穿着不能长久

塑造女性完美胸型的关键，一般是靠文胸的罩杯来完成，而罩杯又可分为模杯和夹棉杯两大类，其中定型海绵模杯主要包括薄杯、中厚杯、加厚杯等。

普通的常规定型文胸是以海绵、喷胶棉两种材料为主，经过一定的温度、时间，热压一次成型的定型海绵杯，这就是海绵模杯，用定型海绵模杯及其他材料组合，通过立体裁剪、车缝成型的文胸就是定型海绵模杯文胸。

不过在 20 世纪 90 年代，人们生活普遍还不太富裕，普通人一件文胸都要穿上半年，洗水晾晒近一两百次。海绵本身容易随着时间的变化或搓洗受力、浸泡等外力因素而发生变形，所以文胸手洗或者洗衣机洗水几次后，罩杯内置海绵就容易发泡、变形、凹陷、萎缩。这样的文胸穿起来很不舒服，不但不能

让胸部起到定型的效果，外形也不好看，杯面坑坑洼洼的。

这是当时模杯文胸的通病。

如何做到让文胸特别是模杯文胸不变形，成为当时内衣界的一个难题。可以说，谁能在这方面有所突破，谁就能执当时内衣行业的牛耳。

记忆钢圈，给何炳祥留下深刻印象

我们先来看看早期内衣人在文胸定型方面的做法。

1932 年，瑞典人奥兰德在金镉合金中首次观察到“记忆”效应，即合金的形状被改变之后，一旦加热到一定的跃变温度时，它又可以魔术般地变回原来的形状，人们把具有这种特殊功能的合金称为“形状记忆合金”。记忆合金的真正开发使用迄今不过 20 余年，但由于其具有许多优异的性能，被广泛应用于各个领域，为世人所瞩目，被誉为“神奇的功能材料”。

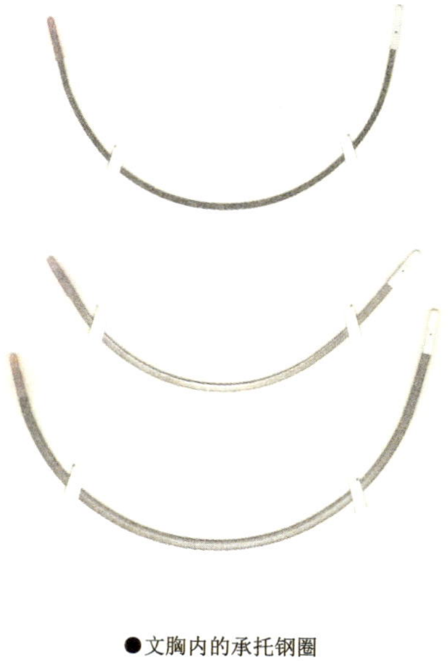

●文胸内的承托钢圈

后来，一些内衣人了解到这种材料的市场前景，将它开发成中国版的记忆钢圈，就是文胸里面的承托钢圈，只要设定一个最初的胸部完美数值，它就能一直保持在这个造型，不会弯曲变形。

经过 20 余年材料的进步和演变，记忆钢圈也在升级换代，现在内衣市场的主导仍是镍钛记忆钢圈，当然也有用其他新型材料来代替记忆钢圈的内衣。

记忆钢圈的研发，对何炳祥深有启发。

记忆钢圈能回复原型，海绵模杯也能永不变形
何炳祥发明新型海绵杯罩文胸，获得国家专利，推动内衣变革

但是光凭记忆钢圈也不能塑造出女性完美的胸型，因为钢圈是插在文胸罩

杯底边缘，主要是定型、托胸，对胸部起到支撑和稳定乳房的作用，但对乳房整体的推脂塑形效果不明显。

如何塑造出更加完美、迷人的胸型，这必须从改造文胸最关键的部位——罩杯进行，何炳祥准备从这点下手。

作为内衣业界公认的“全能老板”，他非常清楚文胸是怎样制造出来的，这其中当然也包括文胸的模杯生产工艺。

一般大型内衣厂都是自行采购海绵后，再交由配件部根据每款文胸模杯的形状开发模具，进行模杯压制。但如果直接用平板海绵进行压制，有时模杯的形状会难以控制，特别是厚模杯在压制的过程中更是容易发生变形等各种问题。

那么，如果在压制模杯之前就设置好了想要的罩杯形状，如同记忆钢圈，是否就可以避免这个问题呢？何炳祥如此猜想。

于是，他来到配件部，开始了他的实验。

首先他按照一款文胸的罩杯形状，利用挖绵机挖出了模杯的雏形，然后，再在高温高压的状态下，利用模具将海绵进行压制，一次性、永久性地改变并固化出了模杯的形状。

海绵的组织结构未遭破坏！这样做成文胸后，即使文胸洗水上百次，因为海绵已经被高温高压制成模杯这种形状，只要洗护得当，文胸相对来讲变形的可能性就不存在了。

但是以挖绵的方式进行高温、高压压制模杯，无形中就提高了生产成本。因为采用挖绵技术，不仅多了挖绵这道生产工序，而且每个模杯使用的海绵体积会更多，还会造成更多废料。况且挖绵之后，仍旧是要在模具中进行压制成型，如此一来，材料、时间及人工等成本无形中就上升了。

不过何炳祥向来是“唯质量论”，只要产品能达到舒适、穿身效果又好，又不易变形，他根本就不怕提高成本。为了达到更完美的效果，他又进行了多次试验、调整，并将最满意的结果绘成设计图，还增加了透气散热网，一方面去申请设计专利，一方面在生产中开始执行这种生产工艺。

据奥丽依集团提供的专利证书显示，这是“一种新型泡棉杯罩文胸”，设计人何炳祥，专利号 ZL98234529.1，证书号 373163，专利申请日是 1998 年 6 月 26 日。专利全文如下：

本实用新型涉及一种新型泡棉杯罩文胸，包括泡棉杯罩1、下基体2、吊带3、松紧带4，其结构特点是：泡棉杯罩1的下边缘设置散热网5，该散热网5由具有弹性的筋条以竖直、倾斜或“十字”交叉形式连接而成，根据不同需要，散热网5与下基体2的连接处设置一刚性圈6，该刚性圈6的形状与泡棉杯罩1的形状对应；或者两泡棉杯罩1的连接处设置双层开合片7，两泡棉杯罩1可前、后、左、右舒展。本实用新型设置透气散热网，还可设计成双层开合式，使用者穿戴干爽、舒适，适合乳房不对称或发育不良者使用。

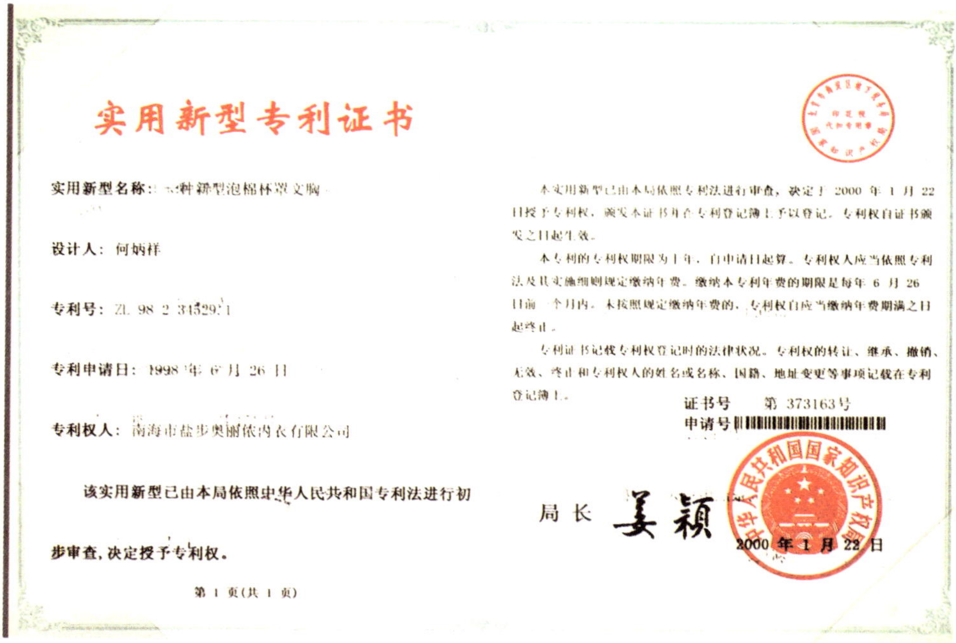
实用新型专利证书

实用新型名称：一种新型泡棉杯罩文胸

设计人：何炳祥

专利号：ZL 98 2 34529.1

专利申请日：1998年6月26日

专利权人：南海市盐步奥丽侬内衣有限公司

该实用新型已由本局依照中华人民共和国专利法进行初步审查，决定授予专利权。

第1页（共1页）

本实用新型已由本局依照专利法进行审查，决定于2000年1月22日授予专利权，颁发本证书并在专利登记簿上予以登记。专利权自证书颁发之日起生效。

本专利的专利权期限为十年，自申请日起算。专利权人应当依照专利法及其实施细则规定缴纳年费。缴纳本专利年费的期限是每年6月26日前一个月内。未按照规定缴纳年费的，专利权自应当缴纳年费期满之日起终止。

专利证书记载专利权登记时的法律状况。专利权的转让、继承、撤销、无效、终止和专利权人的姓名或名称、国籍、地址变更等事项记载在专利登记簿上。

证书号　第373163号

申请号

局长　姜颖

2000年1月22日

●何炳祥早年发明的“一种新型泡棉杯罩文胸”专利证书

“永不变形”文胸，风靡中国

何炳祥将利用上述专利制成的文胸，命名为“永不变形文胸”，这种文胸一经推出，立刻风靡全国。

在1997—1998年，文胸基本上还谈不上什么概念，甚至连花边设计的艺术性和美感都很少提起，那时候何炳祥就针对内衣穿身效果的“根本”做文章，自然是具有超前的效果，“永不变形文胸”获得了空前的成功。

因为当时普通文胸是用一片式海绵经过高温高压而成的，海绵组织结构受到严重破坏，所以普通文胸的寿命只有约 3 个月，而何炳祥的“永不变形文胸”至少穿 6 个月都没有问题，一件抵 2 件，相当超值，一经上市自然是大受欢迎。

这项技术虽然研发复杂，但复制却相对简单，所以很多内衣厂家迅速抄袭，当时铺天盖地都是“永不变形”的文胸，风靡程度可见一斑。

但当时，尽管何炳祥的专利证书都拿到了，很多厂家都还在声称“永不变形文胸”是自己发明的，在当时专利保护不健全的年代，也很难再追究究竟谁是发明第一人了。

而市场的热卖也让何炳祥无暇追究同行的侵权行为了。

这种“新型泡棉杯罩文胸”，可以说是中国内衣发展史上一个里程碑，“永不变形文胸”的宣传和实践，让中国人对内衣品质的要求逐渐提高，何炳祥的努力对中国内衣的发展起到了一个重要的推动作用。

何炳祥创造力迸发，继续发明气囊文胸

“永不变形”的泡棉杯罩文胸，在市场掀起了一场销售风暴，在何炳祥的心中也掀起了巨大的波澜。在这之后，何炳祥继续他的研究摸索、发明创造。

这个阶段，他发明并申请了非常多的专利，其中既有外观设计专利证书，也有多项实用新型专利证书，比如：

一种新型泡棉杯罩文胸（专利号 ZL 98 2 34529.1）
一种带新型吊带结构的文胸（专利号 ZL 99 2 38682.9）
一种带新型气囊的文胸（专利号 ZL 00 2 28231.3）
背心型健美调整衣（专利号 ZL 01 2 55417.0）
前后置扣可拆分方便型调整内衣（专利号 ZL 02 2 05924.5）
健美型透气胸罩（专利号 ZL 2006 2 0067149.2）
一体成型多功能胸罩（专利号 ZL 2006 2 0067148.8）
一种百变、百搭型抹胸（专利号 ZL 2007 2 0047477.0）
一种百变、百搭型背心（专利号 ZL 2007 2 0047476.6）
一种背心型塑身内衣（专利号 ZL 2010 2 0595884.7）

其中有一项“一种带新型气囊的文胸”（专利号 ZL 00 2 28231.3），也是他的得意之作。

说起这项发明的源起，其实与何炳祥的一次逛超市的经历有关。

当时市面上有一种油袋文胸颇受消费者欢迎，但该技术尚不够成熟，油袋很容易出现渗漏，不仅是在生产车缝过程中会出现这种情况，而且在物流、穿着、洗涤时更容易出现油袋漏油，在衣服表面形成污渍，让穿着的女性颇为尴尬。

基于上述各种弊端，而且油袋文胸较重，何炳祥一直在思考如何进行升级换代。

实用新型专利证书

实用新型名称：一种带新型气囊的文胸

设计人：何炳祥

专利号：ZL 00 2 28231.3

专利申请日：2000 年 5 月 23 日

专利权人：南海市盐步紫兰蒂内衣有限公司

该实用新型已由本局依照中华人民共和国专利法进行初步审查，决定授予专利权。

第 1 页（共 1 页）

证书号　第 434425 号

本实用新型已由本局依照专利法进行审查，决定于 2001 年 4 月 5 日授予专利权，颁发本证书并在专利登记簿上予以登记。专利权自证书颁发之日起生效。

本专利的专利权期限为十年，自申请日起算。专利权人应当依照专利法及其实施细则规定缴纳年费。缴纳本专利年费的期限是每年 5 月 23 日前一个月内。未按照规定缴纳年费的，专利权自应当缴纳年费期满之日起终止。

专利证书记载专利权登记时的法律状况。专利权的转让、继承、撤销、无效、终止和专利权人的姓名或名称、国籍、地址变更等事项记载在专利登记簿上。

专利号

局长

2001 年 4 月 5 日

●何炳祥早年发明的“一种带新型气囊的文胸”专利证书

何炳祥想，人在空气中生存，“零压力”的状况，除了真空就是空气，那可否将油袋换成“气袋”呢？这样既能减轻油袋的重量，文胸也轻多了，同时还能如油袋文胸一样使女性保持丰满的胸型。

但如何将气体充到罩杯内呢？何炳祥备受困扰。

机会是留给喜欢钻研、处处留意的有心人！

一次，何炳祥在逛完超市结账时，看到收银员在用超市的胶袋封口机对胶袋进行封口时产生气囊，他的灵感乍现，困扰他多时的罩杯充气终于找到突破口。

何炳祥于是想，可否如同超市里的胶袋封口机一样，将文胸罩杯内放置一气囊并留有充气口，可以根据罩杯大小自由充气，充气后再热压封闭充气口成型呢？

这种想法是否实际，实干派何炳祥话不多言，又开始付诸行动，又是试验又是改良，功夫不负有心人，他的想法又变成现实，新型气囊文胸终于诞生。

他为这种结构简单、成本低廉又符合环保概念和要求的新型气囊文胸申请了专利，专利号 ZL00228231.3，申请时间 2000 年 5 月 23 日。专利全文如下：

本实用新型涉及一种带新型气囊的文胸，包括双杯罩 1 和吊带结构 2，其结构特点是：双杯罩 1 各内置一气囊 3，所述气囊 3 经热压封边并留有充气口 4，充气后热压封闭充气口 4 成型。气囊 3 还可以做成橄榄球形、榄核形、金鱼形等各种不同形状。本实用新型在基本不增加杯罩 1 重量的情况下增加杯罩 1 的厚度和弹性，使穿戴者胸部更显丰满，具有自然、柔软、舒适的良好效果，具有结构简单、成本低廉的优点，适合任何场合下使用，符合环保概念和要求。

这种专利气囊文胸相较油袋文胸，不仅能塑造出完美的穿身效果，而且穿上身没有任何压力，即“零负重”，又很环保；即使如同油袋文胸不小心出现泄漏，一侧气囊出现漏气，那么直接扎破另外一侧气囊即可，即可避免出现胸部两侧大小不一的尴尬情况，更不至于弄脏衣衫。

申请专利，原创设计，成为奥丽侬核心竞争力的源头

何炳祥关于内衣的设计发明专利远不止如此，之后还有很多很多很多，如前后置扣可拆分方便型调整内衣等，至今仍旧在内衣界被广泛运用，之后更重要的发明——背心型健美调整衣，就是市面上俗称的背背佳功能美体内衣，则引起更大的轰动，我们将在下一章重点阐述。

笔者曾经写过一篇长文《只有掌握核心科技，中国内衣才有希望》，专门论述如何打造中国内衣的核心竞争力。文中提出，只有瞄准核心科技材料创新本身，提高内衣的原创设计，促进内衣的发明创造，保护知识产权，才能缔造核心竞争力，才能真正激活中国内衣参与全球竞争，而不仅仅总是在价格和做

工等浅层次徘徊。

内衣行业中某些品牌，则将“专利”上升到最重要的宣传口径，可见技术创新的重要性。

何炳祥关于内衣的设计发明正践行了这一观点。奥丽侬的品牌地位、技术质量特点也因此而崭露头角，而其之后陆续发明各种内衣，则强化、巩固了奥丽侬的市场地位。

中国内衣因为何炳祥的系列发明加快了她的发展进程，而他的发明创新精神也丰富了中国内衣的内涵。

奥丽侬，因此而奠定在中国内衣市场中的领先地位。

何炳祥，也因此在中国内衣历史中留下他灿烂的一章。

打赢设计专利首案，创立功能内衣纪元

【何炳祥】：背心型健美调整衣，是我从事内衣行业以来，最令我骄傲的发明，她凝聚着我对内衣的智慧和热爱。中国部分女性胸部下垂、外扩是一个顽固性问题，如何让女性胸部聚拢和提升，是内衣行业很重要的难题。背心型健美调整衣是划时代的新一代功能塑形内衣，能简单、有效地矫正下垂、外扩的胸部，塑造身材，令女性充满信心。由于之前我发明的“永不变形”罩杯被大范围抄袭，这次我有备而来，提前申请了专利，但是没想到依旧被很多内衣企业模仿、抄袭。我在当年曾经起诉部分侵权企业，从本意上我不想这么做，因为他们不但是我的同行，很多还是盐步人，是我的同乡，有些甚至私底下还是好朋友，我们一起组织盐步内衣行业协会、一起搞内衣模特大赛，共享共赢，大家感情还算不错。之所以起诉他们，固然有出自“商场如战场”的利益保护，同时，也想捍卫知识产权的尊严，促进内衣设计的自主研发、开拓创新，给中国内衣行业一个健康有序的竞争环境。此案引起了媒体的强烈关注，称之为“中国内衣专利第一案”，若论该事件对奥丽侬品牌的设计、质量起到了正面的宣传推动作用的话，那也只是此案的副产品。我喜欢公正、公开、公平地竞争，如果成功，我能享受这个过程；如果失败，我也能承受。

内衣业的难题，何炳祥的烦恼

1997—2001 年，何炳祥的奥丽依内衣事业越来越好，而他的内衣发明项目也越来越多，何炳祥进入了他人生发展的黄金阶段。他有多项内衣发明获得国家专利，包括之前所说的“永不变形”泡棉模杯、新型气囊文胸、带网筋的文胸，还有之后的“前后置扣可拆分方便型调整衣”等。

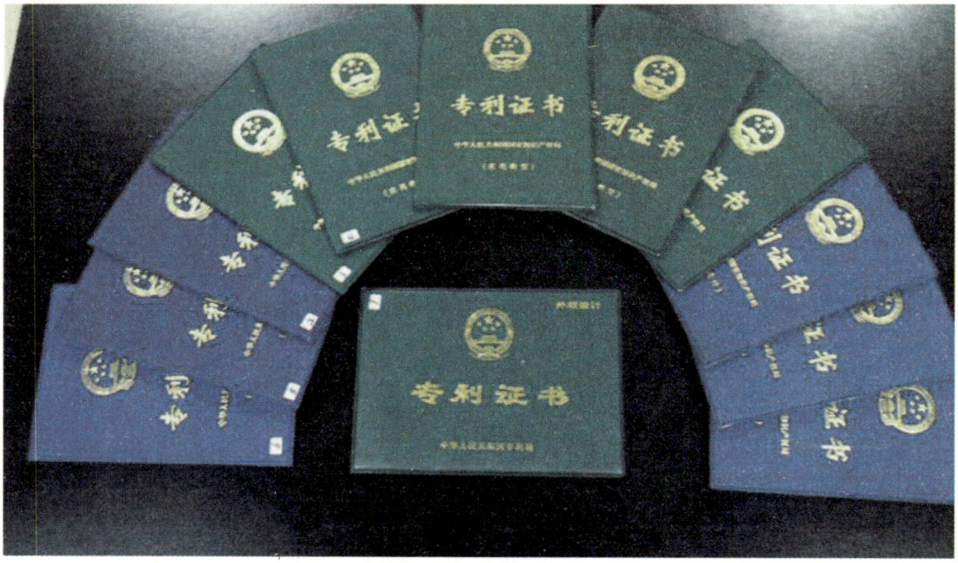

●何炳祥早年发明的各项内衣专利证书

但是最让他骄傲的、也最为内衣行业人津津乐道的，就是“背心型健美调整衣”。

可以说，他的每项发明都从某个方面解决了一个难题，推动了内衣行业向前发展，比如：

永不变形泡棉模杯，解决的是文胸变形的问题；

新型气囊文胸，解决的是文胸重量和油袋泄漏的问题；

带网筋的文胸，解决的是胸部聚拢和透气的问题；

前后置扣可拆分方便型调整衣，解决的是功能内衣穿着时的便捷性问题；

……

但每次发明，解决了一个问题，又会产生另一个新的问题。

在当时，功能调整内衣也同样难以兼顾相关功能，如果要达到美体的塑形效果，就会产生紧和勒的感觉，这主要是因为面料的问题，当时对面料和结构的研究远远没有如今这么发达。

有什么产品设计，既能挺胸、聚胸，还可以做到收胃腩、收腹部、挺背部、提升臀部、美化腿部的综合效果，而且还能健康、舒适？这是一个世界性的难题，号称内衣行业的“哥德巴赫猜想”。

如果说功能调整内衣设计是内衣行业的皇冠，那么一体化设计的调整内衣则是皇冠上的明珠。

内衣业当时面临的上述难题，也正是何炳祥的烦恼。

智慧灵光，何炳祥破解功能内衣的哥德巴赫猜想

普通内衣的吊带设计是抬胸式吊带设计，这样的传统功能调整内衣力量相对分散，运动时肩带容易走位、滑落，同时承托胸部的压力较大，易造成含胸、驼背。

有一天，何炳祥低着头在工厂里到处转悠，思考着这个难题，但仍是百思不得其解。

他来到车间里的办公室，管理人员和设计师们正在开会，探讨产品生产、订单排期等工作。

当时，为了精确地控制质量，车间管理人员和品控人员都随身携带一条测量皮尺，方便随机检测产品是否合格，女员工的衣服不像男人有那么多口袋，于是，她们喜欢将皮尺挂在颈脖上，如同倒 U 字形。这样既能随时使用，也像一个装饰品。

何炳祥坐在那里听着员工们讨论，无意间看到，一个女员工两手把玩着脖颈上的皮尺，在胸前不经意做了交叉的 X 字形，然后又举着皮尺，向上伸了一个小懒腰，皮尺刚好呈正 U 形清晰地勾勒出胸部的形状，胸部也似乎变得更加聚拢和提升了！

何炳祥的灵感之泉突然被打开了！

背心型健美调整衣横空出世，改变功能内衣行业

何炳祥是个雷厉风行的人，他立刻找来稿纸，画了一张草图，设计出了一

种 X 形和 U 形的产品样稿，并迅速找到布料、罩杯、肩带等，快速地根据设计图做出了一件样板产品。

这件样板采用 X 形交叉背心型设计，可以让两侧肩膀和背部都能均匀受力，就是力学上所说的三角形具有稳定性，因而能分担肩部所负的压力；交叉受力后肩部舒适不紧绷，并且可平衡、保护肩部和脊椎。

另一个设计在前腹和胃腩两侧，分别进行收腹集中设计，利用高弹纤维面料，用重叠车缝结构，从胸口处延伸至背心的末端，呈“八”字形，具有挺胸、收缩胃腩、收缩腹部、挺背的效果，塑造完美腰部曲线。

同时胸部采取 U 形挺胸式设计，这样具有明显的聚拢效果和更好的提升效果，让胸型瞬间显得更加丰满。

“八”字形收腹设计、X 形交叉背心型设计和 U 形提升胸部设计三者结合，将均匀受力、舒适自由、超级聚拢、提升乳线等完美结合在一起，这样的功能内衣，在当时可以说是划时代的产品创新。

前后置扣可拆分排扣，让调整衣穿着更方便

但追求完美的何炳祥认为这件产品设计还不够完美，接下来，他开始进一步完善该产品设计。

首先，他对设计进行细化改良，将文胸背后的一排勾扣变成两排勾扣甚至多排，这样可以加高对背部的包容度，甚至将排扣设置在前面以更加方便穿着。

●早期背心型健美调整衣（前、后）

同时，将腋下两侧设计加高，侧推力加强，使之能包容更多副乳；又将背心的长度延长至腹部，起到收紧胃腩、收腰、收腹功能。

在改良的过程中，他同时也吸收了日本功

能内衣的某些设计元素并加以改进，通过这样的设计，不但使胸型能够丰满、圆挺，背部更挺拔，同时还能塑造顺畅的腰腹曲线，自信身姿，一步到位。

背背佳书包与背心型健美调整衣，异曲同工的两个伟大发明

经过多次试验、改良，何炳祥的背心型健美调整衣终于完成了。

那时候的何炳祥，是一个藏不住秘密的人，他将这款产品设计带回家，兴奋地和妻子分享。

梁雪兰试穿了这个产品，感觉很好，既能够昂首挺胸，腹部也平坦了，全身的曲线都很流畅，即便做全身运动也不用担心肩带滑落，更感觉不到肩部有很大压力。

这时候，何炳祥的大女儿何芷瑩读书回来了，看到这款产品，她觉得这款内衣的设计和当时在学生中流行的“背背佳”书包有异曲同工之处。

背背佳书包，是书包行业划时代的产品，也是利用了双Y形交叉设计，让书包带在肩膀前后都交叉，均匀受力，只是书包的力量和文胸不一样，书包的力量在人体的背部，这种设计能够让学生背更重的书包却不感觉到累，同时防止书包偏倚位置造成脊柱变形。

从设计学上来看，背背佳书包和背心型健美调整衣原理相近，都是简单而伟大的发明。前者让亿万学生摆脱了沉重的书包，挺起了胸膛；后者让亿万女性摆脱了身材的变形，挺起了胸膛。

当时背背佳书包已经上市，且通过大量的广告做宣传，销量非常好。何炳祥看了背背佳书包后，信心大增，继续对背心型健美调整衣进行进一步改良。

独创“三挺、三收”设计
配套调整胸围和美体塑裤，共同构建功能内衣系统大厦

在“背心型健美调整衣”发明设计出笼之后，何炳祥进一步想到两个问题：

第一个是如何给该产品设计进行系统配套，形成一个对女性身材全面调整的功能内衣体系，如美体塑裤和调整式胸围等。

第二个是简化该设计，演变成微调整文胸，让穿着变得更加简单。

何炳祥再一次进入狂热的内衣设计之中。

美体塑裤系列，按照何炳祥的设计功能，有收腹提臀塑裤和收腹提臀美腿

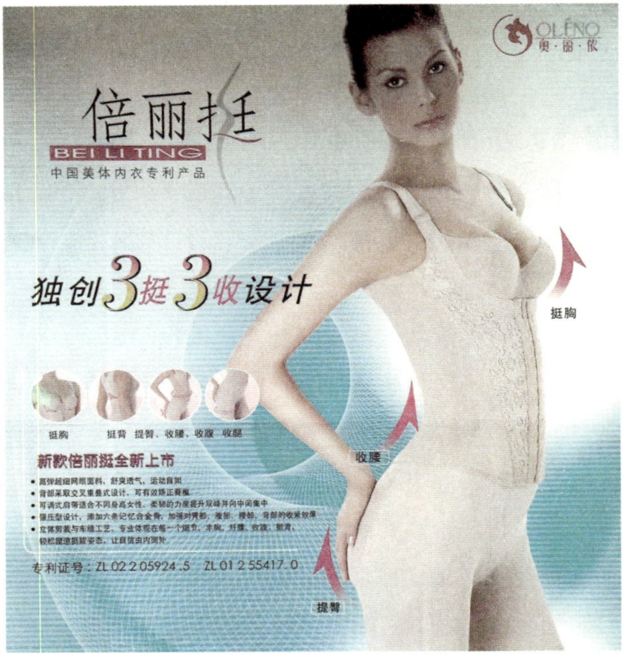

●早期倍丽挺宣传海报

高腰塑裤两种。设计原理是通过高弹面料的强力作用，将腹部的赘肉及多余脂肪向中间收拢的同时向上提升，展现出平坦的小腹；同时通过收拢牵引臀部和腿部的赘肉及多余脂肪，重现翘臀性感曲线。

微调整胸围，则是简化了背心型健美调整衣的部分设计，采用超弹纤维网眼面料，将胸部曲线挺高，同时将两个侧肚向中间集中，包容副乳，聚拢胸型，呈现凹凸有致的迷人峰线。

以上设计的力学原理，因为有三次向上挺立、三次向中间收拢，因而被归纳为“三挺、三收”设计。

女性通过配套穿着背心型健美调整衣、微调整胸围、美体塑裤三件套，达到全身塑形的作用。

这种全身塑形概念，在当时也是首创。

根据内衣行业历史资料显示，配合背心型健美调整衣的美体塑裤在 2004 年之后才逐步风行，而微调整胸围更晚，约在 2006 年才在内衣行业成为一个细分品类，而何炳祥在 1999 年就已经设计出这个雏形，堪称中国功能内衣行业真正的鼻祖。

背心型健美调整衣正式获得国家专利

1997 年，背心型健美调整衣开始研发；

1997—1999 年，其中历经多代的调整更新；

1999 年开始大规模生产；

2001年，这个产品已经趋于完美。

2001年8月31日，何炳祥委托广州知友专利代理有限公司代理人张文雄先生正式申请背心型健美调整衣专利；

2002年6月19日，何炳祥拿到了这个他梦寐以求的设计专利证。专利摘要和主权项如下：

本实用新型涉及背心型健美调整衣由1.肩带2.胃腩收紧部分3.钩扣4.收腹部分连接而成，其结构特点是：背心的开口设置在正面，所述开口处设置至少两排钩扣3；背心的长度延伸到下腹部，肩带1较宽并延伸至乳房下侧，可包裹、提升及集中乳房；胃腩收紧部分2位于肩带1末端至腋下肋骨处，为重叠车缝结构、呈“八”字形；收腹部分4位于勾扣3的两侧、从胸口处延伸至背心的末端，呈“八”字形。本实用新型具有挺胸、收缩胃腩、收缩腹部、挺背的效果。

权利要求书1.背心型健美调整衣，由肩带(1)、勾扣(3)和收腹部分(4)连接而成，其特征是：背心的开口设置在正面，所述开口处设置至少两排钩扣(3)；背心的长度延伸到下腹部，肩带(1)较宽并延伸至乳房下侧，可包裹、提升及集中乳房；收腹部分(4)位于勾扣(3)的两侧、从胸口处延伸至背心的末端。

几乎与此同时，奥丽侬开始生产并推出这款背心型健美调整衣，由于较之前的基础内衣升级较大，塑身修形效果明显，一投放市场就大受欢迎，销售量节节上升，何炳祥心里别提多开心了。

志存高远的何炳祥此时心中有了更大的战略规划。

丰满挺立，倍加美丽：倍丽挺新品牌的酝酿

何炳祥非常清楚这款产品划时代的意义，他思量，如果将这款产品和奥丽侬其他的产品只用简单的编号加以区分，则很难体现她真正的价值。这个系列的产品应该有她自己的名字，不应该是“蝶舞花语”“9118”之类泛泛的名字甚至编号可以代表的，背心型健美调整衣应该有一个配得上她的品牌名称。

于是，何炳祥在厂里组织写字楼员工举行头脑风暴会，欲为这款产品征集

一个受市场欢迎的名字。

一名设计师说：“穿我们这款产品，身材更挺立，胸部更丰满，人也比之前美丽。”

“说得很好，让身材挺立，让胸部丰满，让女人更美丽，总结得很好。”何炳祥问，“不过，好很多是好多少？难道能叫‘好很多’？那不是和‘好又多’超市差不多了？好多少，应该有一个可以量化的说法。”

大家哄堂大笑。

另外一名策划人员说：“其实，这款内衣穿在不同身形的人身上，效果也是不同的，因人而异，很难用一个具体的数值来计算。但是和传统的内衣相比，至少双倍效果还是有的。”

双倍效果！何炳祥觉得这个说法很新颖。

内衣上身功能效果的确是一个很难量化的指标，后来何炳祥推动及参与中国内衣行业标准、国家标准的制定和修正，也正是基于尽量去量化内衣在生产过程中的一些指标。此是后话，按下不表。

何炳祥认为这一系列的产品具有划时代的意义，那么就应该超越传统内衣一个档次，而这个档次，如果是“一倍”，甚至是“多倍”，那么是非常贴切的。

“让女性倍加美丽，让胸部倍加挺立，那就叫‘倍丽挺’吧！”何炳祥一锤定音。

从品牌名称上来说，“倍丽挺”的名字是恰如其分的，概述了这款产品的功能和效果，与“婷美”异曲同工。不过，前者更加直接明了，后来美体内衣行业出现许多品牌或系列名，应该都是延续了倍丽挺、婷美等命名的滥觞。

●早期倍丽挺宣传海报

倍丽挺石破天惊，销售额日进斗金，市场供不应求

倍丽挺功能内衣取得非常了不起的成功，这是何炳祥自己都始料未及的。

当时奥丽侬几乎是全员加班加点也不能满足拿货需求，代理商的电话此起彼伏，都是点名要这款功能内衣，甚至很多代理商直接提出加价拿货，市场火爆得一塌糊涂。

而生产倍丽挺布料的材料供应商也忙得不可开交，即使当时工厂生产这种网眼布的机器全天满负荷运转，也仍然供不应求，以至于当时各个布料厂大肆采购此类机器，来满足这种需求。

这是何炳祥赚钱最快的阶段之一，用“日进斗金”来形容，也丝毫不为过。

塑身美体功能内衣，曾经创下销售神迹

奥丽侬的倍丽挺是中国功能内衣的鼻祖，对这个行业的诞生和壮大居功至伟。让我们也来说一说整个塑身美体功能内衣行业的发展状况，和其他一些重要的品牌。

20 世纪 90 年代，中国各地掀起了塑身美体内衣的潮流。

当时主要的几个美体内衣品牌，有纤瀛、雅筑、日佩尔等，他们宣称来自日本或者我国台湾等地，重视内衣教育的培训，精通恐吓式营销，当时的部分功能内衣采用了类似传销等模式。

因当时的消费者对美体内衣了解有限，所以一套塑身美体内衣的售价从 1800 元到 8800 元不等，销售还非常火爆。据说一些省份年销售都有几亿元，当时所达到的销售神迹和天价利润，直到今天，很多内衣大品牌、大企业也不一定能超越。

1998 年，鉴于各种传销泛滥成灾，影响到国计民生的健康发展，国家开始规范各种直销，并立法打击非法传销，之后内衣品牌逐渐规范。而各个美容院从最开始热衷配套销售功能内衣，到后来也逐渐降温，美体内衣被夸大的神奇性、神秘性开始减淡。

毕竟，在当时，这些天价的内衣产品也不是普通消费者所能穿戴的。

市场充斥背心型健美调整衣仿制品，让何炳祥夜不能寐

一开始，功能效果突出、性价比极高的“倍丽挺”调整型内衣，的确销售火爆，

但是何炳祥并没有开心多久。

2002年，何炳祥的业务人员在市场上发现大量同类产品，设计上和奥丽侬的背心型健美调整衣大体一致，只有细微差别，这严重抢占了奥丽侬的市场份额。这其中有很多来自潮汕地区的内衣企业，也有盐步镇本地内衣企业。

由于仿冒产品价格和渠道定位的接近，尤以盐步本地内衣企业对奥丽侬的冲击较大。

拥有专利、凝聚智慧的倍丽挺产品遭到模仿，这深深刺激了何炳祥。

2002年11月5日，何炳祥采取“先礼后兵”的策略，先通过南海市盐步区内衣行业协会，向相关企业送达《关于内衣产品“侵权”问题的通知》，提示各内衣企业停止生产模仿倍丽挺专利的产品，停止相关侵权行为。

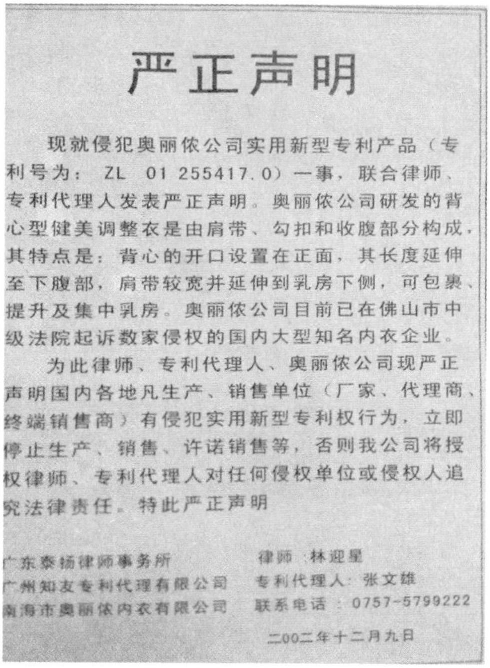
严正声明

现就侵犯奥丽侬公司实用新型专利产品（专利号为：ZL 01 255417.0）一事，联合律师、专利代理人发表严正声明。奥丽侬公司研发的背心型健美调整衣是由肩带、勾扣和收腹部分构成，其特点是：背心的开口设置在正面，其长度延伸至下腹部，肩带较宽并延伸到乳房下侧，可包裹、提升及集中乳房。奥丽侬公司目前已在佛山市中级法院起诉数家侵权的国内大型知名内衣企业。

为此律师、专利代理人、奥丽侬公司现严正声明国内各地凡生产、销售单位（厂家、代理商、终端销售商）有侵犯实用新型专利权行为，立即停止生产、销售、许诺销售等，否则我公司将授权律师、专利代理人对任何侵权单位或侵权人追究法律责任。特此严正声明

广东泰扬律师事务所　　律师：林迎星
广州知友专利代理有限公司　　专利代理人：张文雄
南海市奥丽侬内衣有限公司　　联系电话：0757-5799222

二00二年十二月九日

●当年就倍丽挺产品侵权律师所发《严正声明》

何炳祥原本希望通过内部运作的方式，展示各种专利证书，晓之以理，让各个企业知难而退，既保护自己的权益，也能不伤及各内衣企业的面子。

多家相关企业对这份通知视若无睹。

礼节无效，此时何炳祥开始用“兵”了。

奥丽侬出示八大证据，状告侵权的四家企业

2002年11月11日，何炳祥一纸诉状，将侵权的四家内衣企业分别告上法庭，本案由广东省佛山市中级人民法院开庭审理，中国内衣专利第一案正式拉开了帷幕。

在法庭上，奥丽侬的委托代理人、广东泰扬律师事务所律师林迎星向法庭提出8项证据，其中关键的证据就是专利号为“01255417.0”的“背心型健美调整衣”实用新型专利证书，以及实用新型专利检索报告和实用新型专利说明书。

原告称，奥丽侬的专利产品具有新颖性和创造性，专利产品具有挺胸、收胃腩、收腹部、挺背的效果，且结构简单、穿着方便，因此，投放市场后大受欢迎，销售量节节上升。按照专利法第十一条规定：发明和实用新型专利权被授予后，除本法另有规定的以外，任何单位或者个人未经专利权人许可，都不得使用其专利，即不得为生产、制造、经营、销售其专利产品。四名被告企业看到原告的专利产品深受市场欢迎，置法律于不顾，未经专利权人的许可，生产、经营、销售本专利产品，这是一种严重的侵权行为，已经严重侵犯原告奥丽侬的合法权益，使原告的销售受到严重影响，原告产量、销量、营业额都大幅度降低，加之被告生产并销售的侵权产品质量达不到本专利产品的质量要求，令用户误以为原告的专利产品质量降低了，严重影响了本专利产品的声誉，已经给原告造成了巨大的经济和名誉损失。尽管原告向被告通告了侵犯本专利的信息，明确告知被告，不可侵犯本产品的专利权，但被告企业依然继续其侵权行为。

为此，原告奥丽侬请求判令被告企业：

1. 立即停止侵犯原告的实用新型专利权；
2. 赔偿原告经济损失 20 万元；
3. 承担本案律师费 1 万元；
4. 在省级报纸上公开向原告赔礼道歉；
5. 承担本案的诉讼费用。

四家内衣企业罗列证据，一审奥丽侬却折戟沉沙

针对奥丽侬的起诉，四名被告内衣企业纷纷寻找证据，反驳奥丽侬。我们将相关证据呈现在此，请读者自我甄别。

被告之一的某品牌答辩称：

一、原告的“背心型健美调整衣”专利的多项权利要求不具有新颖性和创造性，符合《专利法》第二十二条第二、三款、《专利法实施细则》第二十条第一款规定的无效宣告请求的法定事由，被告已在答辩期内依照《专利法》第四十五条及《专利法实施细则》第六十四条的规定向专利复审委员会提出宣告专利无效的申请，专利复审委员会已于 2002

年 11 月 25 日立案受理，案件编号为 W54665。目前该无效宣告申请正在专利复审委员会审查之中，请求法院依法中止诉讼。

二、被告早在原告专利申请日之前已自行设计、生产三款产品，并且仅在原有范围内继续生产制造，因此，根据专利法的有关规定，不构成侵权。

三、被告生产的三款产品的技术特征并没有完全覆盖原告“背心型健美调整衣”专利保护的必要技术特征，根据《专利法》及其《实施细则》的规定，不构成侵权。请求依法驳回原告的诉讼请求。

经过庭审双方对证据的质证、辩证，广东省佛山市中级人民法院对以下事实予以确认：奥丽侬拥有“背心型健美调整衣”的实用新型专利继续有效，对某品牌自证的生产设计过程均不予采信，同时也对某品牌向专利复审委员会提出宣告专利无效的申请也不予采信。

前二者对奥丽侬均十分有利，最后环节落在几家被告的产品究竟是否落入了原告专利的保护范围、是否侵犯原告的专利权上。

法庭认为，将被告该产品与原告的专利产品做以下比较：

一、原告专利的肩带较宽，并且是与内衣连在一起的，被告产品的肩带与内衣之间是断开的，并且使用了内衣常用的八字扣，使肩带的长度可以调节。

二、被告产品排扣左右两侧从胃腩以下是 6 条加强筋，其产品的侧面是直线型的，对腰的束力是前后平行的，其作用是阻止突出的赘肉向下移，没有收腹效果。原告的专利则有收腹部分，位于排扣两边与胃腩收紧部分之间，由胸部延伸至腹部甚至下脚，呈弧度八字形，该部分起到收腹效果。

综上所述，被告 2208.3099 和 3070 款号内衣产品与原告的专利所有必要技术特征比较，缺少了两个必要技术特征，故被告 2208.3099 和 3070 款内衣产品没有落入原告专利权利要求的保护范围，不构成侵权。

其他三家内衣企业的应诉，和该品牌大同小异，最后都落在几家被告的产品究竟是否落入了原告的专利保护范围，他们分别拿出下述证据，试图证明该产品之前就有类似的设计专利，因而奥丽侬的专利是落后且无效的，且他们的设计与奥丽侬的专利均有部分差别。

有关其中差别，实在是太专业了，很难做出判断。详情可到广东省佛山市中级人民法院网站查询。

不过笔者发现比较有意思的是，另外三家被告企业没有拿出其他新的证据，而是采取了协同作战，答辩方法和证据几乎完全一样，他们的证据分别是：

1.2001 年 6 月刊的《上海服饰》第 81 页；
2.ZL00267963.9 实用新型专利说明书；
3.ZL00233852.1 实用新型专利说明书；
4.日本杂志；
5.《广州日报》广告等。

被告声称，他们的上述证据均在奥丽侬拿到专利之前就有了，且产品设计与奥丽侬的专利既有类似之处又有一定的差异，因而认为他们的设计不构成对奥丽侬的专利侵权。

广东省佛山市中级人民法院最后承认了奥丽侬的专利所有权，但是判决四名被告企业的产品设计与奥丽侬的专利产品有足够的差异，没有被专利全面覆盖，因而认为被告的内衣产品没有落入原告专利权利要求的保护范围，不构成侵权，故无须承担侵权赔偿责任，原告请求判令被告停止侵权、承担赔偿责任、赔礼道歉均没有事实和法律依据，法院不予支持。

何炳祥一审没有成功。

奥丽侬饮恨一审，何炳祥继续上诉

对于一审没有成功，何炳祥认为是佛山市中级人民法院对内衣行业不够了解。他认为，只要是主要设计相似，则已经属于侵权，产品细微的变化和改进不影响侵权本身。至于几个被告罗列的其他企业及日本的专利，何炳祥说他本人从来没有看过，在这之后他也认为这些专利和他的“背心型健美调整衣”专利差别很大，与他自己的专利是两码事。

一审不成功，对于宣判结果，何炳祥完全不服，性格好强的何炳祥选择向广东省高级人民法院继续上诉。但是案件却一再搁置，原因是 2002 年 11 月 25 日，几家被告向国家专利复审委员会提出了奥丽侬“背心型健美调整衣”专利无效宣告请求，认为部分专利要求不符合专利法规定，不具备新颖性和创造性，要求复审；在复审结果没有出来之前，案件暂时停止审理。

这场官司当时打得沸沸扬扬，中国内衣行业人人皆知。

如果另三家提供的专利证据与何炳祥的有冲突，就是说何炳祥的“背心型健美调整衣”专利不合法，那为什么拥有那几项专利的持有企业不反过来起诉何炳祥侵权呢？这可是一个大好机会啊，但何炳祥没有成为被告，由此可反证何炳祥的设计确属首创，拥有该项专利毋庸置疑。

2003 年 5 月 23 日，中华人民共和国国家知识产权局专利复审委员会经过详细调查、分析后，正式发文，维持奥丽侬“背心型健美调整衣”专利权有效。

奥丽侬诉盐步四大内衣企业侵权案件还未画上句号，第二个回合的论战即将打响。

兵出奇招，现身说法：何炳祥法庭现场演示发明过程

第二次对簿公堂，为了讨回公道，何炳祥做了周密而惊人的部署。

根据第一次的庭审过程，何炳祥认为失败的根本原因，是被告们利用了法官非内衣专业人士、不懂内衣的特点，将产品的次要设计上升为主要设计，而对产品设计的精髓也就是专利部分当做内衣的共性有意回避。所以，这次上诉，他委托代理律师一定要抓住重点，不用和对方就附加的细节进行纠缠，而是要直击核心。

经过何炳祥的细心沟通，他的委托代理人、代理律师广东泰扬律师事务所律师林迎星、广州知友专利代理有限公司专利代理人张文雄，仿佛都变成了内衣专家，都能够轻松地阐述“背心型健美调整衣”专利的核心特点，以及几个被告侵权的依据，而不再就每一个排扣、肩带的尺寸是否完全一样而纠缠。

何炳祥认为，法律虽然是死板的条文，但是一切不外乎人性。在晓之以理的同时，再加上动之以情，应该能收到特别的效果。

他决定亲自出庭。

法庭上，在律师们陈述之后，何炳祥第一次出庭为自己申辩。

何炳祥先从随身携带的包里，拿出了一条皮尺，挂在脖子上，在胸部做了一个交叉的 X 形状，然后又将皮尺呈“八”字形从腰部向中间提升，再做出一个 U 字胸部聚拢示意。这三个动作就是这个产品的设计创意核心，非常直观形象，让现场所有的人都明白了。

然后他又掏出了纸样、剪刀、透明胶等工具和配件，开始飞快地进行裁剪，从头到尾，在裁剪过程中何炳祥几乎没有太多说法，只是低头裁制这件内衣纸样。他的动作异常娴熟，不足二十分钟就完成一件“背心型健美调整衣”纸样。然后他用随身携带的弹力网布、拉架布、肩带、花边裁片等材料，现场一一对应，出示给法官看，并加以说明。

最后，他将这件纸样高高地举起，像一面胜利的旗帜。

法官们也许还没有搞清楚这个官司里面的内衣学问，但是他们看清楚了，这个大男人才是一个真正的内衣专家、内衣设计师，只有这样的人，才会去研究内衣、发明内衣、亲自缝制内衣，也才会一次次捍卫自己的专利！

行胜于言。何炳祥现身说法的表演彻底征服了法官。

法庭最后认为：

原审法院违反了专利法第五十六条的规定，错误地将上诉人的专利权利要求的附加技术特征与被告的内衣产品做比较，以致得出错误的结论。被告的产品虽然在上诉人的专利产品做了某些局部的改变，但两者所属的技术领

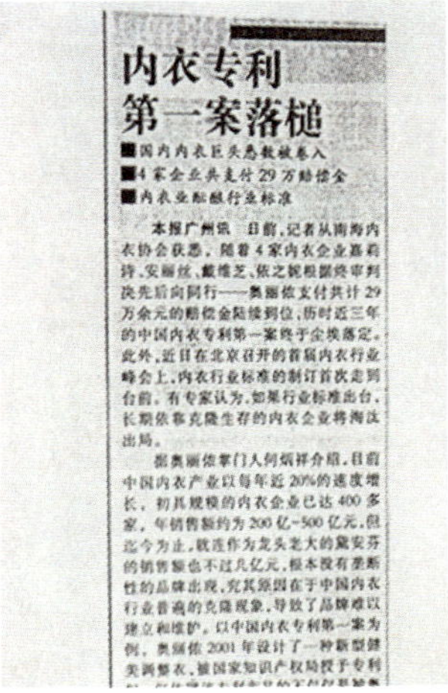

内衣专利
第一案落槌

■国内内衣巨头悉数被卷入
■4 家企业共支付 29 万赔偿金
■内衣业酝酿行业标准

本报广州讯 日前，记者从南海内衣协会获悉，随着 4 家内衣企业嘉莉诗、安丽丝、戴维芝、依之妮根据终审判决先后向同行——奥丽依支付共计 29 万余元的赔偿金陆续到位，历时近三年的中国内衣专利第一案终于尘埃落定。此外，近日在北京召开的首届内衣行业峰会上，内衣行业标准的制订首次走到台前。有专家认为，如果行业标准出台，长期依靠克隆生存的内衣企业将淘汰出局。

据奥丽依掌门人何炳祥介绍，目前中国内衣产业以每年近 20%的速度增长，初具规模的内衣企业已达 400 多家，年销售额约为 200 亿–500 亿元，但迄今为止，就连作为龙头老大的黛安芬的销售额也不过几亿元，根本没有垄断性的品牌出现，究其原因在于中国内衣行业普遍的克隆现象，导致了品牌难以建立和维护。以中国内衣专利第一案为例，奥丽依 2001 年设计了一种新型健美调整衣，被国家知识产权局授予专利

中国内衣专利侵权第一案

奥丽依漫漫维权路走三年

近日从广东省高级人民法院获悉，被称作“中国内衣专利侵权第一案”的佛山市奥丽依内衣有限公司（下简称奥丽依）起诉同行不法侵权案在经历了近三年的风雨历程后于日前有了定论。法院终审判决：撤销一审判决，被告南海市嘉莉诗（国际）内衣有限公司、南海市依之妮内衣有限公司、南海市戴维芝内衣有限公司、南海市安丽丝内衣有限公司行为构成侵权，自判决生效日起立即停止对奥丽依公司的侵权行为，并对奥丽依因此蒙受的经济损失分别作出相应赔偿。目前，此案正在执行阶段。

早在 2001 年，奥丽依就设计出结构简单、穿着方便、成本低的“倍丽挺”实用新型健美调整衣，该款产品是由钢带、勾扣和收腹部分构成，其特点为：背心的开口设在正面，其长度延伸到下腹部，肩带较宽并延伸至乳房下侧，可包裹、提升及集中乳房。该产品的设计者正是时任奥丽依的董事长兼设计总监的何炳祥。

2002 年 6 月 19 日，国家知识产权局为奥丽依的上述产品颁发了实用新型专利证书，并授予专利权。

在此期间，因该款产品推向市场后大受消费者欢迎，许多厂家也开始仿效并大量生产。2002 年 11 月 11 日，奥丽依依法向佛山市中级人民法院提起诉讼，将嘉莉诗等侵权企业告上法庭，佛山市中级人民法院经调查审理后于 2003 年 1 月 30 日判决认定，被告嘉莉诗等企业不构成专利侵权，奥丽依败诉。

奥丽依不服并向高院提出了上诉。在二审法庭上，为了让法庭法官和合议庭成员对内衣行业专业概念有个清楚的了解，原告方奥丽依有限公司何炳祥董事长亲拿剪刀，亲自操刀，现场发挥自己的设计和裁剪功夫，动作之娴熟令人咋舌。

何炳祥说：“我们是对手，但绝不是敌人。奥丽依打这场官司的真正目的只是想维护自身的合法权益和规范行业门槛，共同规范业内竞争秩序，而不是寄希望于官司来讨回损失。”

中國內衣專利案奧麗儂勝訴

●当年倍丽挺专利维权案媒体报道

域相同、技术解决方案基本相同、使用效果相同，故被告的产品已侵犯了上诉人的专利，原审法院认定事实错误，适用法律也错误。因此应认定被告的产品所属的技术特征已经基本覆盖了上诉人奥丽侬公司专利要求的全部必要技术特征，被告侵犯了上诉人奥丽侬公司的专利权，依法应承担侵权的民事责任。此为终审裁决。

何炳祥终于上诉得直。

奥丽侬终审胜诉，众被告按律赔偿

经过漫长的 2 年多时间，在 2004 年年初，“中国内衣专利第一案”终于落下帷幕。广东省高级人民法院对奥丽侬内衣有限公司诉盐步 4 家内衣企业仿冒其专利产品一案作出终审判决，判决要求 4 家被告立即停止侵权行为，并赔偿原告 5 万～ 20 万元不等的经济损失。

四家被告陆续执行了该判决。

赢得官司，未赢市场，何炳祥意兴阑珊

何炳祥虽然赢得了官司，但是他一再表示，他和对簿公堂的四家同行企业虽然是竞争对手，但绝不是敌人，他们同在南海，私底下仍然是朋友。何炳祥起诉他们的真正目的，只是想维护自身的合法权益和促使同行自律，而不是寄希望于官司来讨回受到的损失。

何炳祥笑着说，因为被侵权，损失不下数百万，耗去的时间精力更是无法计算，但是他要求的赔偿最高不超过二十万，不足销售损失额的零头，索取赔偿只是为了给行业树立一个示范，共同规范业内竞争秩序。

虽然赢了官司，但是市场上的仿冒品却没有绝迹，反而呈愈演愈烈的局面。由于有前车之鉴，其他内衣厂在设计上做了更大的改进和变通，其中，仿造者多以中小企业为主，当然也包括一些著名品牌，如果何炳祥继续打官司，不仅会耗费精力，还很有可能会陷入持久的拉锯战。

看到市场上的仿制品层出不穷，何炳祥也只能一声长叹。

后来，南海甚至汕头若干功能内衣品牌纷纷崛起，他们或多或少地借鉴了“倍丽挺”的设计灵感。

按照原本规划，何炳祥计划将“倍丽挺”作为独立的“专业功能内衣品牌”运作，但因为种种原因，“倍丽挺”这些年只是作为“奥丽侬”旗下的一个明星系列产品而不是独立品牌来运营，笔者对此甚感惋惜。不过，“倍丽挺”在奥丽侬渠道中也成为深受欢迎的子品牌，成为终端商最具盈利能力的拳头产品之一。

其实，何炳祥对于调整功能内衣还有更多的思路，包括后来的 2009 年与加拿大顶级塑形内衣“MAGIFIT 美芝婷”在中国的深度合作。就在笔者撰文时，听闻奥丽侬集团已于 2014 年底正式推出了独立运营的专业美体调整内衣品牌“妙挺 MISSTOP”，主推二线加盟市场。

中国内衣专利第一案，影响意义深远

多年来，中国内衣一直在抄袭和模仿中蹒跚前行。无论是设计潮流还是材料科技方面，总是在欧美、日韩之后亦步亦趋。虽然中国内衣在改革开放 30 年间取得了突飞猛进的进步，但是进步主要表现在产量和质量上，在设计、科技、文化上并没有突破。

量的积累，要促进质的飞跃，才是中国内衣的未来。

一个内衣大国的崛起，不但要在数量上超越，更要在内涵上腾飞。从前，内衣企业的老板多数没有很高的文化，更没有法律意识和知识产权观念，抄袭走捷径是一个普遍的行为。

奥丽侬诉盐步四家内衣企业侵犯专利一案，如同给中国内衣敲了一次醒钟。继续浑浑噩噩试图蒙混过关的企业，终究要受到惩罚；而被惊醒的企业，从此走向了自我创造之路，他们和奥丽侬一样，发奋图强、越做越大。

这才是中国内衣的希望所在。

附件：

民事判决书

（2003）粤高法民三终字第 181 号

上诉人（原审原告）：佛山市盐步奥丽侬内衣有限公司（以下简称：奥丽侬公司）。住所地：佛山市盐步联安大道新城区路段 9 号。

法定代表人：何炳祥，董事长。

委托代理人：林迎星，广东泰扬律师事务所律师。

委托代理人：张文雄，广州知友专利代理有限公司专利代理人。

被上诉人（原审被告）：南海市 ××× 内衣有限公司。

上诉人奥丽依公司因与被上诉人 ××× 关于专利权权属侵权纠纷一案，不服广东省佛山市中级人民法院（2002）佛中法民三初字第 125 号民事判决，向本院提起上诉。本院受理后依法组成进行了审理。本案现已审理终结。

原审法院经审理查明：2001 年 8 月 31 日原告向国家知识产权局申请一种名称为背心型健美调整衣的实用新型专利，国家知识产权局审查后，依法于 2002 年 6 月 19 日授予原告实用新型专利权，专利名称为背心型健美调整衣、专利号为 01255417.0，并于同日授权公告。原告该专利的权利要求书上载明：1. 背心型健美调整衣，由肩带、勾扣和收腹部分连接而成，其特征是：背心的开口设置在正面，所述开口处设置至少两排钩扣；背心的长度延伸到下腹部，肩带较宽并延伸至乳房下侧，可包裹、提升及集中乳房，收腹部分位于勾扣的两侧、从胸口处延伸至背心的末端。2. 根据权利要求 1 所述的背心型健美调整衣，其特征是：收腹部分位于钩扣与胃腩收紧部分之间，由胸部延伸至腹部甚至下脚，呈弧度“八字”形，由双层网眼布或高弹性网眼面料加无弹性底层布料固定车缝而成。原告已依法向国家知识产权局缴纳了专利年费。2002 年 9 月 20 日经国家知识产权局检索，原告该专利的全部权利要求 1 ~ 7 均符合专利法第二十二条有关新颖性、创造性的规定。2002 年 11 月 5 日南海市盐步内衣行业协会发出通知，指出原告已向该协会上报指出有部分企业已有侵权行为，要求本区协会会员企业不要仿制该产品及停止侵权。

2002 年 11 月 11 日原告以被告生产的 T903 号内衣侵犯了其专利权为由向该院提起了诉讼。原告为本案的诉讼支付了律师代理费 10000 元。

2002 年 11 月 25 日国家专利复审委受理了被告提出的宣告原告 01255417.0 专利无效的请求。原审法院以（2002）佛中法民三初字第 125-1 号民事裁定，裁定中止本案的诉讼。2003 年 5 月 20 日国家知识产权局专利复审委依法作出维持原告专利权有效的审查决定。该院依法恢复本案的审理。双方当事人对国家知识产权局专利复审委审查决定的真实性、关联性均没有异议。原告和被告均具有独立的法人资格。

原审法院经审理认为：本案争议的焦点是：一、原告的专利是否有效？二、被控产品有否落入原告权利要求的保护范围？三、原告的诉讼请求应否保护？

原告的专利已经国家知识产权局授权，国家知识产权局专利复审委受理了被告宣告原告01255417.0专利无效的申请后，已依法做出了维持原告专利权有效的审查决定，故原告的01255417.0专利合法有效，应受法律保护。

被告的T903号内衣产品是否落入了原告的专利的保护范围，是否侵犯原告的专利权？根据《中华人民共和国专利法》第五十六条第一款的规定，实用新型专利权的保护范围以其权利要求的内容为准，说明书及附图可以用于解释权利要求。将被告该产品与原告的专利做比较：原告的专利则有收腹部分，位于排扣两边与胃腩收紧部分之间，由胸部延伸至腹部甚至下脚，呈弧度八字形，该部分起收腹效果，被告T903内衣则在排扣左右两侧绕内衣一周缝了6条加强筋，其起防皱作用，且该内衣围起来从上至下呈圆筒垂直状，没有突出收腹效果，不能塑身收腹，设计目的不具有收腹的想法，被告T903内衣的其他技术特征均与原告的01255417.0专利技术特征相同但依据实用新型专利侵权的判断原则，被告T903内衣产品与原告的专利所有必要技术特征比较，缺少了收腹部分一个必要技术特征，没有全面覆盖，故被告T903号内衣产品没有落入原告专利权利要求的保护范围，不构成侵权。

根据《中华人民共和国民法通则》第一百一十八条的规定，当事人请求判令对方当事人停止侵害，消除影响，赔偿损失的前提条件是其权利受到了侵害。被告的产品不构成侵权，故不需承担侵权赔偿责任，原告请求判令被告停止侵权，承担赔偿责任，赔礼道歉均没有事实和法律依据，本院不予支持。

综上所述，依照上述法律条文及《中华人民共和国民事诉讼法》第六十四条第一款的规定，判决如下：驳回原告南海市盐步奥丽侬内衣有限公司的诉讼请求。案件受理费5660元由原告南海市盐步奥丽侬内衣有限公司承担。

上诉人奥丽依公司不服原审判决，向本院提起上诉称：原审法院违反了专利法第五十六条的规定，错误地将上诉人的专利权利要求的附加技术特征与被上诉人 ××× 的产品做比较，以致得出错误的结论。被上诉人 ××× 的产品虽然在上诉人的专利产品做了某些局部的改变，但两者所属的技术领域相同、技术解决方案基本相同、使用效果相同，故被上诉人的产品已侵犯了上诉人的专利，原审法院认定事实错误，适用法律也错误，请求判令：1.被上诉人立即停止侵犯上诉人的实用新型专利权。2.被上诉人赔偿上诉人的经济损失 20 万元。3.被上诉人承担本案律师费 1 万元。4.被上诉人承担本案的诉讼费用。5.被上诉人分别在省级报纸上公开向上诉人赔礼道歉。

被上诉人 ××× 答辩称：上诉人的专利权利要求的技术特征共四个，我方产品有一个技术特征与其不同，没有落入其专利保护范围内。我方产品没有收腹部分，只有加强筋。原审法院认定事实清楚，适用法律恰当，上诉人上诉无理，请求维持原审法院判决。

本院经审理查明：原审法院查明的事实基本属实，本院予以确认。

被上诉人 ××× 生产的被控侵权产品有如下技术特征：1.由肩带、勾扣和收腹部分组成。2.用弹性布料车缝而成的背心的开口设置在正面，所述开口纵向设置三排钩扣。3.背心的长度延伸到下腹部，肩带设有“八字”扣可调节长短并延伸至乳房下侧。4.围绕产品排扣左右两侧绕内衣一周设置了 6 条纵向加强筋。

另查明：2002 年 11 月 13 日，奥丽依公司向原审法院提起诉讼，请求判令：××× 停止侵权，赔偿损失 20 万元及律师费 1 万元，在省级报纸赔礼道歉，承担本案诉讼费。在一、二审诉讼中，上诉人奥丽依公司的损失及被上诉人 ××× 获得的利益均难以确定。

本院认为：上诉人奥丽依公司所取得的背心型健美调整衣，已被国家知识产权局于 2002 年 6 月 19 日授予实用新型专利（专利号为 01255417.0），现又经国家知识产权局专利复审委宣告该专利为合法有效，因此应认定该专利有效，受法律保护。

依照我国《专利法》第五十六条第一款的规定，发明或实用新型专利的保护范围，以权利要求书的内容为准，说明书及其附图可以解释权利要求书。故此要判断被上诉人 ××× 的被控侵权产品是否侵犯到上诉人奥丽侬公司的实用新型专利，应当将上诉人奥丽侬公司的本案专利的必要技术特征与被上诉人 ××× 的被控侵权产品的必要技术特征进行比较，看是否落入专利技术的保护范围。本院通过对比，发现被上诉人 ××× 的被控侵权产品与上诉人奥丽侬公司的本案专利均存在如下技术特征：1. 由肩带、勾扣和收腹部分组成。2. 用弹性布料车缝而成的背心的开口设置在正面，所述开口纵向设置三排勾扣。3. 背心的长度延伸到下腹部，肩带延伸至乳房下侧。4. 收腹部分位于勾扣两侧，从胸口一直延伸至背心末端。虽然被上诉人 ××× 的被控侵权产品的肩带有“八字”扣可调节长短，使用更为方便，但增加“八字”扣后的肩带的主要作用同样是包裹、提升及集中乳房，与上诉人奥丽侬公司的本案专利的肩带使用效果是相同的。被上诉人 ××× 的被控侵权产品在收腹部分增加的加强筋，其收腹的效果同样与上诉人奥丽侬公司的本案专利的收腹部分的作用是一样的。××× 声称其产品没有收腹部分，加强筋起防皱作用的目的明显缺乏依据，本案不予采信。因此应认定被上诉人 ××× 的产品所属的技术特征已经基本覆盖了上诉人奥丽侬公司专利要求的全部必要技术特征，被上诉人 ××× 侵犯了上诉人奥丽侬公司的专利权，依法应承担侵权的民事责任。原审法院将上诉人奥丽侬公司的本案专利的从属权利要求所记载的技术特征与被上诉人 ××× 的被控侵权产品进行比对，从而得出上诉人奥丽侬公司本案专利收腹部分呈“八字形”，而被上诉人 ××× 的被控侵权产品缺少该技术特征的结论是错误的。因为判断被控侵权产品是否落入专利的保护范围，应以专利独立权利要求记载的技术方案进行比对，原审法院以从属权利要求记载的技术方案进行比对是错误的，本院予以纠正。对原审法院认定被上诉人 ××× 的被控侵权产品没有落入上诉人奥丽侬公司的本案专利的保护范围、不构成侵权的结论，本院予以改判。上诉人奥丽侬公司该上诉请求有理，本院予以支持。

鉴于上诉人奥丽侬公司因侵权的所受到的损失及被上诉人 ××× 因产品侵权所获得的利益难以确定，本院将依据专利权的类别、侵权人侵权的性质和情节，以及制止侵权所支付的合理费用，依法可酌情给予确定 50 万元以下的赔偿数额。因被上诉人 ××× 侵害的专利权是一种财产权，因此不适宜采用赔礼道歉的方式承担责任，故上诉人奥丽侬公司提出要被上诉人 ××× 赔礼道歉的诉讼请求，本院不予支持。

综上所述，本院依照《中华人民共和国民事诉讼法》第一百五十三条第一款第（二）项、《中华人民共和国专利法》第五十六条第一款、第六十条及《最高人民法院关于审理专利纠纷案件适用法律问题若干规定》第二十一条、第二十二条之规定，判决如下：

一、撤销佛山市中级人民法院（2002）佛中法民三初字第 125 号民事判决。

二、被上诉人 ××× 停止对上诉人奥丽侬公司 01255417.0 号专利的侵权行为。

三、被上诉人 ××× 酌情赔偿上诉人奥丽侬公司的经济损失及维权费用共 5 万元。

四、驳回奥丽侬公司的其他诉讼请求。

一、二审案件受理费各 5660 元共 11320 元，均由 ××× 负担（奥丽侬公司向本院交纳的二审案件受理费不予退还，由 ××× 迳行付给奥丽侬公司）。

本判决为终审判决。

审　判　长　林广海
代理审判员　欧修平
代理审判员　黄伟明
二 00 三年十一月三十日
书　记　员　林恒春

第十五章 互动

好马就要配上好鞍，面料企业结成同盟

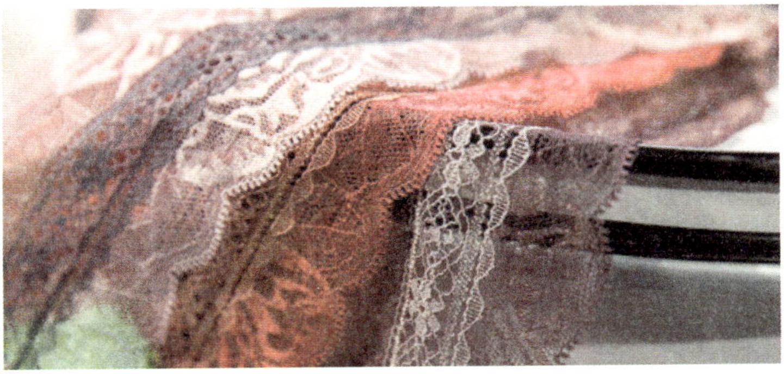

【何炳祥】：我始终认为，内衣研发要大踏步地前进，要“艺术设计”和“科技材料”两条腿走路。前者是奥丽侬的特长，也是我的最爱，奥丽侬一方面以时尚艺术为基础，另一方面以发明设计为基础，而科技材料则是时尚艺术和发明设计的支撑点。我们深知，内衣企业要发展，必须和面辅料的企业去互动，给他们提供市场需求信息，为他们提供开发建议，和他们共享市场发展的成果。只有和面辅料的企业建立战略联盟，才能享受他们的优惠政策，才能让奥丽侬的产品保持持续不断的竞争优势。我和天海花边的沈宁一、超盈纺织的张海涛、正兴布料的赵明等面辅料行业的巨头们，不但长期合作，还因志同道合，与他们建立了良好的私人交情。这些，不但启发了奥丽侬的设计研发思路，增强了奥丽侬的竞争力，也让我收获了最为珍视的亲密友谊。

超盈国际控股，奥丽侬的合作伙伴

2014 年 6 月，一条来自香港的消息传遍中国内衣界——来自东莞的高科技纺织企业、内衣面辅料一站式供应商超盈国际控股（02111.HK）BEST PACIFIC TEXTILE LTD 在香港联交所正式上市。

媒体广为宣传的是，这个航母级的巨头企业是世界著名品牌 Victoria's Secret 维多利亚的秘密及马莎百货的供应商。

其实，超盈国际控股也是奥丽侬最重要的供应商。

正兴纺织、天海花边等著名面辅料供应商，也是奥丽侬的合作伙伴。

好马配好鞍，好内衣需要好面辅料

何炳祥有一个根深蒂固的观念，就是“好马配好鞍”。

他认为：“什么样的内衣设计才是时尚，那是仁者见仁、智者见智的，我不敢说我们奥丽侬是内衣界最时尚的，但是我敢肯定的是，奥丽侬的质量一定位居中国内衣最好之列。我之所以这么说，除了对我们的生产工艺有信心，还对我们的供应链有信心。我们对供应商的选择是非常苛刻的，质量不好的不要，信誉不好的不要，地位不高的不要，不是名牌的不要。质量好和信誉好，很容易理解，为什么我们还要看对方的地位和品牌呢？因为我认为，只有这样的企业，才会为了竞争力去持续地研发，才会珍惜自己的荣誉，这也是一道很高的质量保险系数。”

“顶级的供应商才能帮助到奥丽侬。好马配好鞍，不能太在乎成本，有了他们，奥丽侬的内衣质量如虎添翼，更加有保证。”

“奥丽侬有今天，我也要感谢我的供应商们。”何炳祥这样说。

不过，笔者在和奥丽侬的供应商们一起聊天的时候，发现另外一个有趣的事情，那就是何炳祥经常给供应商提“过分”的技术要求，甚至是“干预”供应商的研发。

倍丽挺网布质量不稳定，何炳祥急得上火

1997 年，当时何炳祥正在研发倍丽挺的一款调整型功能内衣。

功能内衣和常规基础内衣不一样，需要更好的弹力网布，这种网布既要有很大的伸缩弹性，同时还要能做到不勒、不痒、回弹力好。只有这样，调整内衣才能达到较好的塑形作用，穿着才能自然舒适，反之，不但塑形效果无保障，穿起来还特别难受，甚至有损健康。

当时能够达到何炳祥的倍丽挺这种面料要求的，只有日本的旭化成株式会社，但是无法直接购买。

于是，何炳祥求助他的老朋友赵明。

赵明是正兴针织的董事长，正兴针织有限公司是广东省鹤山市的一家高新技术企业，以经编、纬编织造、染色、整理、印花生产和销售为主，是奥丽侬的供应商之一，也是国际知名品牌德国黛安芬、意大利 cargo、H&M、美国 MAST、WALMRT、香港安莉芳、国内的爱慕、曼妮芬等知名公司的供应商。正兴针织全部产品经过欧洲纺织检测中心检测，获得瑞士 Oeko-Tex100 信心纺织品环保检验认证，同时获得美国著名的英威达公司 ASSURED“有信心工厂”认证。

正兴纺织和奥丽侬合作的时间非常长，自 1994 年就开始，前后已经有 20 年。赵明与何炳祥可以说非常默契，私交甚笃。

倍丽挺研发初始阶段，正兴针织提供的网布都不能满足功能内衣的高要求，前后试验多次都达不到何炳祥的要求，不是弹性不达标，就是在缝制过程中，经常出现氨纶断裂的情况。

最后，恼怒的何炳祥将所有试验的样品全部当废品倒掉，而他自己更是因为着急上火及劳累过度，几乎晕倒。

这段时间，何炳祥和赵明为了这件事，激烈地争辩，甚至大吵起来。

何炳祥的手伸很长，强行“干预”供应商

吵架归吵架，发火归发火，事情绝对还是要做下去，遇到拦路虎就放弃，这绝不是何炳祥的风格，攻坚才是他的标志。

遇到难题喜爱刨根问底的何炳祥，这次也要一探网布的究竟。

何炳祥在做外销的时候，使用过日本旭化成的网布。当时国产网布弹性较差，相同长度的网布，拉伸的长度要比旭化成的差很多。从外表看，旭化成和国产网布没有什么差别，但只要行家一伸手，就知有没有，数据的差异是显而易见的。

细心的何炳祥用放大镜观看、研究网布的纹理，进行反复对比，终于发现

了其中的端倪。

日本旭化成的网布非常细、非常密，同结构的网布，在相同的面积上，比其他网布织进的氨纶纱线条数多，比较坚实，能够承受的力度更大，因此伸缩性也更强。也正是因为纱线较细，即使高速衣车的车针，也能轻松地扎进网眼，而不是扎断纱线，出现断针断线的情况，所以次品率也低，效果较好。

何炳祥找来赵明，将这种网布又细又密的分析结果告诉他，指明要达到这个要求。

“达不到这个要求，停止合作。”何炳祥“威胁”赵明。

不过何炳祥又补充了一句：“能做到这样的效果，价格可以贵一些。”

现在回头来看，何炳祥发现当初自己的行为，与当年师父罗杰伦威胁自己如果不做日本单就中断业务的威胁，是何其相似。为了刺激对方努力进行技术攻关，所承诺的奖励也如出一辙。

这种“威胁 + 利诱”的方式，成为何炳祥的一种独到经营手法。

赵明：首年只供奥丽侬，两年之内不挂样

赵明也是一个不服输的人，他觉得日本人能做到的事情，他也能做到。经过无数次的测试，正兴针织在付出巨大的精力和成本之后，终于掌握了这项技术，填补了中国针织领域的一项空白。

这种高弹网布也成为倍丽挺功能调整衣的秘密武器。

因为何炳祥给了至关重要的研发建议，赵明也是一个豪爽性情中人，主动跟何炳祥承诺：

“一年之内不供给其他厂，两年之内不将样板挂出来。”

这样的承诺，既表示对奥丽侬的感谢与支持，也意味着赵明要少赚很多钱。所以在相当长的一段时间内，虽然有很多厂家仿造倍丽挺的调整内衣，从外表设计看上去差不多，但是穿身效果却差距很大，奥秘就是倍丽挺使用了这种当时独步中国的高弹网布。

多年以后，赵明在讲到当年和何炳祥一起研发高弹网布的时候，给出了极高的评价：“何炳祥是一个奇才，他不但懂得内衣的设计、生产，而且还有胆识，善于学习和投资，尤其是他竟然还懂得面料。他对内衣的研究，也推动我们上下游的信息互动。他的认真劲让人感动，一个大男人，竟然拿着放大镜去‘一

个针眼一个针眼、一条氨纶一条氨纶’地去数，给我们的建议又能说到点子上。和何炳祥通力合作后，我们上了一个更大的台阶。”

“和他在一起，不但能赚钱，还能够进步，后者给钱也买不到。”赵明最后说。

何炳祥提特殊要求，供应商给特殊优惠

每一个供应商，都会对不同的客户给予不同的价格。这些价格的浮动跟市场的变化有关，跟客户的订量、品牌的信誉有关，甚至跟来下订单人的职务也有关。

连天海花边董事长的沈宁一都曾说过：“何炳祥的名字就是信誉，只要是他，我们在所有优惠之外，还会另给一些优惠。”

这样的优惠，其实除了因为何炳祥的信誉之外，这些精明的供应商们也有其他的算盘。

曾有供应商私下里和笔者说，在南海盐步乃至其他地方的很多内衣厂，只要听说奥丽侬用了这种网布、这个花边，他们也就会跟着用，奥丽侬是内衣行业的一个标杆，“拿下”奥丽侬，与其他企业的合作就很容易了，所以即便给奥丽侬多一点优惠，得到的总体回报还是很合算的。

早年，何炳祥刚转型做内销，在开发奥丽侬新款的时候，希望做出更多款式样板进行对比，每一个面料只先下 100 米，但却先做 4 个颜色，总计 400 米。这样的要求，如果是一般的内衣企业提出来，大一点的供应商根本是不予理睬的，但是对何炳祥则很特殊，供应商基本上都会满足他的要求。

“没有前期的高要求，就没有后面的多订单。我看好何炳祥，虽然我们帮他试验那么多款式和色样，其实很多款，他最后也没采用。但是只要有几款定了我们的面料，一般这些款都会成为爆款，订单量大，返单快，就能让我们持续接到订单，总体上我们还是很划算的。”

正兴纺织董事长赵明说出了很多奥丽侬供应商的心声。

奥丽侬 50% 花边，源自“中国第一”的天海花边

天海花边的沈宁一与何炳祥之间也有数段故事，我们也拿出来与读者分享。

作为高档的内衣花边生产商，天海花边在全球花边行业中排名前列，为中国花边赢得了世界荣誉，黛安芬、玛莎、范思哲等国际品牌均长期大量使用天

海的花边。

何炳祥与沈宁一在 1991 年就认识，相交 20 多个年头，交情莫逆。

自然，奥丽侬也是天海花边长期的客户，目前，奥丽侬所使用的花边，50%来自天海。

花边变黄，沈宁一与何炳祥共同寻找克服之法

天海花边现在是中国花边一哥，在国际也排名前列。

早在 1993 年，沈宁一发现，国内的花边与国外顶级花边相比，其浅色的花边容易出现较快变黄的现象，这原本是很多花边、乃至布料厂常见的现象。精炼洗水过程不干净导致的化工腐蚀发黄，或者使用、放置时间久了，布料就会因为氧化而变色，很多企业认为是正常的。

●花边

但是沈宁一不这样认为！

现在看来，如果当年他也认为这些现象是正常的，而不去追根究底，那么天海花边也许就不会有今日的成就。

花边用久了会泛黄，这是肯定的，但是多久才泛黄，那就值得分析了。几天？几个星期？还是几个月？甚至是几年？这都有很大不同。为什么有些花边会较快泛黄，而一些国外花边甚至多年都不泛黄，其中必定有原因。

沈宁一是一个技术派，更是一个寻根溯源、打破砂锅问到底的人。

他亲自去看原料的采购、高温高压的精炼过程、洗水环节、储藏环境，将所有环节和过程都详细地研究一遍，一切都很正常，没发现有什么错误。

他想到了当时做外销的何炳祥，想去共同探讨究竟。

一次防黄处理变成二次，天海花边从此长期鲜艳如新

朋友遇到难题，虽然何炳祥当时也不懂，但是他喜欢为朋友出头，又喜欢搞研究，他也对花边泛黄的问题产生了兴趣。

何炳祥当时正在加工日本单，长期使用来自全球的高档花边，这些花边的尾料放置了几年，但泛黄却不严重。

“防止花边泛黄，行业得的主要解决办法是什么？”何炳祥问。

“在染色工艺过程中，我们已经进行了防黄处理，添加了俗名为‘防黄剂’的化工助剂。其作用主要有两点，一个作用是：中和面料在高温高压精炼过程中使用的其他助剂如过氧化氢等。这些让布料柔软舒适的助剂，本身也有腐蚀性，高温高压后与锦纶等布料融为一体，普通的水洗是洗不干净的，这容易导致布料氧化变黄，所以要进行防黄处理。另一个作用是：可以锁定面料当前的性状，隔绝布料和氧气的接触，让布料不容易氧化，保持颜色鲜艳。但是还是不能够完全解决花边泛黄的问题，尤其是一些颜色较浅的花边，时间一久，仍旧会泛黄。”

“那防黄剂不能加大用量，或者用多次？”何炳祥问。

从当时的理论上来说，加大用量不但没有效果，还可能会损伤花边的性能；而花边只有在高温高压的染色过程中才能进行防黄处理，所以何炳祥的提法看上去并不具有实操意义。

但是沈宁一是一个敢于创新之人，他愿意为创新付出更多尝试和代价。他通过对国外的访问，阅读了大量的纺织类论文、书籍，以及做了相关的情报调研工作，终于破解了花边防黄的技术秘密——后期二次防黄处理。

方法其实并不复杂，就是针对浅色的花边，对成品再单独多做一次防黄处理，如同景德镇陶瓷的二次涂釉，这样让花边更加不易泛黄，并保持鲜艳常新。

二次防黄处理，让天海花边浅色系列产品不再容易泛黄，使用寿命自然增长了几倍，销量也因此提升不少。

沈宁一从此也喜欢上和何炳祥交流花边的技术环节问题。

花边散口，沈宁一与何炳祥共同探索解决之道

但凡能超越平凡的人，都是勇于追求完美，敢于改变看上去合理，但却是落后现状的人，沈宁一和何炳祥都是这样的人。

“蕾丝，之所以叫蕾丝，那是很容易跑丝的。”何炳祥这样说。

“花边，之所以叫花边，那个边是最难做的。”沈宁一如此说。

为什么他们二人都有如此相同的感慨，这其中还有一个典故。

花边是针织面料，比较松软，不同于梭织面料是直接织好的，为了简约美

观，花边是不可能去缝制卷边的。这样也就出现了一个难题：花边的边缘容易和其他地方产生摩擦，遇到较硬的物体，花边的牙口往往会脱落，丝会跑出来。这样既不美观，也很容易损坏。

我们现在买一些毛线衣，甚至普通外衣或内衣，都能看到这种类似情况，这是一个老大难的问题，是内衣行业的顽疾，也是很多花边企业认为是正常的问题。

沈宁一觉得不正常，为什么一些花边不会散口呢？

刚好何炳祥找他洽谈合作事宜，他就找到一条外国花边，带着自己的花边，来到何炳祥那里，顺便与他探讨下到底是怎么回事。

花边中藏着的两个秘密：特殊纤维材质和独到锁边结构

何炳祥是一个实操派。

这一次，他又拿出了那个放大器，“一个针眼一个针眼、一条氨纶一条氨纶”地去看、去分析。但这一次，他发现，天海花边和国外的花边材料和其他工艺基本一样，并没有什么差别。

这回，何炳祥也想不通了。

一计不成，又生一计，沈宁一与何炳祥的共同特点就是不服输，一定要找到原因，越难的事情，越能激发他的斗志，随随便便就能成功，未免太容易、不够刺激。

沈宁一与何炳祥继续寻找其他办法。

“国外那个品牌的花边，不是耐磨、不易走边跑丝吗？那我们就用暴力、数倍的暴力，看能不能把边磨坏，把丝抽出来！”

他俩用指甲一道一道地捋，一条一条地拔，终于把那个花边的边抽出来了。

抽着抽着，他们发现一些异样，这些丝手感不一样，而且捋的时候，指甲并不顺畅。

根据沈宁一的分析，这种材质不一样，所以手感不一样；它的锁边结构网状交织，以至于不顺畅，需要更大的力才能破坏。

这两点和传统花边也不一样。

这种新的纤维材质和编织锁边结构，就是牙边不散、不跑丝的秘密所在。

找到端倪，沈宁一很快掌握并运用这种特殊的材料，采取了特别的编织锁边技术。在中国率先解决了花边、牙边的散口问题，天海花边在花边行业的地位大幅上升。

企业和供应商，就是两个巴掌

何炳祥与供应商在技术上强强互动，既推动了伙伴的成长，也推动了中国内衣的发展，更奠定了奥丽侬的完美质量。

部分内衣企业嫉妒奥丽侬在面辅料供应商那里所获得的优惠政策，如低价、优先供货等，但是他们可能不知道，何炳祥除了诚信之外，还和这些面辅料企业之间有着很深的互动关系。

这种互动关系，也是面辅料供应企业极为珍视的关系，这是一种共生、共赢的商道理念，不是一点点差价所能比拟的。

“我们和供应商，就是两个手掌，所有的成功和失败，一个巴掌是拍不响的。合作不好，就相互抽耳光；合作得好，就是一起鼓掌。我喜欢求助供应商，也喜欢帮助供应商，有什么要求就和他们讲；有什么好主意就告诉他们。做生意就是相互帮助，帮助人不仅是一种快乐，最终也会帮到自己。”

何炳祥一边说，一边伸开双手，做了几下鼓掌的动作。

他这个鼓掌，是给天海花边、超盈纺织、正兴针织等诸多面辅料合作伙伴的，当然也是给以他自己为代表的内衣生产商的。

B
75
B
75

第十六章　大赛

力助内衣模特大赛，打造盐步内衣招牌

【何炳祥】：衣服是人穿的，特别是内衣，只有穿在人的身上，才知道真正的效果。所以，我本人是非常重视内衣试穿以及内衣走秀的。而内衣模特大赛则能够将内衣的效果、品牌的宣传、内衣模特资源的挖掘等融为一体，是很好的活动。世界顶级品牌维多利亚的秘密其实广告就很少，主要就靠一年一度的内衣秀而引发对时尚潮流的传播。盐步镇之所以成为中国最早最著名的内衣名镇，跟黛丽斯的内衣源头、盐步几大品牌的带动以及若干品牌的联动有关系，同时，也跟当年成功组织南海内衣模特大赛有很大的关系，当时大赛取得了轰动性的宣传效应，这是一个伟大而成功的策划。南海市及盐步镇各级领导的重视、盐步各大内衣企业的团结联合，是盐步内衣成功的原因之一。奥丽侬和我本人将继续和各级政府合作，与兄弟内衣企业一道，将内衣模特大赛一届一届地办下去，并联合抱团参加各种服装内衣展览会，为盐步内衣的进步做更大的贡献。

南海内衣模特大赛，建立“从禁锢到释放”的中国内衣里程碑

2000年，新千年的开始，也是现代中国内衣的一个新纪元。改革开放以来，中国内衣走过了来料加工、低端流通、低调生产的原始第一阶段，开始孕育新的发展里程碑。

这个里程碑的象征性事件，就是首届中国（南海）内衣模特大赛。

在这之前，内衣产业虽然已经萌动，很多品牌已经诞生，但是中华民族是一个含蓄的民族，讲究隐私，宣称“君子好色不淫”，很长时间内，内衣的名称是“亵衣”，是色情、禁忌、诱惑甚至是愚蠢、颓废、犯罪的代名词，做内衣的企业、卖内衣的人都非常低调，中国人对内衣的质量、品位以及知识、品牌等，基本上可以说是一无所知。

改革开放不但要从思想上去解放，也要在行动上去释放。

这个解放与释放，需要一个标志性的事件，2000年首届中国（南海）内衣模特大赛生逢其时，很好地演绎了这个思想解放和行动解放。其后，爱慕多次举行内衣模特秀，其中有一届名为“在禁锢与释放之间”，这个名称倒是非常适合去诠释此次南海内衣模特大赛的意义。

何炳祥在这个“在禁锢与释放之间”，也早早展露出了他的超前意识。

奥丽侬，在盐步街道上竖起了最早的内衣广告牌

早在1997年，为了方便外省客户找到奥丽侬，意识超前的何炳祥在车流密集的盐步横江红绿灯路口，租用了一个民房的屋顶广告位，竖起了盐步镇最早的内衣广告牌。美女穿着文胸，还没有外衣遮挡，这引来很多人驻足观看。

之后，许多后起的内衣品牌也跟风建造了不少广告牌，至今盐步的内衣广告牌处处林立，此举令盐步成为媒体眼中的“中国最性感小镇”。

何炳祥也重视车体广告，十几年前就将公司的轿车、面包车、货车等统统贴上广告画，让奥丽侬的宣传随着汽车流动到大街小巷。

早期奥丽侬内衣广告，创意新颖，具有初恋般的原始魅力

何炳祥早年就开始寻找内衣模特来拍摄画册。

最早的奥丽侬内衣画册，由于当时条件所限，拍摄称不上精美，但是创意都很好，具有原始初恋般的力量。其中古典屏风上挂内衣和睡衣的宣传画，时隔16年却仍然记忆犹新，还有2004年拍摄的提倡女人关爱自己、捍卫爱情的“女人心·英雄梦”“玫瑰之约”等主题，都堪称中国内衣广告史上的经典之作，在内衣行业引起强烈反响，被当时很多内衣企业竞相模仿。

但当时画册拍摄面临一个难题，比较好的化妆师和摄影师都要从香港和台湾调用，尤其是内衣模特更加难找，当时国内的模特都不愿意拍摄内衣，觉得有点不好意思，过不了心理这一关，所以，拍摄画册选用的内衣模特主要都是外国模特，当时的模特经纪公司远不如现在这么多，只能通过香港模特中介从国外调用，并且要开车到深圳罗湖关口接上模特回到广州拍摄。

由于无法提前看到真人模特，只能凭中介提供的模特卡进行挑选，而一些模特的模特卡由于制作年份久远，随着时间的变化，身材曲线早已不复当年；也有些模特仅从卡片上看胸型比较丰满，但接到本人后发现原来不足B杯，这种“货不对板”的情况给内衣企业造成了不少的困扰。

随着中国内衣的快速发展，配套产业链也逐渐完善，如今中国内衣模特市场日趋成熟，拍片制作、策划设计、摄影、化妆、造型、道具等配套公司等都随之壮大。

但当时何炳祥拍摄画册所积累的选择模特经验，为后面盐步内衣模特大赛的召开及选秀打下了坚实的基础。

盐步镇政府决定做大做强内衣产业，推动内衣模特大赛

1999年，盐步有内衣企业向政府提出，既然服装行业有时装模特大赛，内衣行业也应该有内衣模特大赛，建议盐步镇政府号召本地的内衣龙头企业，联合举办一场内衣模特大赛，以推动整个盐步内衣产业的发展。

当时盐步还是一个独立的镇（现在盐步与黄岐一起被并入大沥镇，合称大沥镇，盐步成为街道办），其他经济产业比较落后，内衣相对较好，盐步镇政府认为内衣企业既不存在污染问题，还能解决大量就业，未来形势看好，于是决定将内衣作为支柱产业做大做强，因而采纳了这一建议，并上报至南海市请求支持，拟将这一活动做出规模，造成轰动效应。

南海市政府对此积极响应，动员相关政府资源配合该项活动。

查阅当时的资料，那时中国尚无正式的内衣模特大赛，盐步政府自然也没有任何经验，各个内衣企业也没有相关经验。为了能够将首届内衣模特大赛办好，盐步镇政府决定快速成立行业组织，不到20天，“南海市内衣行业协会”成立（后改名为盐步内衣行业协会）。

镇政府发动盐步所有内衣企业群策群力，集思广益，共同为内衣模特大赛出谋划策。当时全国内衣品牌刚刚兴起，盐步大约有50家内衣企业，从业人员2万人，其中部分做外销，部分做贴牌，部分做流通，真正的品牌内衣企业只有屈指可数的几个而已，要举办这么一场全国性的大型内衣模特大赛，难度是非常大的。

为了争取龙头企业的支持，当时盐步镇长带领宣传办的工作人员来到奥丽侬，说明了原委，何炳祥当即表示，无论在资金上还是操作上，奥丽侬都愿意尽全力配合。

何炳祥也没有这方面的经验，但是他1998年1月曾经以紫兰蒂内衣（香港）公司的名义，受邀去法国巴黎内衣展观摩，并于同年8月参加了里昂内衣展。当时，欧美精美绝伦、构思精巧的内衣秀组织规划，给何炳祥留下很深的印象。他也一直想在国内举办类似的活动，但是限于各方面的无形约束，一直没能提上日程。

盐步镇领导找到何炳祥，他自然是满口答应。

盐步，第一次起步，就与世界同步

对第一届中国（南海）内衣模特大赛，何炳祥倾注了无限的激情。

何炳祥向盐步镇政府建议，内衣秀是一个新生事物，也是一个敏感事物，做的力度不但要大，而且要稳。不但要聘请最有执行力的团队来负责，而且盐步各大企业还要在走秀内衣产品的设计上通力配合，这些都至关重要，第一炮务必要打响，好的开始是成功的一半，首战必须成功。

盐步镇政府采纳了何炳祥的建议，不过费用也水涨船高。大赛总决赛的相关人员阵容十分庞大，即使今天看来也是非常了得：

著名旅美华人服装设计师：刘洋

台湾影视明星：王思懿

中国最佳职业时装模特：郭桦

著名时装设计师：薄涛、蔡民强

著名造型设计师：毛戈平

著名时装摄影师：娟子

著名模特培训专家：王一鸣

央视主持人：希丽娜依

央视主持人：李咏

国际名模王海珍等二十多位超级名模参加大赛演出

……

整个活动由中国服装集团公司、中国国际贸易促进会纺织行业分会、国家服装生产力促进中心、广东省南海市人民政府、广东省南海市内衣行业协会联合主办，中国新丝路模特经纪公司与广州经茂广告有限公司承办，所有内衣模特面向全国进行公开选拔。

当时的盐步镇政府和内衣企业共同出资两百万元人民币，使得这场盛会得以上演。

当时奥丽侬和盐步其他几家内衣企业，每一家承接一个分赛场，搞专场秀，开放观摩，然后将各赛区优秀选手集中举行总决赛。各分赛专场的内衣秀，模特的参赛内衣由各品牌自行负责设计和制作。镇政府担心内衣表演时的服装临时出现问题，要求奥丽侬多准备一些服饰，虽然要耗费更多的精力和金钱，但是何炳祥还是接下了这些在别人眼中的苦差事。

各场内衣秀的主题、各系列的设计概念，何炳祥都做了详细的规划，好在当时盐步各大内衣企业都非常团结、给力，整个活动最后得以圆满地完成。

2000 年 5 月 20 日，首届中国（南海）内衣模特大赛在广东南海市体育馆降下帷幕，冠、亚、季军等十三个奖项名花有主。经过近三个小时的角逐，来自山西的二十一岁选手崔莉登上冠军宝座，亚军被天津的谷静夺走，季军是黑龙江的段呈凤，她也是“十佳模特”的得主。年龄最小的张宁来自黑龙江，当年只有十五岁，获得大赛“最具活力奖项”，而被传媒普遍看好的北京选手彭芹芹，虽然未能进入前三名，但也有幸成为“十佳模特”。

参加总决赛的四十名选手，是从全国十多个省、市、自治区数千报名佳丽中选出的，平均年龄十九岁，平均身高 1.775 米，大多数选手为在校学生。大赛为期七天，分活力装、纯内衣、家居服、沙滩装和晚礼服等五大系列进行。

总决赛中，奥丽侬作为第五个品牌出场，也是最后的压轴演出，最终不负众望，获得满堂喝彩。

内衣盐步，第一次起步，就与世界同步。

奥丽侬也因此登上了中国内衣最耀眼的舞台。

开天辟地，中国（南海）内衣模特大赛取得极大成功

中国将第一次举办性感的内衣模特大赛，消息一经传开，全国各地的大小媒体就蜂拥至盐步这个小镇。南海体育馆座位有限，为了能占据前台有利位置，拍摄最好的镜头，门票最高被炒到680元一张，那时候张学友演唱会的门票不过200元一张，可见当时内衣模特大赛有多么疯狂。

盐步有内衣，盐步内衣质量好，盐步内衣设计时尚，盐步内衣有奥丽侬、紫兰蒂、美思、嘉莉诗、戴安娜、依曼丽、依之妮、姐妹花、戴芝蒂、安丽丝等品牌，这些信息通过媒体的广播而迅速被全国内衣行业知晓。

时任南海盐步镇党委委员在接受记者采访的时候说："在南海体育馆搞内衣大赛总决赛，当时真是座无虚席。以前没人知道盐步有内衣，有做得这么好的内衣，赛后，当时的每份报纸都在讲盐步的内衣模特大赛。"

中国（南海）内衣模特大赛是在一个适合的时候，以一个适合的形式，在一个适合的地方，与一些适合的品牌，进行的一场轰动性活动，所以，它取得了惊人的成功。

何炳祥热心大赛，奥丽侬借机扬帆

何炳祥用观摩巴黎和里昂等内衣展相关走秀比赛的经验，来指导南海内衣模特大赛，即使执行方是著名的新丝路模特经纪公司。新丝路作为当时中国最好的模特类大赛执行机构，也只是有服装走秀的比赛经验，对于内衣赛事依然是空白的。如此一来，无论是模特的衣着、内衣的配饰、音乐的选择、节目的编排、台词的穿插等，何炳祥的意见都很重要，他热心投入、激情无比。

当时内衣模特大赛是以南海市内衣行业协会为主办方，实际上盐步镇政府是第一出资方，各个内衣企业出的资金只占少数。由于这个原因，何炳祥将之理解成"政府搭台，企业唱戏"，就是说这个台毕竟是政府的台，唱戏不能过火了，宣传也要适当，他并不敢越位造次。其他个别内衣企业则非常重视宣传，无论是场内场外、资料实物都使用较多。

何炳祥事后也做了自我检讨，认为奥丽侬在宣传上还不够主动、大胆，错失了一些宣传机会，其实当时的五大内衣赞助企业地位都是均等的。

不过何炳祥也有另外的解释，他始终认为，奥丽侬的质量是鹤立鸡群的，他的原话是："有花自然香"，至于广告和营销虽然重要，但是排在质量之后。他说："别人大肆做广告，我们做得比较少，奥丽侬主要做质量、做回头客。"

因而何炳祥对各种宣传包括当年在南海内衣模特大赛上的宣传准备都略显不足，笔者以为，如果何炳祥能像重视质量和设计一样，同样重视广告和营销，相信奥丽侬会有更大的成就。

不过这也正是他的风格，也是奥丽侬的风格，这个风格贯穿他的前半生。

人民大会堂，盐步镇第一次荣膺"中国内衣名镇"称号

在首届内衣模特大赛之后，盐步内衣企业逐渐形成集群优势，相互之间既有竞争，也有互动，各大品牌知名度和销售业绩在短期内快速攀升，进入了一个飞速发展的时期。

南海内衣模特大赛不但对各个内衣企业帮助明显，对中国消费者影响也是巨大的，最终也获得了中国最高服装行业组织的肯定与好评。

2002 年 12 月 24 日，全国纺织基地市（县）特色城（镇）产业集群发展研讨会在北京人民大会堂重庆厅召开，时任盐步区党委书记代表盐步区接受中国纺织工业协会、中国服装协会颁授的"中国内衣名镇"称号牌匾，"盐步内衣"又一次扬名全国，蜚声海外。

南海内衣城，美好的梦想，早产的婴儿

随着首届中国（南海）内衣模特大赛成功举办，盐步内衣名声大噪，取得了跨越式成功，盐步人的信心剧增，他们提出了更为恢宏的发展计划，一张宏伟的内衣蓝图似乎跃然而出。

2002 年，盐步镇政府举办第二届内衣模特大赛，更多的盐步内衣品牌参与进来。

以此为吸引点，同期举办"首届中国国际内衣博览会暨中国南海（盐步）国际内衣文化节"，并兴建占地 400 亩的中国（南海）国际内衣城，辅助各种营销推广、设计研发等活动，已进一步确立了盐步在内衣业界的领军地位，最

终使盐步成为名牌荟萃的中国内衣生产基地。

客观地说，南海内衣城是一个美好的梦想，也是一个早产的婴儿，由于当时盐步本土内衣企业数量不够多，开销巨大，租赁不理想，坚持几年后，最后难以为继。

中国（南海）内衣模特大赛的历史意义

作为中国（南海）内衣模特大赛的主角企业之一，何炳祥说到这场比赛，现在依然显得非常激动，认为这是他人生中最辉煌的一笔，也是奥丽依腾飞的里程碑，更是盐步内衣人团结精神的见证。

●何炳祥为2002年第二届内衣模特大赛获奖选手颁奖

南海内衣模特大赛以其美丽、性感的气息，给古老的中华大地吹来了一阵时尚之风，她打开了中国人闭塞的心灵，让国人对内衣有了正常而开明的认识，也对自身的身材与美丽有了更多的追求和自信。

首届南海内衣模特大赛之后，全国各地各大内衣品牌纷纷举办内衣模特大赛、内衣设计大赛、主题品牌内衣秀等，如欧迪芬2001年“世纪风采”内衣节全国巡演、2002“爱慕·敦煌”主题内衣发布秀并全国巡演、2004“中华杯·安莉芳”国际内衣/沙滩装设计大赛等，都极大地加快了中国内衣文化的前进步伐。

作为开创者的南海内衣模特大赛，已经在中国内衣历史上书写下浓墨重彩的美丽篇章。

第三届盐步内衣杯中国内衣模特大赛再度起航，惊艳中华

自第二届南海内衣模特大赛之后，盐步内衣各个品牌开始自主宣传。

11 年过去了，自从由当地政府主导的 2000 年第一届、2002 年第二届盐步内衣模特大赛之后，盐步内衣大手笔动作较少。

何炳祥认为，之前的两届盐步内衣模特大赛是成功的，对盐步内衣贡献很大，停办甚为可惜，“盐步内衣”要再度成为中国内衣的焦点，就离不开这些大规模的主题活动。中国内衣发展必须树立中国风格、发掘中国模特，这些都是再次举办盐步内衣模特大赛的基础。

盐步与大沥镇合并后，政府鼓励内衣行业协会自负盈亏，自主宣传，政府不再主导，只是牵线鼓励。

2011 年，何炳祥出任新一届的盐步内衣行业协会会长，这个重担于是落在了他的身上。他励精图治，开辟新局，弘扬盐步内衣的团结精神，继承盐步内衣早期的成功经验，重启第三届盐步内衣杯中国内衣模特大赛。

在何炳祥的提议下，在全体盐步内衣行业协会会员企业的支持下，主题为“我衣我心·随心美丽”的“2013 第三届‘盐步内衣杯’中国内衣模特大赛”在间隔十年后，再度在南海体育馆隆重上演。本次活动由中国纺织工业联合会主导，主办单位为中国针织工业协会、佛山市南海区大沥镇盐步内衣创新中心，策划执行机构是东方宾利文化发展中心，承办单位就是“盐步内衣行业协会”。

赛事首次采用“定向输送”模特的形式，即所选出的获奖模特将与企业签

●当年 2013 第三届“盐步内衣杯”中国内衣模特大赛总决赛现场

下至少两年的代言合同，成为各盐步内衣品牌的形象大使，这样的互惠合作，能够吸引更多有潜质的模特参加大赛，真正为内衣行业培养出好模特。

为了能将本次活动做好，盐步内衣行业协会采取单个企业或品牌独自承包分赛场的形式，总决赛则由各企业按照广告回报进行相应的资金赞助，这样就做到了资金充裕、责任到人，同时也能给各个赞助企业更多宣传回报。其中浙江分赛区由奥丽侬独家冠名承办。

据笔者了解，在大赛前期，要求严谨、追求完美的何炳祥连续在大赛指挥部所在的酒店驻扎多日，以盒饭充饥，开会检查、安排细节，避免出现差错。他既发挥领导作用，也发挥协调作用，动员各个副会长单位、理事单位分工负责，人员不够时，就抽调奥丽侬自己的员工，资金不够，何炳祥就自己慷慨解囊。

何炳祥这种以身作则、甘于奉献的精神，让盐步内衣行业协会的其他会员们深受感动，他的领导能力毋庸置疑，而他的公平精神更令人信服，大家群策

● 2013 第三届盐步内衣杯中国内衣模特大赛冠军作为当年奥丽侬形象代言人所拍摄的产品形象图

群力，使得本次模特大赛圆满成功。

最终，来自四川的24号选手唐钰涵、辽宁的31号选手张施谋、江苏的30号选手张文静，分别获得冠亚季军。

冠军唐钰涵，成为奥丽侬的特约形象代言人。

本次赛事的电视录播，均由以“时尚女性”定位的广西卫视负责，官方网站则交由中国最大的即时网络通讯门户“腾讯时尚”负责，本次大赛吸引了全国内衣界的眼光，成为2013年度内衣行业一大盛事，为盐步内衣带来新的美誉。

奥丽侬独家冠名湖南卫视2010中国时尚内衣模特大赛

秉持“快乐中国”核心理念的湖南卫视，打造了“中国最具活力的电视娱乐品牌”，其旗下《快乐大本营》《天天向上》《我是歌手》《爸爸去哪儿》等热门综艺节目屡次创下综艺收视传奇，《金鹰独播剧场》作为全国最有影响力的电视剧播出平台之一，播出的多部精品剧集收视排名前茅，获得了观众的广泛认可和喜爱，尤其是当年琼瑶剧《还珠格格》、韩剧《大长今》等的首播，更是堪称经典。

2010年，湖南卫视主办中国时尚内衣节，其中的中国时尚内衣模特大赛活动是其重中之重。这是经国家工商总局批准的全国内衣行业大型活动，由中国纺织品商业协会、湖南电视台联合主办，并由湖南卫视、腾讯网、金鹰网、56网等领衔全国几十家主流媒体共同缔造此次盛会。

湖南卫视邀请奥丽侬作为大赛独家冠名单位，何炳祥综合考评后，欣然应允。

经过全国各大赛区若干轮晋级淘汰赛，2010年11月5日下午，湖南省张家界魅力湘西剧场终于迎来了万众期盼的“奥丽侬·2010中国时尚内衣模特总决赛暨颁奖盛典”。来自全国北京、上海、广州、长沙等九大城市赛区及腾讯、暴风影音网络赛区及奥丽侬直选赛区的30名佳丽，通过湖南卫视精巧编排的《水晶之恋》《歌舞青春》《DARK ANGEL》《魅影霓裳》《幻梦秘境》等五大精彩纷呈的内衣展示环节后，来自湖北赛区的张恩摘得桂冠，来自上海赛区的张馨月获得亚军，来自广州赛区的伍思贤获得季军。

同期举办的中国时尚内衣节“金凤凰”奖品牌评选也就此揭晓，各大奖项实至名归，奥丽侬和黛安芬、安莉芳、古今、欧迪芬等一道，获得“中国时尚内衣十大品牌”大奖，何炳祥也与黛安芬、古今、欧迪芬等企业领导人一起，荣获内衣行业“年度风云人物”等大奖。

同时，奥丽侬现场给全国妇联中国妇女发展基金会“母亲健康快车”捐助价值 380 万元的内衣，以帮助有需要的特殊女性，成为现场最耀眼的明星企业。

●当年湖南卫视“奥丽侬杯”2010 中国时尚内衣模特大赛三甲

作为本次内衣模特大赛的总冠名商，奥丽侬不仅为大赛提供所有比赛及拍摄服饰，更为配合决赛晚会舞台表现，打造出五组设计精巧、精致前卫的时尚内衣，让每位佳丽都更为风采迷人，也让决赛成为一场真正属于中国的顶级内衣时尚秀场，为观众奉上了一场精彩绝伦的视觉盛宴。

在何炳祥和奥丽侬的号召之下，盐步内衣行业协会其他主导品牌也一起参加了本次活动，盐步内衣的形象得到再一次的整体展示。鉴于盐步镇对中国内衣产业做出的突出贡献和先锋带头作用，在开幕式上，中国纺织品商业协会特授予盐步“2010 中国时尚品牌内衣之都”荣誉称号。

奥丽侬·2010 中国时尚内衣模特大赛总决赛暨颁奖盛典，其长达一个多小时的全程录像，于 2010 年 12 月 25 日圣诞之夜在湖南卫视华丽播放，奥丽侬的品牌形象随之进入了中国的千家万户。

与湖南卫视这样高级别的电视台合作一档大型选秀节目，奥丽侬开创了中国内衣的先例，也收到了积极的效果。

盐步内衣行业协会抱团参加各大展会，扬威中国内衣界

近些年，中国各种服装内衣展览会蓬勃兴起。

展览会是品牌同台竞技的舞台，也是展示品牌形象的阵地，更是与代理商、终端商、供应商甚至消费者互动联谊的平台，展览会因为在其中积极的纽带作用，得到大家的青睐。

内衣企业主要参加的展会有中国进出口品商品交易会（即广交会）、中国国际服装服饰博览会（即北京服博会）、中国针棉织品交易会（即中针会）、中国深圳国际品牌内衣展、上海国际时尚内衣展、中国国际针织博览会、香港国际时尚内衣展等。

在中国深圳国际品牌内衣展、中国国际针织博览会 PH Value 第一汇等官方主办的诸大品牌联合走秀，奥丽侬是常客，和国际国内最顶尖的内衣品牌同场亮相，既给奥丽侬带来了更高端的交流机会，也是她在中国内衣界有重大影响力的有力见证。

何炳祥认为，这些展览会，大家单独去参展，个体声势不够浩大，而且展位价格也较贵，如果抱团参展，可以拿到更优惠的价格，而且以“盐步内衣”的整体名义参展，对区域、品牌等宣传推广效果更大。

为此，近些年，在何炳祥和盐步内衣行业协会的号召下，盐步内衣采取整体参展策略，抱团出击，共同行动，取得了良好的展示效果。

国际巨星任达华、琦琦明星夫妇深圳内衣展现场助阵
著名主持人李湘担任司仪，MAGIFIT 美芝婷品牌强势推出

2009 年第五届中国深圳国际品牌内衣展人气最火爆的展位，无疑是奥丽侬内衣集团旗下的 MAGIFIT 美芝婷。

时任美芝婷的形象代言人是高贵典雅的国际名模琦琦，当时，她也是 SK-II、Omega 欧米茄等国际顶级大品牌的代言人。

2010 年 4 月 2 日下午，琦琦和其先生——影视巨星任达华高调亮相第五届深圳内衣展美芝婷展位。任达华当年凭借《岁月神偷》获得第 29 届香港电影金像奖最佳男主角奖，正是炙手可热。为了力撑爱妻，他来到现场，引起整个内衣场馆一片沸腾。众多媒体与粉丝提前两个多小时夹道等候，将整个美芝婷展位围得水泄不通，可以说是近几年参加深圳内衣展最火爆的展位。

●当年美芝婷首次登陆大中华“奢华释放”大型时尚内衣秀

在接受记者采访时，任达华爽朗一笑：“我觉得女性是最伟大的，特别是伟大的母亲，她们的付出是巨大的，应该有人去关注她们，她们也应该是最美丽迷人的，拥有一个聪明美丽的夫人是我的荣耀。琦琦代言美芝婷，我很开心，我也祝愿美芝婷生意兴隆！”

随后，国际著名高端塑形内衣品牌 MAGIFIT 美芝婷在深圳大中华喜来登酒店举行登陆首秀和代言签约仪式，在著名主持人李湘的主持下，在现场任达华琦琦夫妇、400 多名嘉宾媒体、网络海选出的漂亮时尚妈妈等的共同见证下，主题为“奢华释放”的大型时尚内衣秀隆重上演！来自香港的国际名模琦琦正式成为美芝婷中国区首位形象代言人。

作为美芝婷首秀活动的主持人，李湘同时也是最好学的女人，无论是安排签约的环节，还是内衣秀正在进行时，李湘一有空就找美芝婷塑形顾问询问塑身的有关问题。刚产后复出的她，由于体形较之以前变化很大，活脱脱一位胖妈妈，之前有人关注她的体形问题时，她总是“胖点不怕，我很幸福”回应媒体和粉丝，身处美丽妈咪群中的她，这回终究按捺不住，向琦琦和美芝婷塑形顾问学习塑身来了。

不知道李湘之后成功瘦身，是否受到美芝婷内衣的漂亮时尚妈妈启发呢？

共赢、共生、共享，何炳祥的团结开放精神

在一次记者招待会上，何炳祥这样回答举办模特大赛和抱团参展的原因：

“众人划桨开大船，盐步抱团显力量。盐步内衣早期的成功，是大家的努力，大家的团结，更是大家良性竞争的结果。盐步内衣是一个产业集群，产业集群内之间的企业貌似竞争关系，其实也是互动关系，甚至是相生关系。”

“通过我们之间的团结，共同做活动，这样每家的成本也就不大，还可以壮大盐步内衣，把‘盐步内衣’这张金色名片擦得更亮。通过我们之间的竞争，一起提高竞争力，其他区域甚至整个中国的内衣就有了更大的竞争力。”

“这就是盐步内衣行业协会的宗旨，也是我本人的理念。”

好质量，
就是最强大的竞争力。
营销模式、广告宣传、文化形象等，
虽然都很重要，
且一时会获得成功，
但只有好质量，
才能获得消费者的持久认可。

第十七章 优质

冲冠一怒只为质量，百万内衣付之一炬

【何炳祥】：奥丽侬质量好的秘密，其实很简单，就是执行生产和检验的高标准。为了让奥丽侬内衣质量过硬，我们什么方法都愿意去使用、去尝试，甚至去损失，当许多企业一味在追求利润和回报时，我在不计成本地付出和持续投入。为了不让次品流入市场，上百万的货品我宁可付之一炬。为了让进入市场的产品都合格，我们在 2005 年就投资上百万人民币，建立质量检测中心实验室，从原材料进厂前就开始检测。说实话，供应商的面料也会提供检测报告，但我还是不放心。生产中，我们采用高于国家标准的企业标准，采取环环相扣的多环节质量控制体系，我本人对质量的把关极为苛刻，并且将这种苛刻的质量要求进行量化、标准化、流程化，为消费者提供更优质的内衣产品。

新员工撞破何炳祥穿文胸，惊呼老板变态

大约是十年前，奥丽侬发生过这样一个故事。

当时新招聘的一个总经办助理接到一个重要电话，是找何炳祥的，结果何炳祥不在办公室，于是她逐个部门逐个部门地去寻找。

她推开奥丽侬设计部的房门，赫然看到何炳祥正穿着一件文胸，在给设计师们讲解这款内衣的设计。

这个助理年龄不大，来自内地，为人羞涩而保守，之前从没有接触过内衣行业，更没有看过大男人穿文胸。猛地见到一个大男人穿着文胸，而且身边围着一群女人，各种乱七八糟的联想瞬间涌上心头，感觉脑袋一晕，大呼一声："变态啊……变态啊……变态啊……"，转过身就夺路而逃。

她哪里知道，何炳祥穿文胸，根本就是家常便饭。

何炳祥，一个多次穿过文胸的大男人

"但凡骨子里追求艺术之人，必有偏执之处，在外人看来，这种偏执有时近乎变态，在我看来，这种偏执才是一种执着的追求。那些造型师、摄影师、画家、化妆师、理发师等，多数外表标新立异，奇装异服，这很正常，我完全能够理解他们。"

"没有点大胆和极端，怎么能够创造出好的作品？"何炳祥这句话充满哲理。

他继续说："说一句极具争议的话，没有很多亲密女性朋友的男性内衣老板，是不能真正理解内衣设计的，他肯定做不好内衣。我的异性朋友不多，所以只能让自己偶尔'变态'，自己变身当女人，自己模拟女人穿文胸的感受，体验什么内衣才是好内衣。所以，我多次试穿产品，我可以在极短的时间内穿上一件文胸、脱下一件文胸，速度快到一般女人也做不到。"

何炳祥补充道："说到对穿身工艺的把控，不怕大家笑话，我一个大男人自己不止一次地去试穿文胸。中国女性都说 T 裤穿上不舒服，为什么国外女性却喜欢穿 T 裤呢？是款式不好还是仅仅因为中国女性不适应？我就自己试穿 T 裤，的确刚穿的头一两天感觉不太好，毕竟 T 绳勒在臀部不舒适，但是，我坚持穿了一周，感觉就不同了，完全适应了！"

何炳祥冠冕堂皇地说出这一段惊世骇俗的话，没有一点扭捏，让笔者惊讶不已。

试穿，是检验服装内衣是否贴身舒适的一个极为重要的环节，很多服装内衣企业都有专职或兼职的试身员，奥丽侬也不例外。为了使试穿更有效，避免走过场，奥丽侬拥有大量的专职内衣试身员，同时也启用公司的设计师、一线员工一起来试衣。

这还不够，为了更精准地把控产品穿身效果，还要再聘请专职模特逐一将新品试身，给何炳祥亲自过目，然后再在看版会、订货会上开放给到会客户亲自试身、感受新品上身效果。

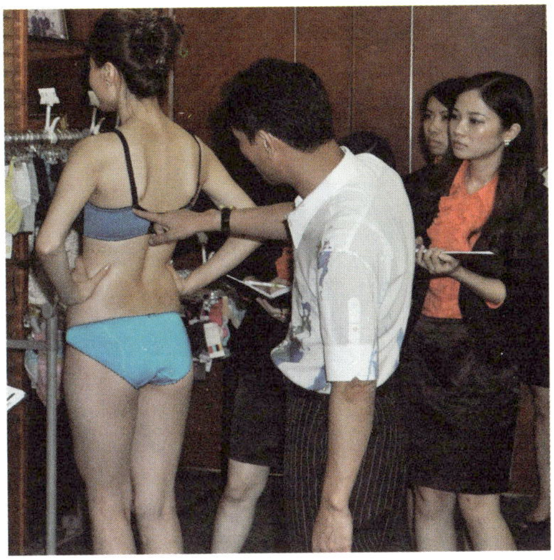

●当年聘请专业模特进行新品试身

这种交叉、多次、复合试身，不但能检验出内衣工艺的微小缺陷，将之进行修正，提高穿身舒适度等效果，同时也让设计师更懂产品质量标准，员工更重视质量管理，以此来提高奥丽侬的内衣质量。

作为集团设计艺术总监，这样的试穿环节，就是何炳祥亲自把控产品最好的上身效果和时尚观感一道必不可缺的防线。前文我们已经说过，何炳祥的妻子梁雪兰就是奥丽侬的头号试身员，也是最后一道程序的把控者。

何炳祥和梁雪兰夫妻二人，亲自构成奥丽侬质量的双保险，这也是为什么这么多年，奥丽侬一直拥有良好市场口碑的原因所在吧。

穿过文胸和 T 裤的何炳祥，真是内衣行业一朵奇葩。

一个关乎生死的故事，何炳祥常放在嘴边

何炳祥经常将一个故事放在嘴边："第二次世界大战期间，美国降落伞的合格率 99.9%，每一千个跳伞的士兵中会有一个因为降落伞不合格而丧命。军方要求厂家必须让合格率达到 100%，厂家说竭尽全力了，99.9% 是极限。于是军方改变了检查制度，每次交货前随机挑出降落伞，让厂家负责人亲自跳伞检测。

从此，合格率达到 100%。”

“合格率 99.9%，是不是很高？错！那意味着 1000 个人中就有 1 个人会受到伤害，如果是战争，则意味着死亡。奥丽侬追求的合格率是 100%，这个检测过程，经过几十道程序系统，最后由我和梁雪兰亲自把关确认才可定版。”

这才是何炳祥自己穿文胸的原因所在。

外行粗心小保姆，洗坏内衣奥丽侬

2004 年，奥丽侬外销内销生意都如火如荼，供不应求，发展进入了快轨道，工厂大量招进新员工，新购进了不少衣车，奥丽侬厂门口的货车排成队，等待拉货，一切看上去都非常的顺利。

有一天，忙了一天的何炳祥回到家里，妻子梁雪兰向他说了一件让他意想不到的事情。

“今天新来的小保姆不懂内衣的洗涤，将我的文胸也放在洗衣机里面和其他衣服一起混洗，没有单独手洗，也没有放入文胸洗涤袋内，再加上也不懂我们这个洗衣机的操作，洗涤时间有点长，现在这件文胸的花边都起球发泡了，看上去有点变形。”

梁雪兰表情有点严肃：“你知道的，我一直都是穿我们公司的产品，这是公司刚出的新品，这一批产品有可能不合格。”

何炳祥接过文胸一看，确实，花边有一些起球，皱皱巴巴的，甚至丝也跑出来一些。

何炳祥连夜返回工厂，叫来 IQC 质检主管杨女士以及采购部的钟先生，一起研究这一批次产品究竟出了什么问题。

他们首先将最早的样版拿来测试，用洗衣机强力洗了 90 分钟，居然没有出现问题，这说明最早的花边质量是过硬的，没有问题。

而他们将大货样品继续测试，强力洗 10 分钟，问题不大；50 分钟后，大货出现了花边起球现象；等到 90 分钟，这件文胸已经变形了。

“文胸原本就不能机洗，只能手洗，我们的导购都是这样培训客人的。即使机洗，也不能超过 30 分钟，这件产品勉强还是合格的。” 杨女士怯怯地说，“我们洗其他品牌的文胸，多数不到 30 分钟，就差不多坏了，这批产品应该问题也不算大。”

“花边大货比样品质量确实要差一些，责任应该在供应商，不过应该还是在合理范围内，谁洗内衣花半个小时啊，一个半小时更不可能，既然洗 10 分钟都没问题，我个人认为没什么大事，下一次我们注意点就是了。这批货已经生产很多了，价值近 100 万，返工也很麻烦。”

钟先生也试图将这次事件混过去：“就算这批产品这样有点问题，也比很多其他内衣牌子质量好多了。”

冲冠一怒为质量，百万内衣付一炬

听了质检和采购的建议，何炳祥的火气直接就冲上云霄，一拍桌子，冲着杨女士直接吼了起来：“说什么文胸不能机洗，只能手洗！每一个顾客都知道这个道理吗？我们的标准就是在机洗的情况下也不坏，也要能穿很久！ 10 分钟就合格？难道一件衣服就穿一次？一件内衣如果穿 6 个月，就要洗 100 次左右，就是 1000 分钟，90 分钟就洗坏了，人家不骂我们老祖宗？以后谁还买我们奥丽侬的产品？人家花钱买我们的内衣，我们要对得起人家。钱那么容易赚吗？”

何炳祥越说越激动，又将矛头对准钟先生：“什么叫大货比样品质量差一些，差就是差，差就是不合格，出了事情，首先问自己的责任，自己有没有把好检测关？其次才是供应商，把关要靠自己！都这样了，还没什么大事？质量出事故，就是天大的事！样品要检查，大货也要检测，出了近百万的货现在才知道，还是家里保姆在洗衣过程中不小心暴露出来的，这是严重失职。这样的产品还怎么上市去卖？别人质量差，我们就可以质量差吗？别人让人骂，我们也要跟着被人骂？这批货也没返工价值了，直接销毁！销毁！！全部销毁！！！我一件也不想看到！”

何炳祥的拳头重重地砸在办公桌上。

何炳祥属于性情中人，遇事并不愿掩饰心中的不满或怒气，这一次史无前例创纪录的暴躁，人都几乎跳起来，根据钟先生和杨女士的回忆，当时何炳祥眼睛通红，怒气冲天，让他们两人不寒而栗。钟先生说他后背都汗透了，而杨女士说，当时她甚至准备夺门而逃。

回到家里，梁雪兰发现何炳祥的嗓子都失声了。

第二天，在何炳祥的亲自主持下，工厂主要管理层集中一起，共同见证了奥丽侬百万内衣的集中销毁。

从这之后，奥丽侬人都知道了何炳祥重视产品质量的狠劲，再也无人敢在质量把控上有一丝马虎。

过了几天，何炳祥的怒气渐渐消退，自己也觉得向钟先生和杨女士发那么大的火不妥，毕竟规章流程制定得不是很规范，人非圣贤，孰能无过，工厂一旦忙起来，难免顾此失彼，价值近百万元的货，他们不敢随便拿主意。

有鉴于此，何炳祥领导制度小组，开始对质量检测制度重新进行规范，订立更加细致、更加严格的产品质量监督、检测流程及奖罚制度。

暴力检测、提高标准、规范操作，铸就奥丽侬过硬品质

心静下来，何炳祥自己也在思考，钟先生和杨女士是奥丽侬的铁杆忠实员工，一向对公司很负责任且工作很优秀，为什么也会出现质量问题？按照当时产品检测标准，样品机洗检测了30分钟，并没有违反制度，只是他们没有反复检测，且检测的时间还没有足够长而已。

导致这一切发生的原因应该有三个，一是检测时太温柔，没有暴力检测，二是检测标准还不够高，三是检测流程不够规范。

何炳祥决定从这三点入手，从根本上解决问题。

第一个是暴力检测。

就是在检测过程中，不把内衣当内衣，要把内衣当麻袋，进行暴力虐待，俗称“破坏性检测”。而且要将文胸的检测机洗标准延长到90分钟，使用高温的热水，并且要用甩水桶甩干，然后再用高温的烘箱烘干。这样一件文胸就要经历高温浸泡、强力洗涤、快速脱水、高温烘烤等检测，能够经受住强大而持久的破坏而不会变形、脱色，才算过关。只有这样，才能确保产品质量。

何炳祥说：“这种类似暴力不讲理的检测，如同汽车拉力赛，在沙漠、山路、泥泞、冰雪、酷热中跑，才能检测汽车质量，内衣也要这样，才叫千锤百炼。这就如同没经历过锤炼的人不成熟是一样的道理。”

第二个就是提高标准。

中国的服装内衣质量标准比较低，相同织物布料的拉升和回弹幅度，以及缩水率都不够大。何炳祥说：“我们奥丽侬执行的质量标准是奥丽侬标准，不是国家标准，我们的企业标准是超过国家标准，向国际看齐的，尤其是向日本看齐。有了高标准，才有严要求。”

人性是有缺陷的，你制定了一个普通的标准，那么一般只能勉强达到或者打个折扣，而如果执行的是高出国家标准的更高标准，那么就能很轻松地达到符合国家标准的产品了。所以这么多年，奥丽侬在历年的国家检测中都能全部过关。当然，为了这个标准，公司需要付出更大的成本。

若干年后，国家相关部门将文胸独立于服装之外，单独制订行业标准，奥丽侬也理所当然地受邀成为国家标准、行业标准的制定和修订企业之一，成为中国内衣的典范。从另外一个层面来说，奥丽侬标准就是中国现在的国家文胸标准，对中国文胸行业的规范标准化，奥丽侬做出了突出的贡献。

第三个就是操作规范。

何炳祥将采购、检测、设计、试穿、生产、质检、市场营销等各个环节，编制了一整套的操作规范体系，亲自演示、录像教育、制成教材，形成条文，做到“有法可依”。例如，采购原材料要检测、样品要检测、每生产批次要间隔检测，这样即使出问题，产量也很小，损失也不大，经过多道检测把关，到达市场的产品残次率就会降到最低。

在生产过程中，管理人员都要检测每一道工序，而每一个工序都要检测上一个工序的质量，形成环环相扣的监督检测体系。由于检测和生产是环环相扣的连接关系，奥丽侬的生产员工也因此普遍有质量控制意识，这种意识不但是对自己岗位的要求，也是对前道工序和后道工序的三重要求，这种超强的质量控制节奏就是奥丽侬质量的最大保证。

笔者看过日本松下幸之助、台湾富士康的生产管理课程，何炳祥的管理方法与之异曲同工。而何炳祥虽然没有上过大学，仅靠自己的悟性，基本做到了精细化的分工管理，也堪称奇。

何炳祥亲自创制内衣质量控制的 12 字方针

为了将严格的品质控制简单化推行，何炳祥总结创制了“只口、针数、尺寸、对称、平复、干净”的 12 字方针，让质量更好也更美观。分别是：

1. 只口：就是缝线到布边的距离标准；
2. 针数：就是在限制长度的布上走针的数字标准；
3. 尺寸：各工序在车缝尺寸范围内进行车缝的标准；
4. 对称：主要指标左右要对称等标准；

5. 平复：生产产品效果要平整的标准；

6. 干净：产品、操作者、工作场地都要达到干净的标准。

这几点看上去很简单，但是要落实到位、规范化、制度化，其实并不容易。

奥丽侬是一个注重细节控制的品牌，这和何炳祥的完美主义精神也一脉相承。不怕烦琐，不惧困难，从每一个细微入手，才经得起市场的考验。

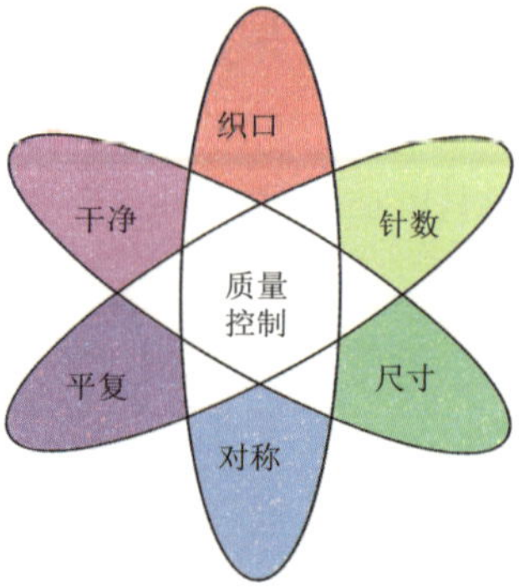

●奥丽侬内衣质量控制 12 字方针

不惜工本，购置检测设备，成立中国最早的内衣实验室

2002 年，为了更好地控制质量，何炳祥斥资 100 多万元，成立了内衣实验室，这是中国最早的内衣实验室之一。

2005 年，这个实验室升级为“奥丽侬集团质量检验检测中心”，成为一个专门的重要部门，按照国际标准购买了一系列高端的检测设备，实施物理和化学检验，具体包括耐变黄测试、耐洗色牢度测试、全自动缩水率测试、PH 值测试、

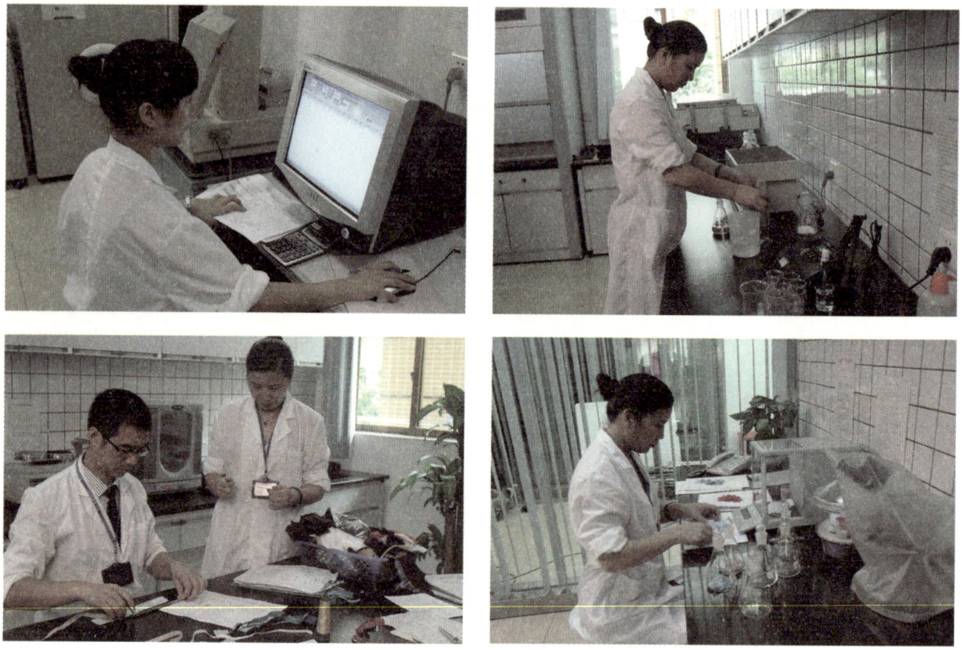
●奥丽侬集团质量检验检测中心

甲醛测试、成分测试、耐汗渍色牢度测试、染色摩擦色牢度仪器、汗渍色牢度烘箱、起毛起球测试仪、织物强力机、布料质量检测仪器、辅料质量检测等。

这些设备的名称、检测的手段等本书都难以一一尽述，主要是原料和成品进行检测把控。

上述各种检测是从采购的源头——原材料开始进行的，从样版、大货生产到走出厂门为止，每一道工序、每一道环节都不能缺漏。如此规范，目的只有一个，就是要保证到达市场上的产品安全、健康，符合国家标准。

为了避免公司自行检测的局限性，何炳祥还要求公司与国家针织产品质量监督检验中心、佛山市质量计量监督检测中心建立了长期合作关系，每一批次的大货都实行三重检测，多重把关，避免了检测中的死角。

2008 年，何炳祥更是斥资数百万元，从国外购入远红外 3D 人体测绘设备，收集人体数据，形成一个庞大的数据库，为研发穿身提供了科学数据。这种设备早年用于航空和医疗领域，后来引入国内也主要作为大学科研之用，该设备对质量检测和产品设计研发，都有很大的作用。

有关奥丽侬内衣检测的另外一些独到方法，至今部分尚未解密，本书暂不能和盘托出。

奥丽侬获得中国名牌，貌似有些争议，其实实至名归

由于对内衣行业贡献突出，奥丽侬先后获得各级国家机构颁发的国家免检产品、中国驰名商标、广东省名牌产品、中国内衣十大主导品牌、中国文胸销售十强品牌、最受消费者欢迎品牌、最具国际风尚奖、十佳品牌奖、最受消费者喜爱品牌等荣誉称号。

可以说，经过若干年的奋斗，奥丽侬已经荣誉等身，蜚声海内外。

2005 年，奥丽侬文胸荣获国家质检总局颁发的中国质量管理最高荣誉——“中国名牌产品”称号，消息传出，在内衣行业产生了一些争议。

当时国家只有四个名额，而申请的企业超过 100 家，最后获得这一称号的国内文胸品牌分别是奥丽侬、古今、曼妮芬、安莉芳，成为建国以来首批也是截止目前唯一的、内衣行业仅有的四大“中国名牌”，这个荣誉是目前为止中国文胸能够获得的最高殊荣。

其中奥丽侬获得该项荣誉曾引发了一些争议，这其实是完完全全的误解。

根据国家质检总局公布的各项指标，评定一个品牌是否是中国名牌是综合考量的，按照各种积分进行累积。不单是考评品牌的销量，还有品牌的知名度、美誉度、质量标准、专利设计、设计艺术、功能效果、综合影响力等。

奥丽依在当时的评定中，行业知名度很高，但在消费者眼中的知名度和总销量确实不占优势，但是奥丽依以长期以来绝对稳定的质量、先进的专利优势获得高分；同时奥丽依的产品功能设计、艺术设计均拿到高分，总分位居前列，因而获评成为“中国名牌产品”。

从综合评比角度而言，奥丽依荣获中国内衣最高荣誉，实至名归。

2005 年，人民大会堂，何炳祥代表奥丽依接受了中国内衣最高荣誉“中国名牌”的颁牌仪式，这一刻的何炳祥，心潮澎湃，在获奖后的新闻发布会现场

● 奥丽依曾荣获的部分荣誉证书牌匾

采访时，他深情地感谢全国数以千万计的奥丽依消费者、全体员工以及师傅罗杰伦、妻子梁雪兰、父母等。

梦圆一刻，何炳祥感慨万千，露出了孩童般的微笑。

领奖后，何炳祥回到广州，佛山当地的政府领导、行业协会成员、媒体团、奥丽依中高层员工代表们，集体到广州白云机场列队迎接，这一刻，奥丽依为佛山增添了荣誉，也为盐步内衣争取了荣耀！

大家簇拥着何炳祥，将代表着中国内衣行业最高荣誉、含金量最高的“中国名牌产品”牌匾接到了奥丽侬集团的荣誉陈列室。

奥丽侬自成一派

中国质量最好的内衣，并深刻影响到盐步内衣的质量特长

如果说曼妮芬是内衣时尚派，爱慕是内衣文化派，而奥丽侬则代表着中国内衣的另一个重要流派——内衣质量派。

在内衣质量上，以技术见长的奥丽侬已经抵达了中国内衣之巅。

何炳祥的徒弟、奥丽侬的前员工、现佛山依黛丽内衣董事长危志强，对师傅给予了极高的评价：“师傅教导我们从不保守，非常细腻。我只学会了其中一小部分，对我现在经营的功能内衣而言，已经是受益匪浅！我曾经在奥丽侬工作，我知道奥丽侬内衣的质量是如何领袖群伦的。在内衣行业，我最尊重的就是师傅，只有他，唯有他。如果说我小有成就的话，跟师傅的教导是分不开的。”

何炳祥的另外一个徒弟，也曾经是奥丽侬的员工，现在是佛山枫莲内衣的董事长杜成平，在提到奥丽侬的时候，也斩钉截铁地说，“奥丽侬就是中国质量最好的内衣”。杜成平也坦承，没有何炳祥，就没有枫莲内衣的今天。

标美内衣董事长杨建伍，也是何炳祥的门生，他则认为，如果说黛丽斯是中国内衣的第一代黄埔军校，那么奥丽侬无疑是南海乃至中国内衣的第二代黄埔军校。“要学内衣，就进奥丽侬”，这是杨建伍的口号。

何炳祥的奥丽侬重视品质的精神，深刻影响了南海内衣，这也是南海内衣质量整体要高于其他内衣产业集群地的一个重要原因。

我们在若干国家权威机构、代理商、厂家、内衣专业媒体那里，也获得了对奥丽侬相同或相似的评价。

制定盐步内衣行业标准，为中国内衣全行业的质量提升做出贡献

中国现代内衣虽然已经有三十年历史，但是依旧稚嫩不成熟，其中也表现在没有一个具体、物化的衡量标准。

由于没有标准化，一方面内衣企业的生产各行其是，导致效率低下、质量不高；另一方面，终端导购和消费者也没有标准，良莠不齐，劣币驱逐良币的现象时有发生，严重侵害了优质厂家尤其是消费者的利益。

经过中国针织工业协会专家委员会的指导，在盐步7家内衣企业的倡导之下，组建了“盐步内衣标准联盟”，何炳祥和他的奥丽侬成为联盟标准的主要制定者之一，他将多年的质量技术标准拿出来和全体会员分享。

中国首个《佛山市南海区盐步内衣行业联盟标准》于2010年在南海盐步诞生，联盟标准主要对产品的环保、尺寸、工艺等因素进行约束，环保标准参照欧盟的内衣标准制定，高于国家标准，工艺误差也比国家的标准更精准。同时还增加了国家标准、行业标准的空缺指标，使得这份标准大大地促进了中国内衣的质量提升。

这确保“盐步内衣”在选料优良、做工精致、绿色环保等品质方面得以充分提升，也使得优秀品牌效益凸显。大沥镇政府借此委托“区标准化研究与促进中心”建立了内衣行业标准化信息平台，企业足不出户就可以找到国内外内衣标准和内衣行业标准体系，从机制上解决并消灭了企业的无标生产问题。

《佛山市南海区盐步内衣行业联盟标准》的出台，有利于规范整个盐步内衣的产品质量和技术水平，标志着盐步内衣产业进入标准化时代，企业的综合竞争力得到了一个极大的提升。

随后，南海区质量技术监督局举办“盐步内衣产业集群”标准化培训班，对联盟标准发起人——7家盐步内衣企业的50多名高管人员进行了企业标准化知识培训。

由于实行了《盐步内衣联盟标准化》，近几年盐步内衣几家龙头品牌的文胸、针织内裤、调整型塑身内衣合格率接近100%，其他企业的检测合格率也得到了明显的提升，而盐步内衣的整体产量效益也得到很大的提升。

2010年，佛山市创建“国家商标战略实施示范城市”，盐步内衣成为区域品牌试点。由于盐步内衣联盟标准的实施卓有成效，因此，区质监局、区工商局建立部门联动机制，将联盟标准定为使用“盐步内衣”集体商标的技术门槛，为区域品牌的建设和壮大提供技术支撑。目前广东有283个联盟标准，而盐步内衣联盟标准是唯一一个把联盟标准与集体商标相结合的标准，在全省乃至全国都是一个创举。

“盐步内衣”作为一个区域品牌，已经成为中国内衣质量优良的一个符号。

这时候的何炳祥，已经将眼光放在更高的位置，不仅仅为了自己的企业，也为了盐步内衣，更为中国内衣全行业的质量提升做出贡献。

第十八章　健康

定位健康内衣专家，启动公益基金活动

【何炳祥】：人们对内衣承载的使命理解有很多不同，时尚、美丽、性感、舒适、健康、运动、保健等，说法有很多种。一千个读者，就有一千个哈姆雷特，看法不同是很正常的。我认为内衣就是要时尚，但什么是时尚，从来就没有固定的标准，有时候时尚是另类，有时候又是复古，有时候是简约，有时候又是繁复。随着时间的变化，时尚不断发生着变化，现在是多元化的社会，时尚也呈现出千姿百态的特点，这就是所谓的快时尚，但我认为有一点是永恒不变的，那就是健康。健康是内衣的基础，是其他一切内衣概念的源头，如果设计时尚但有损健康，那这就不是合格的设计。如果将时尚比喻成精神文明，那么健康就是物质文明，如果吃不饱，还谈什么时尚和理想。所以，我做奥丽侬内衣，时尚是我们努力的方向，我们不一定能做到最好，满足每一个人，因为时尚没有统一的标准；但是健康是有标准的，这是硬指标，是可以衡量的，只有健康的内衣，才谈得上时尚。奥丽侬的核心，就是要用过硬的质量做成健康的内衣，除此以外，别无捷径。

中国历次质量抽查，诸多内衣不合格，很多名牌赫然在列

2009 年上半年，广东省质监局公布针织内衣、鞋等 9 类产品质量监督抽查情况，不合格的就有 28 批次，其中若干东莞、中山、汕头等地内衣不合格上了黑榜……

2009 年，福建省质监局对文胸等女性常用产品进行了抽查，结果文胸产品抽样批次合格率仅为 35%，共抽查了 10 家企业生产的 20 批次文胸，合格 7 批次，不合格的主要原因是纤维含量偏差超标……

2010 年，国家质检总局公布第 4 批产品质量国家监督抽查结果，其中，针织内衣产品合格率为95%，其中不合格的有中国驰名商标若干、上市公司若干……

2011 年，广东省质监局对针织内衣产品开展专项监督抽查，结果发现针织内衣合格率较低，产品实物质量不合格率为 31.4%，其中在 22 种问题产品中有 17 种纤维含量存在虚标问题，逾三成粤产针织内衣不合格……

2011 年，中消协公布婴幼儿针织内衣比较试验结果，39 个样本中有 24 个都存在不同程度的质量问题，超过六成，国际知名品牌也上黑榜……

2012 年，上海市质量技术监督局通报上海市女性内衣产品质量监督抽查结果，16 批次女性内衣不合格，很多大品牌都不能幸免……

2013 年，国家质检总局发布了女士内衣产品质量国家监督抽查结果，在 90 批次被检产品中，有 7 批次不合格，抽检合格率为 92.2%……

2013 年，安徽省质监局通报针织内衣产品省级抽查结果，本次共抽取 40 组样品，其中 35 组合格，抽样合格率为 87.5%，5 款内衣因纤维含量、pH 值不合格被曝光，涉及多个著名品牌……

2014 年，国家质检总局通报第一季度针织内衣产品质量国家监督抽查结果，有 12 批次产品不符合标准的规定……

……

这是网上随便一搜就一大把的服装内衣不合格案例。

每年，中国内衣都会爆出大量的检测不合格。这些名单触目惊心，有上市公司，有中国名牌，有中国驰名商标，有国际品牌，更多是名不见经传的中小品牌。

不合格内衣危害巨大，消费者健康严重受损

内衣常见的不合格，有甲醛含量、pH 值、可分解芳香胺染料、耐水色牢度、耐碱汗渍色牢度、耐酸汗渍色牢度、耐干摩擦色牢度、耐洗色牢度、纤维成分含量等超标或不达标等。

穿着不合格的内衣危害巨大，会引起胸部变形、胸部下垂，严重者还会导致人体出现红疹、皮肤瘙痒，甚至有可能导致乳腺方面的疾病。

根据网上资料，我们简要分析内衣不合格或穿着不对，会对人体产生哪些影响。

1. 内衣面料不合格。这会引起身体多种疾病暴发，这些内衣面料就像隐形杀手，会使皮肤表面的酸碱性失衡，丧失抵抗病菌的能力，导致皮肤过敏、血点、紫斑等，甚至诱发乳腺方面的疾病。

2. pH 值过高或过低的内衣。它会破坏皮肤的表面酸碱度平衡，从而引起皮肤过敏或诱发感染，使皮肤易受到其他病菌的侵害。

3. 不合体的内衣。不仅穿着不舒服，体现不出美感，而且有损身体的健康，容易引发乳房疾病。

4. 产品标码不符的内衣。一般女性都喜欢借助文胸来塑造丰满的胸型，但某些内衣码数名不副实，殊不知，罩杯尺寸不符合人体乳房的内衣，会严重影响到胸部的发育甚至健康。

……

关于质量有问题的内衣之害，这里不再一一陈述。

何炳祥确立“奥丽侬——健康内衣专家”的定位

“每次看到内衣行业爆出质量事故，我眼前几乎就能浮现出消费者胸部下垂、皮肤过敏、心情低落的样子，这些是我不能忍受的。所以，我就更坚定我的信念，那就是一定要做健康内衣。”何炳祥说。

有一个著名的比喻，说生命好比银行存款，健康就是前面的数字，可能是“1”，也可能是“0”，没有了这个“1”，后面再多的“0”也没有意义了。也就是说，只有有了健康，其他财富、地位、名誉等一切才有意义，否则一切都无从谈起。从长远来看，只有拥有健康，我们才能持续不断地为社会创造价值、为家庭积累财富，从而使自己的人生价值最大化。

内衣也是如此。对消费者而言，什么性感、美丽、时尚，如果离开健康，那么一切就归零。而对内衣企业而言，如果没有质量保证下的基本健康，那么任何文化、销量，都是建立在流沙之上的，随时可以毁灭。

何炳祥异常坚定说："奥丽依只做健康内衣，质量为王；为女性朋友提供更健康的内衣是无上的功德，这就是我们奥丽依定位成'健康内衣'的宗旨，为了健康付出再多代价，我也在所不惜。"

●早期奥丽依专卖店店训

何炳祥心中的健康内衣三大要素：环保、人体工程学、功能防护

在何炳祥的心里，健康内衣的理解其实很简单，他说主要就三点：

第一，材料必须是环保的，材料如果不环保，其他都是空谈，这是基础，坚决不能使用一些有害的材料，这些有害的材料可能甲醛、pH值超标等，长期接触必然会影响身体健康。环保面料则具有更佳的亲肤性和舒适度等。

第二，设计必须是遵循人体工程学、纤维学、织造工艺技术等。通过科学立体剪裁设计制作而成的内衣，才会更贴身、轻盈、透气、舒适。

第三，选用一些功能特殊的防护面料。就是内衣在具有常规丰胸、聚胸功能的基础上，还会增加一些按摩垫、抗菌棉、防辐射等有益健康的功能防护面料。

小小内衣，其实大有学问。

而健康内衣，则是环保、科技、人文等多种学科的结晶，是女性身体健康的保护神。

坚持健康内衣，不为利诱所动，坚信会赢得最后的胜利

何炳祥认为，健康内衣说起来容易，做起来一点也不简单。

首先，一分价钱一分货，市面上各种不健康的内衣，它们采用相对便宜的面料，具有价格优势，外表差不多，一般的消费者看不出来。而奥丽侬使用健康的面料，成本较高。

其次，很多内衣从外观上是看不出来多大分别的，尤其是那些抄袭款式的品牌，采取特价或者是网上销售，价格上看起来很有优势。但实际上，这种产品根本没有经过试穿，看上去一样，但是具体的上身效果则相差很大。

最后，就是部分内衣企业质量不行，却非常会做宣传概念，没有那些养颜和治疗的功效，却被他们吹上天，经过一些培训和心理暗示，消费者也就相信了。

奥丽侬的宣传讲究准确，不敢夸大，这种风格，在喧嚣浮躁的今天，显得难能可贵。

何炳祥是有骨气的人，坚决不会为了五斗米而折腰。不管产品质量如何，一味地将材料成本无原则地降下去、不追求真正的上身效果、肆意夸大宣传，这些是何炳祥所做不到的。

中国当前社会，确实存在这种质量好的输给质量差的不合理的竞争现象，就是经济学所说的“劣币驱逐良币”现象，李逵不一定是李鬼的对手。

不过何炳祥不这样看，他乐观地说：“一时胜负在于力，十年胜负在于理。我们不要去看别人是否投机取巧，我们只管自己是否坚定信心、坚持质量、坚守健康，我相信消费者终究会知晓真相，知道健康的可贵和诚信的价值，我认为奥丽侬健康内衣将是最终的胜利者！”

何炳祥显得非常有信心。

知易行难，奥丽侬努力打造新一代的健康内衣产品

为了让奥丽侬“健康内衣专家”形象深入人心，何炳祥做了巨大的努力，首先从产品的源头——原材料的选择方面进行把关，每年进行产品研发时，原材料是否健康、是否环保是他的第一要求，以下简单举几个近年来奥丽侬的部分优秀产品设计和健康环保材料。

森氧吧黏胶纤维内衣

这是一种新型的环保健康面料。面对空气污染、雾霾越来越重的现状，森氧吧黏胶纤维重点诉求负离子和消臭功能，负离子可以净化空气，消除人体内的自由基，消臭已经通过日本的测试，夏天诉求消臭功能，保持身体清新每一天。

奈纳锗健康纤维内衣

奈纳锗纤维是一种稀有金属健康纤维。它将无机锗以高温熔融方式植于纤维上，制造出有益于人体健康的机能性纤维，利用锗的活性与抗氧化效果，无机锗纤维可以促进人体新陈代谢，减缓疲劳感，特别适合于每天工作量大或是身体某些部位经常不适的人，穿上无机锗健康内衣，可以调整体质一整天。

液化钛合金纤维内衣

钛材经过特殊的液化处理溶入水中，再将纤维布浸泡其中使其纤维吸附钛的微粒，最终制成面料。液化钛具有五大功能：1. 纳米液化钛能吸附异味，消除体臭，降低空气中的有害气体浓度。2. 其远红外发射率高，具有升温保暖的保健效果。负离子浓度高，在静态之下，可产生高负离子效果。3. 液化钛的微孔隙具有保湿作用，能够调节内衣间的湿度平衡，使穿着者身体处在舒适环境中。4. 可以抗菌抑菌，抗静电。

纳米凉爽纤维内衣

纳米凉爽纤维的降温元素为片状硅酸盐矿物，降温效果达 1℃～ 1.5℃，让流汗后的肌肤与内衣的接触有别于一般材质的黏腻不适，并能产生凉爽降温触感，在炎热气候下穿着能达到有效降温的功能，并将汗水快速蒸发带走，还有消除异味的作用。这种材料材质柔软，结构紧实。

牛奶蛋白质纤维内衣

以自然界中的牛奶为原材料的牛奶蛋白质纤维，被称为天然保湿因子的丝氨酸，具有优异的保湿功能和亲和性。该纤维断面中布满空隙，纵向有许多沟槽，蛋白质分子分布在纤维表面，含有天然蛋白保湿因子和大量亲水基团，可迅速吸收人体汗液，快速通过沟槽导入空气中发散，使人的肌肤始终保持在干爽舒适状态。对皮肤有养护作用的牛奶蛋白质纤维，细柔嫩滑，具有优雅的自然光泽，是高档华贵内衣的最佳拍档。

纳米咖啡纱纤维内衣

纳米咖啡纱纤维，利用咖啡渣为原料，经过高温煅烧处理，使咖啡渣的晶相与孔隙呈现最佳状态，研磨成纳米级粉体，并结合纳米银粒子，就生产出了纳米咖啡纱纤维。该纤维具备三种发热升温保暖功能：蓄热保暖功能、吸湿发热保暖功能、远红外线发热保暖功能。同时纳米咖啡纱纤维蜂窝状的炭孔结构，具有一定的异味吸附功能，能除臭抑菌，非常环保健康。

胶原蛋白纤维内衣

人体皮肤成分有70%是由胶原蛋白组成的。胶原蛋白美肤内衣是目前市场上出现的一种新型功能内衣，主要是将胶原蛋白助剂注入内衣面料上，使内衣具有吸湿、保湿等功能特性。穿着胶原蛋白内衣，能有效作用于人体皮肤，起到保护、滋润、亲肤等效果，其“环保、舒适、健康”的特点，非常适合秋冬季身体皮肤干燥、细纹多的人群穿着。

火山能量石内衣

火山能量排毒石具有较大能量和较强的磁场，通过刺激相关穴位，补充、积蓄和提升身体所需能量。它具有两大功效：一是促进和增加血液循环，并将热量经由血液流动，带到身体其他部位，改善缺氧情况，增强细胞再生；另一个是具有排毒作用，有助于新陈代谢，使皮肤得到滋润，延缓衰老。

除此之外，奥丽侬还有蟹壳素、纳米银等健康面料内衣，有些文胸胸部或内裤腹部设有按摩磁疗石，并可在罩杯内插放中药艾草、玫瑰精油、珍珠按摩等胸垫，在此不再一一列举。

随着科技的进步，相信“健康内衣专家”奥丽侬还会陆续推出更多健康的、高科技的内衣，为广大女性带来福音。

奥丽侬携手中国妇联和新版《红楼梦》剧组
启动“奥丽侬·郁金香”公益基金

随着环境的污染，健康已经成为当前最热点的话题。

中国内衣在走过了形形色色的概念炒作之后，大家越来越重视健康，喧嚣过后，市场终究会回归理性，内衣的健康问题最终被提到前所未有的高度。

何炳祥坚定地认为，健康内衣在未来将更具竞争力，他多年前将奥丽侬定位为“健康内衣专家”，绝对是无悔的选择。

在全球有一个重大的活动，与保护女性乳房相关，这就是粉红丝带活动。

在古代埃及，粉红丝带代表女性乳房，在色彩缤纷的世界里，粉红色并不是最亮丽的色彩，却最能凸显女性特有的温婉、坚毅、自信气质，柔和的粉红

●当年“奥丽依·郁金香”公益基金启动仪式

色在有力地召唤公众尤其是女性们加入到这场对抗乳房疾病的战斗中，这是一场没有硝烟的战争，为生而战，严肃而又神圣。

1992 年 10 月，美国人首创“粉红丝带”，开始关爱乳房的全球性宣传。

其实在中国，早在 20 世纪 60 年代，政府就积极开展了妇女两癌（乳腺癌、宫颈癌）的防治宣传和普查，并在 2009 年深化医药卫生体制改革，党和政府将农村妇女的两癌检查作为一项民生工程，纳入到国家重大公共卫生项目，由卫生部和全国妇联共同实施。

如何做到关爱乳腺患者？何炳祥早年就开始研发设计义乳文胸，并将义乳设计得十分仿真，以此帮助患者重拾自信。这种文胸有别于普通文胸，一侧或全部没有海绵定型罩杯，主要供给乳房被切除后的患者穿戴，在罩杯内设计了口袋，可自行装入一个或两个硅胶义乳。

早在 2008 年，何炳祥就牵手四川省粉红丝带，推出了爱乳大行动，举办了多场爱乳讲座，并捐献价值 100 万的义乳文胸给四川乳腺患者。

何炳祥也积极参与到关爱乳房健康的活动中来，并于 2010 年牵手全国妇联的妇基会，共同成立了“奥丽依·郁金香”公益基金，以“关爱女性健康、促进行业和谐发展”为己任，呼吁社会各界关爱两癌防治。郁金香花语为“博爱、体贴、高雅、尊贵、独立、智慧”，他认为这不仅吻合奥丽侬的“健康内衣专家”定位，同时也是现代女性的精神象征。

2010 年 12 月 26 日，“奥丽侬 · 郁金香行动”在长沙举行了隆重而盛大的启动仪式，后期陆续投入380多万物资、现金100多万，向多个省份捐赠义乳文胸、多辆“奥丽侬母亲健康快车”和乳腺健康监测车及仪器，为各城市女性进行义诊。

奥丽侬还积极邀请新版《红楼梦》剧组和艺人作为奥丽侬 · 郁金香行动大使参与本次活动，主演“黛玉”的蒋梦婕、“宝玉”杨洋、“妙玉”高洋、“柳湘莲”徐海乔及湖南卫视内衣模特三甲联合拍摄了艺裸宣传海报，湖南卫视著名主持人李锐、中国首席内衣模特张恩等纷纷到场助阵。

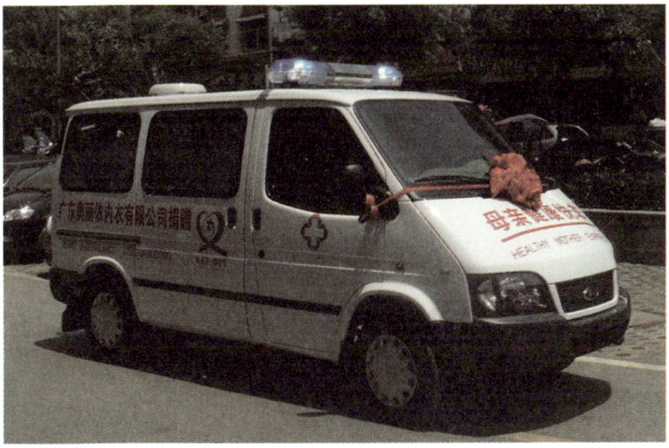

●奥丽侬捐赠的母亲健康快车

时至今日，“奥丽侬 · 郁金香”公益行动的足迹已遍布湖南、四川、广东、深圳内衣展乃至全国各地，在为众多女性带去义乳文胸和健康爱乳知识的同时，奥丽侬“健康内衣专家”的形象也深入人心。

咬定青山不放松，何炳祥坚守健康内衣

何炳祥对质量控制、对健康内衣的坚守，达到了如醉如痴的地步，任何有损这一神圣事业的事情，他都坚决回击。

而随着连锁内衣、网购内衣的兴起，内衣质量出现更多无法控制的问题。

何炳祥坚定地认为，文胸的生产是一个极其严格的过程。那种过多过滥的贴牌加工，质量短期内肯定无法保证，迟早是要出问题的，网购无法试穿，而文胸是讲究上身体验的产品，网购一定会带来货不对板、上身效果差等一系列问题，这些都与他视质量控制为中心的“健康内衣专家”理念格格不入。

何炳祥对连锁和网购都保持开放的态度，他认为这两个模式，也是值得学习借鉴的，但关键要解决质量问题，试穿问题，否则他还是秉承消费者利益第一的谨慎态度。

第十九章　时尚

为了设计狂追女郎，险被警察误作流氓

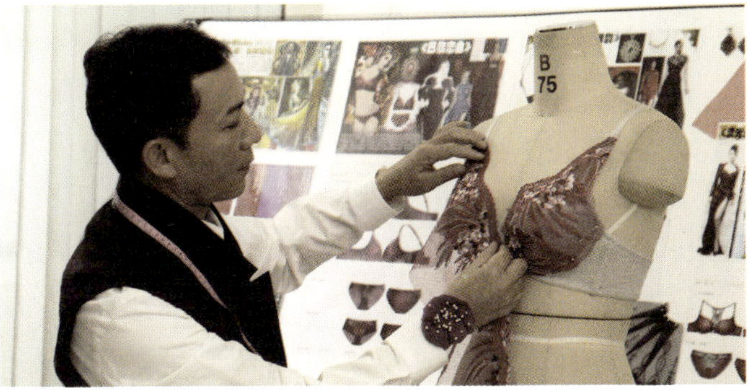

【何炳祥】：如果我不是老板，而是一个员工的话，那么我想我应该是一个设计师。我很迷恋内衣设计，我做内衣设计至今也快30年了，在设计中最能让我找到快感，我本人也最喜欢和设计师们待在一起，研究确定每季的新品开发。设计是一门艺术，而不是一项技术。质量才是一门技术；而不是一项艺术。当艺术和技术相结合的时候，那才是最完美的作品，这也是奥丽侬内衣追求的方向。我认为奥丽侬有两大支柱，一个是我们的质量生产的控制人员，另一个就是我们的设计师。我要求设计师遵从两大条律，一是要严格遵循品牌固有的风格，另外一个就是要大胆地想象。遵守风格，就是让我们的品牌有鲜明的个性，让消费者非常清晰我们的品牌定位；大胆想象，就是要敢于创造时尚，引领时尚。奥丽侬品牌本身诞生得比较早，是以质量和健康为定位的，产品设计风格兼顾了市场流行。奥丽侬内衣集团旗下其他品牌都有鲜明的设计风格定位，希望满足不同品位的消费者。

异国街上狂追女郎，险被警察误作流氓

一个人，如果做事太投入，就会忘记一切，甚至做出在别人眼里看起来荒诞离谱的事情。

唐朝的贾岛是著名的苦吟派诗人，有一次，贾岛骑驴闯祸了。

当时，他正琢磨着一句诗词，其中有段“鸟宿池边树，僧敲（推）月下门”的句子，不知是“敲”还是“推”好，因为“推”有动作画面感，“敲”有声音环境感，于是嘴里就边推敲边念叨着。不知不觉地，就骑着毛驴闯了官道，遇到当时的大官唐宋八大家之一的韩愈的仪仗队。询问缘由后，韩愈说：“我看还是用‘敲’好，即使是在夜深人静，拜访友人，敲门代表你是一个有礼貌的人！而且一个‘敲’字，使夜静更深之时，多了几分声响。再说，读起来也响亮些。”贾岛听了连连点头称赞。

他不但没受处罚，还和韩愈交上了朋友。“推敲”从此也就成了脍炙人口的常用词，用来比喻做文章或做事时，反复琢磨，反复斟酌。

何炳祥也遇到过类似的事情。

在国外旅游期间，何炳祥注意到当地部分人服装有一个特点，就是外衣和内衣的界限比较模糊，泾渭不是很分明。内衣外穿在国外是一个常见的现象，外衣也有很多内衣常用的设计元素，比如添加内衣蕾丝等风格的女性外衣，呈现出一种柔美性感的风格，而添加外衣时装等风格的女性内衣，则呈现出一种大气知性的风格。

何炳祥认为这种设计手法值得借鉴。

有一次，何炳祥的外籍华人朋友突然接到他的电话，让他赶快去街头解救他。

原来何炳祥在街头看到一位美女，穿着的衣服非常特别，不但时尚大气，而且性感妩媚。这件衣服看上去既不像内衣，也不像外衣，再看上去，却又既像内衣，也像外衣，上面设计非常像文胸，但是却有较长的裙摆，颜色和材料非常协调一体化。

这正是何炳祥所想象的时装化内衣，但是他弄不清这个衣服是一体化的还是纯粹组合的，于是他就想凑上去看个清楚。

这是一位金发碧眼的美女，一开始她也没有太注意，只顾急急地赶路。何

炳祥还没有看清楚，美女已经走了很远了，何炳祥只有一路跟着追，这一追就追出了半条街。

美女发觉被人跟踪，惊慌不已，在拐弯处向警察报警可能有男子图谋不轨。警察于是拦住了何炳祥，询问他是不是有不法企图。

何炳祥的英文当时不是很好，对方也听不懂汉语，他一时解释不清楚，也无法脱身，没办法，只能打电话向外籍华人朋友求救。

何炳祥的朋友火速赶到现场，经过一番解释，警察和美女才明白这个中国人不是一个大色狼，也不是一个抢劫犯，而是一个来自中国的内衣设计师，只是对她的服装比较感兴趣。

警察和美女听完解释，一切也就释然了。警察跟何炳祥表示了歉意，而那个美女甚至感谢何炳祥的赞美，并让他仔细将这件衣服看个够。

“人如果没有一点疯狂，那就不是设计师。”

何炳祥在说到这段典故的时候，这样阐述他的理论。

携带性感内衣图书和产品过关，被误解为色情物品

类似上述故事的事情还有很多。

早年，何炳祥每次出国，都搜集大量国内没有的内衣刊物书籍，并购买一些内衣名牌样品，用作研发参考。有一次何炳祥从国外回来，在珠海拱北海关例行检查，结果被发现一整箱都是性感美女图书和女性内衣，那时候海关工作人员的思想还比较保守，误以为是色情物品，认为何炳祥形迹可疑，于是将他扣留盘问。

经过何炳祥的一番解释，并出示相关证件和工作名片，海关工作人员终于理解这些内衣图书和内衣产品对于这个内衣设计师的重要性。

最后何炳祥被礼送过关。

何炳祥名片的奥妙，希望以艺术总监的形象被人铭记

何炳祥是奥丽侬内衣集团的董事长兼总裁，但是在他的名片上，却另有一个“艺术总监”的头衔。

这其中，或许另有深意。

欧美的服装品牌，绝大多数都是设计师所缔造的品牌，甚至是以设计师自

己的名字命名，中国的服装品牌一般都是经商者创立，而非产品设计师，这是中外服装的一个重大差异。

欧美设计师品牌是服装品牌中最主流的，西方的设计师品牌如香奈尔、华伦天奴、范思哲、皮尔·卡丹、恩加罗、费雷、迪奥、路易威登、C & K、DKNY、D & G 等多如牛毛，熠熠生辉，有着经久不衰的魅力。

相比之下，中国内衣的设计师品牌寥寥无几。

西方著名服装品牌的命名一般是以其品牌创始人的名字作为标志的，中国服装设计师品牌则很少，即使有优秀的设计师，也没有出现以某个设计师命名的内衣品牌。

笔者曾经在相关书籍中专门分析过这一问题，关于其中差异，这与服装业在各国的诞生和发展阶段是息息相关的。

西方服装产业最初是从手工工坊的规模发展起来的，类似于今日的设计师个人工作室。时至今日，西方的设计师对于引导服装行业的发展发挥着举足轻重的作用，这也决定了设计师们的成果并不是适合每个人的，有一些是为贵族和富有阶层“量身定做”的服装品牌，有一些是迎合或引领特殊的潮流和个性，也有纯粹是为了展现自己个性的品牌。这也意味着欧美少有大规模、平民化的服装企业和品牌，没有特色风格的大众化服装，它的市场非常有限。

中国的服装内衣产业的发展，本身就建立在大规模产业化的基础上，满足庞大的社会大众的日常穿着需求出现的，是商人或者称为创业者出于商业利益所缔造的服装品牌，他们本身就不是服装设计师。这与西方的设计师品牌是有根本区别的。

何炳祥是奥丽侬内衣集团的总裁，奥丽侬旗下若干品牌中但却没有一个名称直接是“何炳祥”牌，这或许是一个遗憾。在国外，用自己的名字来作为品牌名，是最常见也最合理的，麦当劳、肯德基、沃尔玛、梅赛德斯—奔驰、法拉利、福特……这个名单要列多长就有多长。

何炳祥与绝大多数半路出家的内衣企业老总相比，最大的不同就是：何炳祥是老板，也是内衣设计师。他可以根据对内衣的理解，将自己的艺术感悟倾注到创意之中，亲自设计或授意设计出一款内衣作品，所以他将自己既定位为公司“集团总裁”，更定位为“艺术总监”。

前者，是他的职责，后者，才是他的荣誉。

或许，他有将自己的名字缔造成一个内衣品牌名称的梦想吧！

或许，下一次，他不再请明星代言，由自己来代言奥丽侬品牌。

不得而知，纯属猜测。

校企联合，奥丽侬定点培养内衣研发人才

奥丽侬内衣集团整个设计研发团队有一百多人，这样高比例的设计人员配置，在内衣企业中是凤毛麟角的。

可以说在研发投入上，何炳祥不惜血本。

但何炳祥很少去公共人才市场上招聘设计师，而是采取了独特的人才培养道路，这就是校企联合、定点培养。

●何炳祥早年在广西艺术学院设计学院进行时尚内衣讲座

前面我们已经交代过，何炳祥的启蒙老师也就是他的舅舅邵伟尧，是对何炳祥一生影响最大的几个人之一。邵伟尧是广西艺术学院油画系教授，在其牵线搭桥及学院的盛意邀请下，奥丽侬与广西艺术学院达成就业与培训的合作单位，何炳祥也受聘为广西艺术学院设计学院的客座教授。

奥丽侬作为学院的实习基地，建立起设计师人才培育及实践基地，实行“校企联合、定点培养”的人才供给机制。

时至今日，两者合作已经有八年之久。

近年来，奥丽侬与家门口的院校——南海盐步职业技术学校、佛山市南海技师学院也达成校企合作，使集团的人才培育体系更立体、更全面。这些举措，对于企业发展、行业进步、教学模式创新、社会劳动力的转移、培训和就业等多方面都有着深远的意义。

在何炳祥的建议下，这几所院校都分别设置了内衣系或奥丽侬内衣专业班，为全中国的内衣品牌及盐步本地企业源源不绝地输送大量内衣人才。

奥丽侬人才的高忠诚度源自何炳祥的强大专业和人才培养体系

近年来，内衣行业存在严重的、非理性的设计人才抢夺情况，整个内衣行业深受其害，奥丽侬也受波及，但是影响相对较小。

奥丽侬的设计人才源自“校企联合、定点培养”，这些设计师在完全不懂内衣的学生时代，就接受了奥丽侬的实习与培养，与奥丽侬建立了初恋般的深厚感情，一般的挖墙脚行为很难挖走奥丽侬的设计师。

同时，奥丽侬设计师的待遇也非常高，福利也非常好，加上有作为艺术总监的何炳祥亲自带队、指导，设计师的学习成长空间也较大。在奥丽侬，设计师们都尊称何炳祥是“师傅”，而不是“老板”“董事长”，这里面还蕴含特殊的师徒情谊。

退一万步说，即使人才被挖走，“校企联合、定点培养”机制也为奥丽侬提供了源源不竭的人才，使得奥丽侬在设计人才上一直比较充裕。

“师傅手把手教我，带我们去市场上学习，一起选面料，进行对比分析，经过师傅的言传身教，让我从一个完全不懂的学生，到现在已经能够在奥丽侬独当一面。没有灵感的时候，师傅会激发我灵感，还给出具体的开发方案，从设计的源头到生产，师傅全流程地教导我们。”

“而且现在我的薪酬待遇也不错，对师傅的照顾和教育我感激万分。我愿意一直留在奥丽侬，和奥丽侬一起同呼吸、共命运。”

这是奥丽侬内衣集团研发部设计师黄小姐的原话。

热爱内衣设计：何炳祥招聘设计师的第一要求

衡量一个内衣设计师好坏的标准，有天赋、勤奋、知识、才能等多方面因素，但是何炳祥却对热爱内衣的设计师情有独钟。

关于设计师的招聘与培养，他有这样的论述：

“对内衣爱不爱、喜不喜欢，这是我选内衣设计师最根本的条件，能力的高低我不是特别看重。我认为只要是喜欢，就没有什么做不到的。”

“我的用人标准，绝不会录用好高骛远、眼高手低的人，而是喜欢用意愿很强烈、工作态度较好的人。天道酬勤，这样的人或许成长慢一点，但是他的方向坚定，目标明确，往往最后会获得大成功。”

“在大小品牌之间频繁跳槽的设计师，我是坚决不录用的。而从学校培养的学生，只要学习工作态度好，我宁愿他三年不出成绩，养兵千日用在一时，我的很多设计师都是第四年才出成绩的，这样我已经很满足了。”

物以类聚，人以群分。何炳祥本人酷爱内衣，梁雪兰以内衣为生命，自然奥丽侬招聘人才的标准也是如此。

“和热爱内衣的人一起工作，能产生共鸣。”这是何炳祥的话。

台湾设计大师折戟奥丽侬，让何炳祥明白坚守品牌风格的硬道理

在设计人才的投入上，何炳祥是舍得大手笔的。

早年创立品牌之初，20 世纪 90 年代末，为了能够快速地提升品牌设计，何炳祥曾经通过天海花边的沈宁一，从台湾天价聘请了一位著名内衣设计师。

这个设计师的水平确实了得，其作品在国际上也曾经获得大奖，工作态度也非常好，其设计的作品惊艳性感，个性突出，在专业的领域深受好评。

何炳祥看了之后，却非常担忧，因为这些作品太过超前，在中国市场上肯定只适合小众人群。说穿了，这个设计师设计的作品是一种个性化的美术作品，而不是一种艺术化的商品，放到市场上销售风险非常大。

何炳祥是一个爱才之人，于是苦口婆心地和这个设计师进行沟通，希望她能够将作品进行修改，在艺术化和市场化之间找到一个合理的平衡点。

但是，人才的性格往往是棱角分明的，这个设计师也是如此，她生硬地拒绝了何炳祥的建议，力主推出她的设计。

直觉上，何炳祥认为这样的作品是典型的中看不中用，与这个时代和市场很难相容，但是当时何炳祥也没有绝对的把握，作为一种平衡，他采纳了一部分作品，同时按照自己的设计，也推出了另外一部分款式。

市场的检验是残酷的。何炳祥设计的内衣多数成了爆款，而这位台湾著名设计师的作品几乎乏人问津，给奥丽依带来了一定的损失。

事后，那个设计师主动辞职了，何炳祥认为自己也有责任，再三挽留，并且解释说自己的设计并不一定就好过她，只是更适合市场而已，希望以此来安慰她。无奈她心生愧意，去意已决，终究挂靴而去。

可能那个设计师也执着于自己的梦想，不愿意向大众市场妥协。

从这之后，何炳祥定下了一条铁律，那就是，无论多么高水平的设计师，都要遵守品牌的风格定位，遵守企业的精神文化。因为设计定位和精神文化要遵守市场的原则，且是一个相对恒定的东西，不能够轻易摇摆。

越是高水平的设计师，就越有将自己的想法加入到产品设计中的冲动，将自己的设计融入品牌里面，这本没有错，但是如果将原品牌的风格都变掉，那么就是一个危险的举措。

国际著名的服装品牌风格都是相对稳定的。新的设计师进入，首要条件就是先理解品牌的风格，并对这个风格未来走向也要有所了解，而不是要把自己的风格强加到品牌之上，一旦设计师和品牌固有风格产生碰撞，那么设计师唯有离开。

其实这些设计师离开后创立的品牌也可能很成功，但那是另外一回事了。或许，为这种个性化的设计师量身定做新的品牌，也是一条出路。

“风格是标尺，市场是王道。”何炳祥说，“个人英雄主义，还是要服从这两个标准的。”

“不过我欣赏那个台湾设计师，我祝愿她未来顺利！”何炳祥不但是爱才之人，而且心胸也很宽。

定位精准，奥丽依内衣集团各大品牌细分市场

随着市场的急剧变化、集团的快速发展，奥丽依旗下推出的品牌越来越多，如何满足不同的消费者，如何让所有的品牌之间互动起来、定位精准、细分市场，这被提到了战略层面的高度。

何炳祥将这些品牌按照设计风格、年龄需求、销售渠道等区分，进行了差异化定位，以下让我们简要描述奥丽依内衣集团几大品牌的定位区分。

一、奥丽侬，健康内衣专家

奥丽侬，是奥丽侬内衣集团主力扛鼎品牌，创立于 1996 年。品牌名称来源于何炳祥师傅罗杰伦的香港工厂名称特丽侬，添加内衣的奥秘之“奥”，演绎成今天的奥丽侬，意为“我的美丽奥秘”，并有感恩师傅罗杰伦之意，产品涵盖文胸、内裤、美体塑身衣、保暖内衣、家居服、单品小裤等多个领域。

●奥丽侬集团品牌王国树

为了让更多消费者能够精准地选购所喜爱的奥丽侬内衣产品，何炳祥将奥丽侬细分为四大拳头系列：

第一个是大众时尚系列的“平装奥丽侬”。

这个系列立足时尚，以具有亲和力的性价比服务更多消费者，是奥丽侬销量最大的一个系列。

第二个是精致品位系列的“奥丽侬·金妆”。

名如其字，这个系列是一个高档的系列，产品以精致高贵风格为主，是优雅奢华女性的专属内衣，是奥丽侬档次较高的一个系列。发展至今，“奥丽侬·金妆”这个子品牌已经拥有她独特的魅力。

第三个是美体内衣专利品牌“倍丽挺”。

倍丽挺是奥丽侬内衣中专注功能调整的子品牌，更是中国美体专利内衣鼻祖。她满足对身材具有更高要求的女性，以科技的面料、人体工程学设计，帮助女性呈现完美、性感、健康的身材。产品类别较多，包括文胸、塑裤、腰封、腰背夹、连体衣等。

第四个是时尚雅致的“适雅”家居服品牌。

基于消费者对奥丽侬内衣的信赖，以及让奥丽侬终端店的品类更加丰满，满足消费者一站式购物的需求，何炳祥近年来特意打造了适雅家居服系列。知

●奥丽侬·金妆早年产品形象图

性优雅、时尚外穿的适雅家居服，倡导的是一种舒适、优雅的“快时尚·慢生活”，让居家生活变得更惬意休闲。

定位“健康内衣专家”的奥丽侬品牌，一牌多品。作为二线内衣品牌领航者，以推崇自信、优雅女性气质为己任，始终坚持品质第一，其优雅、浪漫、知性的风格深受消费者的青睐。曾获得“中国名牌产品”“广东省名牌产品”“中国驰名商标”“广东省著名商标”“国家免检产品”“最受消费者欢迎内衣品牌”“全国文胸销售十强品牌”等荣誉称号，成功的营销模式复制了一个又一个“单店百万富翁”的财富神话，品牌影响力和市场占有率均排名同行前列！

二、水晶秘密，韩派青春时尚内衣

每个女人都梦想永远年轻，富有青春活力，充满绮丽梦想，奥丽侬内衣集团旗下的水晶秘密内衣，正是为了圆你永恒青春之梦的内衣杰作，何炳祥将之归纳为“让女孩更性感、让女人更可爱”。

●水晶秘密早年产品形象图

粉嫩、可爱、时装化，这是韩式内衣的特色，也是水晶秘密青春内衣的风格。如同女孩善变的心情，水晶秘密的款式极富变化，快速流行，随心意而变。

这是青春内衣，更是让所有女性都呈现出少女般甜美可爱的时尚韩派内衣！

在奥丽侬内衣集团里，水晶秘密就像一个公主，一个永远年轻的美丽神话，一个变化莫测的可爱精灵。

三、解放杯，舒适无钢圈内衣

奥丽侬内衣集团的传统优势是产品塑形功能效果好，而解放杯则以自由舒适而特立独行。解放杯是一种新时尚科技文胸，没有钢圈，胸部无限接近零压力，让女性的胸部有一种完全释放、无束缚的感觉，所以命名为“解放杯”。

●解放杯早年产品形象图

我的文胸我做主。喜爱无钢圈内衣的女性，她们注重自我，个性突出，简约时尚，追求身与心的结合，与其他同类产品不同，解放杯无钢圈文胸轻柔地呵护胸部，让身体曲线挺拔聚拢的同时，更显自由活力，身材飞扬。

独立运营的解放杯无钢圈内衣，能解决居家、睡眠、运动时对内衣的不同需求。女性工作一天之后，回到家中，继续穿调整文胸会有一定的压迫感，但是不穿文胸，在一个大家庭里会有一些尴尬，这时候穿着无钢圈内衣是一个非常好的选择。在女性生理期，女性的乳房变得更加敏感，此时也比较适合无钢圈内衣的轻柔呵护。以前，女性在睡觉的时候基本是不穿文胸的，现在，休息时穿着无钢圈文胸既可以减小压力，又能防止胸部变形。

●美芝婷早年产品形象图

有钢圈文胸让曲线挺拔聚拢，无钢圈文胸让身体张弛有度。在不同时间、不同场合交叉使用，相互补充，给消费者带来不同的体验。

四、美芝婷，国际顶级塑形内衣品牌

MAGIFIT 美芝婷，可以说是奥丽侬内衣集团的贵族，是国际顶级塑形内衣品牌，品牌来自加拿大，技术源自加拿大 MAGIFIT 形体数据分析中心，堪称全球顶级塑形内衣专家。可以这么说，美芝婷倾注了何炳祥最尖端的设计智慧以及最开放的战略态度。将最好的功能设计放在美芝婷，将最共享的国际合作模式放在美芝婷，是何炳祥钟情美芝婷的最好见证。

以国际顶级形体数据分析中心为依托，使用科技材料、人性化的设计，美芝婷为成功女性提供快而舒适的塑形解决方案，甚至可以提供私人订制的尊崇体验。尤其是其在产后身材恢复上，效果独步塑身内衣业界。

奢华、优雅的美芝婷，用一切可能的方式，为消费者塑造完美身材，犹如让时光倒流，逆生长再现。

五、兔芭芘，网购内衣，时尚年轻一族的最爱

兔芭芘，奥丽侬内衣集团旗下网络专享品牌，专为时尚年轻一族打造，是时尚和性感的代名词。

兔芭芘广告语为“我的自信，由我演绎”。具有活力的时尚内衣品牌兔芭芘，将法国与意大利的设计风格融入其中，展现年轻女孩的快乐、活力。兔芭芘给女孩们带来全新体验，她们时而像丛林中的精灵，灵动自然；时而像瑶池中的仙女，甜美高洁；时而像梦幻世界里的魔女，妖娆性感……这是女孩们的童话城堡，是女孩们蜕变成天使的仙女棒，她传承了欧洲内衣文化的设计精髓，有着纯正的欧洲风情，将浪漫与性感表现得淋漓尽致。

“兔芭芘”演绎的是双面娇娃与百变时尚！

如果你喜爱挑战权威，敢于接受新事物，是追求时尚潮流的年轻女性，那么就选择兔芭芘吧！

六、紫兰蒂，一线高端典雅内衣

紫兰蒂，“高贵天成，雅致如兰”，是奥丽侬内衣集团家族中较早的品牌，采取与古今合作的模式。其实，紫兰蒂不但是集团最成功的品牌之一，也是集团旗下的一线高端品牌。

紫兰蒂品牌创立于 1999 年，产品品项涵盖文胸、内裤、家居服、美体内衣等，以高贵、典雅为核心，设计及形象的灵感均源自于欧洲传统贵族的经典气息，为女性发现美、创造美，充分展现姿态万千的女性韵味。她崇尚舒适高雅的品质生活理念，多年来一直为追求完美的女性提供优质、高雅的内衣产品，受到了广大高品位女性的喜爱。

“紫”色代表神圣、高贵，被喻为尊贵的颜色，为欧洲传统皇室贵族喜用色；“兰”取自有“花中王者”美誉的“兰花”，象征高雅和美好；“蒂”代表“真谛”。

●紫兰蒂早年产品形象图

寓意紫兰蒂秉承“为女性发现美、创造美”的真谛，塑造出如兰花般高贵的典雅女性。

为了能将这些品牌风格进行定位细分，何炳祥按照设计师的能力特点，分成独立的团队，进行专项的负责。现在各个品牌逐渐形成各自的消费群，相互拱卫，成为一个真正意义上的内衣超级集团。

放飞想象翅膀，创意肆意飞扬

在坚守品牌风格上，一些新的设计师往往觉得何炳祥似乎过于死板，是创意火花的刽子手。

其实，这恰恰相反。

在品牌风格之内，何炳祥鼓励任意的创新、没有边界的创新，这种放任，尺度是非常大的。

为了防止自己的独断专行，在产品评审上，何炳祥执行了“三三制”。

第一个就是采取民主评议高票款。就是集中所有的设计师以及部分市场人员，甚至优秀的代理商和终端商，共同来对设计师产品进行评点，然后投票表决，票数高的被选中。

第二个就是采纳设计师的推荐款式。三年以上的设计师，可以强力推荐自己的个别款式，避免个性智慧被大众化淹没，同时也照顾了设计师的情绪。

第三个就是何炳祥的钦点款式。毕竟何炳祥才是奥丽侬的掌舵者，最资深的设计师，他对市场的走向有着最丰富的经验。也许他坚持的款式设计上不是最优秀，但一定是销售不错的保险款。

何炳祥的钦点款式，才是奥丽侬内衣的定海神针。

民主评议是尊重民主，设计师推荐是尊重自由，何炳祥钦点是尊重权威，这三点恰恰暗合现代国家政治与经济的操作原理，是集体智慧与高效率的集中体现。

何炳祥的设计观：借鉴 + 改良 = 创新

何炳祥将自己对设计的理解，编制成若干简单的语录，方便大家记忆，快速上手，避免跑题，杜绝浪费时间，提高效率。

这份资料目前尚未解密，本书暂不公布。

不过何炳祥说出了他的设计观。他认为，内衣的设计不同于其他领域，内衣行业有强大的惯性，内衣想在短时间取得个别产品的突破性创新，是不实际的。这需要厚积，才能薄发。而那些相反道路的薄积厚发，往往将设计引入歧途。

“什么是创新？创新不是凭空掉下来的，也不是一拍脑袋就有了，而是不断站在更高的巨人肩膀上形成的。这个更高的巨人，就是不断的借鉴，面向所有优秀品牌、所有领域的借鉴。其他内衣品牌、服装品牌，甚至包括其他时尚品牌、化妆品品牌、国外品牌，我们都可以去借鉴。打开思维，跨越行业，广泛借鉴，才能有一个高的起点。”

何炳祥对借鉴非常看重，而不是高调标榜“完美的原创”，可见他是十分务实的。

“创新的第二条就是改良。完全借鉴，其实只是拉郎配，虽然掐头去尾地拼接了，但是本质仍旧是抄袭。所以，借鉴之后，就是改良，改良要建立在产品设计理论指导基础上的，这个理论非常重要，也是我们的出发点，更是我们真正的设计灵魂。” 何炳祥这样解释他的改良理论。

乔布斯的苹果系列被誉为伟大的创新，改变了世界。以前的电脑都要懂得DOS 指令，他开发出“所见即所得”的图形界面，因而改变了电脑。其实，他最早的苹果系统是借鉴了施乐的一个淘汰的系统，只不过是在乔布斯手里发扬光大了。

“乔布斯说伟大的艺术家窃取灵感，我承认他的说法，好的点子呈现方式不完美，或者自己也不理解他的价值，那么还是让更懂得的人去做吧！”

借鉴 + 改良 = 创新，这是何炳祥的时尚设计创新公式。

第二十章 商道

忠诚过头迟付尾款，财务被罚两千大元

【何炳祥】：以前听评书，说“一言既出，驷马难追”，教人要一言九鼎，说话算数，我很早就记得这些关于做人道理的古话。像我的师傅罗杰伦，就一直非常重视信誉。我认为，做生意其实也就是做人，关键都是要讲信用。信用跟生命是一样的，有信用，就有尊严，有朋友；没信用，就没面子，没兄弟。即便拥有再多的金钱，也不会有幸福感，还会随时失去金钱。如果有信用，心里踏实，就很舒服，即使亏了钱，也会有朋友相助，东山再起。我不怕财产损失，就怕信誉破产。所以有时候我宁愿吃亏，也不愿让别人说我说话不算话。同时我交朋友、找合作伙伴，是否诚信也是考量的重要标准。不讲诚信，可能会一时得逞，但是终将失去所有，讲诚信，可能会一时吃亏，但是终将赢得所有。

诚信，既是何炳祥的做人标准，也是奥丽侬的商道灵魂

人无完人，何炳祥也有他的缺点，他的缺点罗列出来也许还不少，比如脾气急、自我、大男子主义等。不过他也有一个特别突出的优点，那就是做人、做生意非常讲信用。

在行业的口碑里，何炳祥是一个讲义气、讲诚信、做事有担当的人！

诚信是一种优良品格，是一个文明人的标志。有信用的人，处处受欢迎，人们都愿意和他交朋友，做生意。子曰：“人而无信，不知其可”，意思是说人如果没有信用，在这个世上就很难生存下去，什么事都做不了。

诚信也是朋友的相处之道。“与朋友交，言而有信”，才能相互沟通、相互帮助。朋友之间除了利益就是利益，为了利益去说谎、欺骗，时间久了必被识破，朋友也就一个个离去。

诚信也是商道灵魂。中国人讲究“白纸黑字”“人死债不烂”等，而外国人很重视契约精神，就是一定要遵守合同，在现代社会，诚信是真正的无形实力，是金钱都买不到的品质。

在何炳祥的眼里，任何事情都可以归结到做人，而做人的头条就是讲信用。

对朋友、对员工、对生意伙伴、对消费者都要讲信用。朋友有难，要伸手相助，且不求回报；对员工，要准时发工资奖金；对生意伙伴，要有福同享，有难同当；对消费者，承诺品质要做到，不能说是纯棉却含有化纤，不能说是健康内衣却又有危害。

●早期奥丽侬集团内部会议

何炳祥说，这都是诚信的内涵，说好听点是“商道灵魂”，说直白了就是“做人讲信用”。

如今这个世道，很多人

利用信息的不对称，说一套做一套，吹牛加忽悠，夸大品牌和产品功能，在短期内确实能获得成功，内衣行业也不乏其人。这是一种社会丧失信用的体现。

在这种环境下，诚信，更成为一种稀缺的美德。

在内衣行业中，何炳祥堪称诚信的典范。

财务总监过于忠诚，反而被罚两千大元

为了贯彻诚信的企业精神，何炳祥制订并执行相关的公司制度。

制定严格的生产标准，质量合格就是对消费者的诚信；

执行合理有效的绩效考核，按时发工资就是对员工的诚信；

规范财务制度，准时给供应商货款、按照合同给代理商、终端商的广告返利及履约支持等，就是对合作伙伴的诚信。

……

这些都是何炳祥的诚信精神内涵。

2009 年，何炳祥新招聘一位财务总监，这位总监以忠诚著称，杜绝不必要的开支，开源节流，严格执行财务制度，深受何炳祥的赞赏。

快到春节了，有一次何炳祥路过前台，发现一位花边厂的业务人员在那里来回踱步，就随便问了一句：“好久不见，今天过来有什么事情吗？”

那个业务人员一看是何董，显得有点慌乱，畏畏缩缩地说：“没、没什么事，也没什么……没什么事！”

见到这个业务人员吞吞吐吐，何炳祥心生疑窦，直觉告诉他，这里面一定有事：“你有什么事情，直说！不要藏着掖着，讲出来，不要怕。”

“也没什么，就是我们公司的尾款，还有几十万没有结算，这不，都到年底了，我没法交差呢！”这个业务人员还是说出来了，“我们老总交代过，说你们公司是我们的老客户，信誉好，说话要注意分寸，不能得罪，所以我不知道该怎么去催款呢！”

“你稍等一下，我帮你问问。”何炳祥让前台给他倒了一杯茶，同时马上让财务总监过来核实这件事。

“为什么不给他们结算尾款？是不是他们有什么问题？”何炳祥劈头就问财务总监。

一开始，何炳祥以为拖款的情况有可能是供应商质量出了问题或者其他原

因，所以公司才没有结算尾款。

“也没什么别的问题，就是年底财务账面上紧，供应商应结货款、员工年终奖和各种庆祝活动等费用加起来，数额特别大，我就想按照先后缓急付款。那个花边厂多数款项都给了，只有尾款没给，也确实超过了结算日期，不过他今天虽然来了，只是送了一些他们的宣传礼品，并没有开口催款，我也就没主动给他。我怕账面存留不够，要预留一些。到年后再给也应该没什么吧……”财务总监将他个人的想法说了出来。

何炳祥的无名之火腾地就蹿了起来：“既然没问题，钱就应该马上结给别人，合同是什么时间结款，就什么时间给钱！什么账面紧，你不会向我再申请吗？你这里一紧，拖欠别人钱，人家不也要过年？！人家供应商还认为我们不讲信用，或者是我的公司在经营方面出现了问题，真的紧张了呢！你以为你是在帮我赚钱、省钱？拖欠人家款项你还以为你做了好事吗？时间到了拖着不给，人家下次还会优先给我们供货吗？拖欠别人钱，传出去，名声坏掉了，还有谁敢跟我做生意，谁敢与我们月结？到那种时候，每个供应商都怕了我们，都要求现金、全款交易，那还做什么生意？”

何炳祥是有名的急性子脾气，隔壁几个办公室都能听到何炳祥在训斥财务总监。

“我也是为了公司着想，别的公司欠的比我们还多呢！”财务总监还在那辩解。

“为公司着想？这是害了公司！时间到了就给人家钱，这是财务制度，不遵守制度，我们订什么制度？签什么合同？钱留住涨利息吗？钱拖着能给对方压力？错啦！钱留着，信誉就没了。信誉都没了，要钱有个鬼用？！别人欠钱那是别人的事，我们不能欠！我欠你工资，你会舒服吗？你不舒服，那个业务员就舒服？”何炳祥两只手挥舞着，在加强自己的语气。

停了一下，何炳祥发现财务总监低头不语，似乎很委屈。何炳祥觉得自己话没错，只是语气重了一点，嗓门大了一点，于是继续跟他讲道理：“我知道你人不错，对公司也很忠诚，认为这样做对公司有利，自己也没犯多大的错。你不明白，其实你这样做是在害公司。钱迟早是要给的，公司也不是没钱，拖欠别人完全没有必要。拖了款，人家就有很多的想法。即使口头不说，心里在想；即使当面不说，背后会说。信誉一旦有污点，问题就很大。信誉是钱买不来的，信誉不好，生意就难做了。帮公司节省钱没错，但是违反财务制度，就是很严重的错！不能无故拖欠供应商一分钱、一天款！不拖欠员工一分的工钱，这是我奥丽侬的规定。”何炳祥将道理讲得很清楚。

“按照制度，你现在就去前台那里，给那个公司的业务员道歉，立刻、马上给他结算尾款，一分钱也不能少。”何炳祥安排道，“你身为财务总监，却严重违反财务制度，该怎么办你自己清楚，自己到总经办接受处理。”

结果，按照奥丽侬的规章制度，这个财务总监被罚 2000 元，何炳祥也自罚相同数字，款项充入奥丽侬爱心基金。

勇于承担责任，建立召回制度，一片式文胸被大规模召回

诚信说起来容易，做起来难，有时候是需要花费重金的。

在内衣业界和奥丽侬终端商圈子里，关于何炳祥和奥丽侬的“诚信”二字，有件事一直被大家津津乐道，这就是“花重金、保诚信”的产品召回事件。

产品召回，是指生产商将已经发货或销售给批发商、零售商甚至消费者手上的产品收回，产品召回的典型原因，是所售出的产品被发现存在缺陷。

“产品召回”和一般的“三包产品退换货”是两个概念。

“三包产品退货换货”是针对个体消费者，而且不能说明产品本身有任何问题；而产品召回制度则是针对因厂家原因造成的产品批量性问题而出现的处理办法，其中，对于质量缺陷的认定和厂家责任的认定是最关键的核心。

在发达国家，产品召回方式有两种：一种是“自愿认证、强制召回”，一种是“强制认证、自愿召回”。目前，中国还没有全面实行产品强制召回制度，产品召回是国际汽车、高端乳品等品牌使用的手段，一般品牌主要实行个别的退换货制度。

2007 年，奥丽侬购置设备，开始生产一片式无痕文胸（一体成型文胸），并将其作为一个系列推向市场。一片式无痕文胸是基于无缝设备的机械化产品，和传统车缝文胸不同，依赖生产设备来完成，奥丽侬将这一产品宣传为质量可靠、时尚新潮的典范。由于这是奥丽侬首次开发生产一片式无痕文胸，生产工艺与之前的产品并不统一，这埋下了隐患。

奥丽侬的新产品在确定版式之后，都会制作几件大货样板给集团研发试穿人员试穿。试穿一个月后，产品质量没问题，新品才能进行大货生产。

一片式无痕文胸也是如此，试穿员试穿一个月内，并未发现任何问题，产品进入了大货生产流程。

但没想到的是，在大货上市后不久，研发部的一名试穿员发现自己试穿的文胸有些黏合部位出现了开胶现象。

这个试穿员立刻向上汇报。

何炳祥在获悉此事后，立即从仓库里调出大货，对一片式文胸的黏合处进行日晒、高温、水洗、牵引力等多种试验，结果显示，部分产品的部分地方确实存在脱胶现象，这不是个案，但也不是全部。

当时一片式无缝文胸尚没有统一的质量标准，市场还不成熟，各种质量问题时有发生，虽然奥丽侬早就做过了常规的质量检验，何炳祥又去购买了一线商场某著名内衣品牌的同类产品，进行同样的试验检测，结果发现也存在同样的脱胶现象。

由于奥丽侬的品牌效应和当时无痕文胸概念的风行，该系列订货踊跃，各个代理商和终端商均有大量购入，但现在部分批次大货出现问题，如何解决，公司内部会议上再一次发生分歧，众说纷纭。

“既然商场的一线品牌都有问题，价格卖得还比我们贵，别人都在卖，没有下柜，据说投诉率也很低，我们自然也可以卖，再说旺季也要到了。”这是市场销售部主要的意见。

“新产品难免技术不成熟，文胸事实上穿 6 个月就应该淘汰，从这点来看，这个产品就算正常销售也勉强说得过去。”培训部的意见比较乐观。

“退回来，成本损失太大，手工返工比生产还要慢，主要是材料贵，这样一折腾，我们不但没钱赚，可能还要亏本。”生产部的人说。

“如果不同意产品退回，投诉可能会比较多，到时候处理可能就更麻烦。”商品部、品控部的人从另外一个角度说。

其他代理商对此事也有他们的看法，典型的是：“我们可以打折销售，甚至剪标销售，这样消费者对这个产品的心理预期低，即使出现质量问题，她们也认为反正不贵，不值得投诉。剪标之后，也不连累奥丽侬品牌形象。”他们认为来回退换货麻烦，重新结算也麻烦，旺季要来，不如他们自己想办法处理销售。

……

各种想法非常多，何炳祥听了，却都没有采纳。

“你们这样说，都是考虑利益多，而考虑信誉少。我还是那句话，做生意不是 100% 都能赚钱，也会有失误和赔本买卖，失误了就要主动承担损失。有问题的产品，一定不能卖！即使别人卖，我们也不能。大品牌能卖、技术不成熟，这都是借口。质量是绝对的指标，信誉是唯一的标准。这是质量整体有问题，而不是个别的，允许退换货，也不对。”何炳祥否定了所有人的说法。

“我建议所有产品实行召回，向国际汽车品牌看齐。我们招商订货的时候说这个产品质量好，这是承诺。现在有问题，如果不召回，就没有信誉。错了就是错了，不能借故掩盖、不能降价处理、不能低调回避。我认为应该大张旗鼓地召回、一件不留地全部召回，召回以后全部返工，合格了再重新销售，如果还是无法合格，那就全部销毁。之前我销毁过近百万元的内衣，这一批次是近千万元的内衣，真不行我还得毁掉。”

“为了质量，为了信誉，要么合格，要么毁掉，绝不能拿次品销售。”何炳祥将这句话重复了三次。

何炳祥深思熟虑，乾纲独断，一锤定音。

这次召回事件，虽然承担了物流费、返工费等，也耽误了一段时期的销售旺季，但是何炳祥觉得值。

这件事情后，代理商、终端商对奥丽侬的质量更加刮目相看，更加坚定了他们的合作信念。

如何避免同类事故再次发生？经过多次试验和研究，功夫不费有心人，何炳祥最终还是找到了新的、成熟的包边技术，解决了脱胶问题。

“以后这些一片式产品上市都能保证合格，我也放心了。”

“经过这些事情之后，我要求我们的制度小组将新品大货样板确定周期要再延长，将问题扼杀在萌芽阶段，让最终出厂的产品经得起时间的考验。”何炳祥如是说。

通过一系列这样的事例，奥丽侬的各种制度进一步完善，整个奥丽侬内衣集团控制质量、讲究诚信的意识大幅提高，已经蔚然成风。

天道酬勤，地道酬善；商道酬信，业道酬精

诚信，不是无代价的。为了诚信，要付出金钱、时间、精力，甚至更多。

不过，仁者无敌。上苍对诚信者的回报，也来得更加丰厚。

由于讲究信誉，奥丽依招商相对更容易，比起一些新生品牌，经营奥丽依也许收益不是最高的，但代理商、终端商们仍然非常忠诚。因为他们知道，一个有诚信的品牌会走得更稳、更远！何炳祥的奥丽依会与他们同舟共济、共赢共存。

由于讲究信誉，供应商们也特别厚待奥丽依，有什么新的面辅料，优先拿给奥丽依选用，而且愿意给出最优惠的价格。因为他们知道，何炳祥会大量下订单，不会去找低价替代品；同时他也会保守商业机密，并给予专业改进建议和意见。

由于讲究信誉，无论是媒体还是服务公司，都愿意和何炳祥、奥丽依接触，分享心得，共享智慧。因为他们知道，和奥丽依相互学习，互通有无，彼此都有助益。

由于讲究信誉，奥丽依的员工相对其他内衣厂比较稳定，人员流失率较低。如果说这是因为奥丽依的福利比其他公司高，这个很难说，但是奥丽依的人文环境好，薪水准时，员工忠诚度自然较高。

2011 年，在盐步内衣行业协会的全体民主选举中，何炳祥高票当选新一届会长，也跟他比较讲义气、乐于助人、有信誉不无关系。

第二十一章 投资

地产金融双双获利，稳健至上只为内衣

【何炳祥】：我也很想赚钱，赚更多钱。因为大家都认为赚钱是成功的一种硬指标，而有钱也可以有机会做更多的事。赚钱的过程，也是一种乐趣。我并不清高，从不避讳要赚钱。商人赚钱是根本，只有赚到钱，这个企业才能永续经营。衡量商人是否成功，金钱是最重要的指标。但是我也不会钻到钱眼里去，在赚钱的态度上，我有所为有所不为，赚钱不能违背原则，赚钱不能伤害信誉。赚钱的方法有很多种，做内衣只是其中一种而已，做内衣，相比科技、矿产、金融和房地产等，赚钱的速度不算快，但是做内衣是我的乐趣、我的志向、我毕生的事业，所以投入的精力最多。借用一句著名的话："吾爱吾友，吾更爱真理。"我要说"我爱金钱，我更爱内衣"。为了有更多的资金来支持我的内衣事业，我也投资了一些其他较易赚钱的行业。为了我热爱的内衣事业，我恪守两大原则：投资策略要步伐稳健，精力要放在主业上——这就是内衣。

选择大于努力，内衣不是赚钱最快的行业

根据权威机构的调查报告，过去的30年，中国最赚钱的行业分别是：

1. 烟草
2. 金融业
3. 石油
4. 房地产
5. 网络
6. 医药
7. 白酒
8. 电信通信
9. 科技
10. 汽车

当然，这个榜单也有很多种其他说法，例如有化妆品、保健品、小家电、基础建设、矿产、软件、出版业、日化用品、饮料等，各种各样的版本都有。

“但是种种榜单里从没有服装，更没内衣。如果仅仅为了赚钱，那么我不会坚守内衣行业。”何炳祥开诚布公地说。

的确，中国改革开放三十年，各种富豪榜里面，服装行业的人都冲不进前列。究其原因，就是服装行业进入的门槛低，竞争激烈，规模化效益差。顶级人才不愿意进入这个行业，顶级财团也不青睐这个行业。

“选择大于努力，这真的是至理名言啊！”不仅何炳祥这样说，内衣行业的一些老板们也有同样感慨。

确实，在笔者认识的内衣名人中，也不乏思维敏捷、工作勤奋、战略眼光超前的企业家，虽然他们付出了很大的努力，但是自己的品牌依旧是不温不火。

“胸罩利润比房地产高”：华远地产任志强的惊天谬论

据报道，在2013中国商界木兰年会上，依文集团董事长夏华和当当网董事

长俞渝在会上曾说："当前房价实在是太贵了，一套房把三辈子的收入都套进去了。"

而华远地产的董事长任志强反问夏华："一个房产项目从开发到最终完成要好几年，你做一套衣服用多久？再说，胸罩那么大一点，要好几百块钱，按平方米算，比房子贵多了。"

任志强的言论被媒体刊登后，一语惊起千重浪，引发了很多人的关注和热议。

何炳祥看到这个新闻，感觉啼笑皆非，他也有他的解读。

"内衣和房产，这两样东西有可比性吗？内衣的单价多高？绝大多数是几十元到三四百元之间而已。房地产的单价又是多高？五六千元到五六万元一平方米啊。在北京、广州要买一件内衣，几十元几百元都有，你可以随便挑。但在这些地方买一套房，没有一百万元以上，你问都别想问。天壤之别啊！"

"内衣已经是一个竞争激烈的行业，不管是在大城市还是在农村，你可以选择贵的，也可以选择便宜的，甚至可以直接去网上购买。也就是说，你有的选择。"何炳祥这样分析内衣。

"至于房地产，你长期住在这里或者准备以后在这里发展，你只能在这个地方买房，你能够谋生的地方也是大家能够谋生的地方，这个地方的房子就会很贵了。大家都不能谋生的地方，那里房子确实很便宜，比如某些地方的农村，那是因为那里的经济环境所限，年轻人没有更大的就业机会和发展前途，他们不愿长居此地。所以说在什么地方买房子、买贵的还是便宜的房子，其实是没有更多选择的，这样城市里的房地产价格就一直在飙涨。"

何炳祥反问道："资本是逐利的。你能看到不少做内衣的老板兼做房地产，但你什么时候看到做房地产的老板改行卖内衣了？从单品看，内衣价格好像确实比较高，但这是表象而已，内衣的利润是厂家、代理商、终端商等共享的，不是一家独享。在厂家而言，厂房租金、税收、人工、市场推广、折旧、水电、银行利息、营销费用等费用颇高，最后到手的利润其实很微薄。如果再加上意外开支，能不能赚钱，都是未知数。"

"代理商和终端内衣店也是一样，他们也都有店租、装修、人工、税收、折旧、推广等成本，他们的毛利润其实也很低，一旦经营不善，到了季尾清仓，只能保本甚至亏本甩卖，说不定就成了'账面赚了、实际亏了'。"何炳祥非常懂得体谅他的代理商和终端商们。

“确实，由于门槛较低，内衣入行者众，早些年很容易赚钱，但是厂家想赚很多钱，难度较大。而房地产价格之高，利润巨大，令人咋舌，这也不是内衣行业可以相提并论的。打开中国富豪榜，排在前列的没有一个来自服装行业，倒有超过一半来自房地产。现在内衣原材料上涨、税收上涨、地价房租上涨、人工费用更是暴涨，但是内衣的销量涨幅、产品单价并没有同步上升，再加上不断有新的内衣厂家或品牌进入，粥少僧多，行业利润继续被摊薄。”

何炳祥说到这些，也是一脸无奈。

“没有规模，再高的利润，都是空谈。任总说这句话是偷换了概念。服务的利润最高，因为接近零成本，但如果仅仅是单一的服务是赚不到太多钱的。”何炳祥的这种说法，是很有道理的。

何炳祥分析如此透彻，与早些年他也曾涉足房地产不无关系，不过那时他并不是刻意进入这个产业，而是机缘巧合。

你不理财，财不理你：何炳祥的理财观

何炳祥初期做日本外单以及在奥丽侬早期还是赚了钱的，资本需要寻找出路，而不能放在银行被动贬值。

“你不理财，财不理你”，何炳祥很早就懂得这个道理。

何炳祥说：“小时候，馒头五分钱一个，现在要五毛钱；葡萄一毛钱一斤，现在要十元钱。货币发行量不断增加，刺激经济增长，通货膨胀随之而来，导致物价飞涨。日本、韩国的物价单位也曾经和我们一样，现在动不动已经是千万、亿万的计算方式了。如果不理财，财富一定会贬值的。”

何炳祥的思维是非常活跃而现代的，他对金融很早就有认识，广佛大城市圈的自由经济环境，以及他早年做欧、美、日等国外销单的经历，让他对投资早有认识且印象深刻。

他主要投资了金融和房地产。

何炳祥这样解释他的投资：“烟草、石油、电信等，谁都知道非常赚钱，暴利啊！但这些属于垄断行业，我们没有机会；网络、科技、文化这些行业，人家做的是纯专业，不懂就不能去瞎搞；保健品、小家电、食品这些行业，早已形成了产业集群，再说了，我对这些不是很感兴趣；金融和房地产主要靠战略眼光，对技术含量的要求也没这么高，而且起点高，一般人也不能做，感觉

这个比较适合我，于是我就去做了。”

涉足房地产，纯属小偶然

虽然何炳祥做过房地产，但过程并非刻意，纯属偶然。

早在 1996 年，何炳祥送女儿何芷滢去小学读书时，发现学校正在建设新教学楼，当时心里不禁为之一动。

当年，何炳祥的产能迅速扩大，现有的厂房无法满足生产需要，只能到处租赁，租来的厂房规模大小不一，几个厂区生产，来回奔波和运输，效率低下，形象也不好，何炳祥很想拥有自己的、按照自己规划的大规模现代化的厂房，这样就方便他大展拳脚。于是他在盐步大道和广佛新干线（原联安大道）交界处购置了一块地皮，但是迟迟没有动工。

何炳祥看这个小学教学楼建造的外观不错，于是就到工地上逛了逛，想认识这个建筑老板。

在工地上，他看到一个长相憨厚、衣着朴实的年轻人，以为是工人，就问道：“你好，你们的老板在吗？”

“我就是啊，有什么事吗？”那个年轻人回答。

这个年轻人就是苏细煌，华鼎建筑公司的老板，也是南海人，盐步镇隔壁平洲镇的。

“当时我第一眼看见何炳祥，还以为他是学校的美术、音乐或者舞蹈老师呢。” 苏细煌对第一次见到何炳祥印象非常清晰：“一看就和别人不一样，他穿着非常时尚！”

初试莺啼，第一栋奥丽侬厂房就荣获佛山市优秀工程奖

“我之前做的业务，主要因为自己人缘好，做事踏实，质量好，所以才拿到一些业务。但我说句老实话，当时我们的审美一般，基本上，建筑都是四四方方的，都像标准的工业厂房，外观都差不多，现在看来，就一个字，俗！认识何炳祥，让我们提升很多。”苏细煌的话直率而简单。

“当时做奥丽侬厂房，可把我给整惨了！”苏细煌憨憨地笑着，“他找来那么多图纸，要求这样、要求那样，都是一些稀奇古怪的点子。要建那种充满艺术感的厂房，那些图纸一般都是欧美风格的，在中国很少，公园、剧院等才

采用这样的风格，但是何炳祥就是要这种，还要兼顾厂房的实用性，确实把我们难倒了。”

从本质上来说，奥丽侬的第一栋厂房是何炳祥的作品。如果用“父精母血”的比喻，何炳祥是父亲，赋予了厂房艺术精神，而苏细煌将这栋大厦变成现实，最终完成。

在20世纪90年代，这样的艺术化厂房一经诞生，就显得特立独行、与众不同，这引起了相关部门的注意，被评为“佛山市年度优秀工程奖”。

这是苏细煌和何炳祥两个人都没有想到的结果。

这个结果催生了一系列的变化：苏细煌从一个包工头转变成真正的建筑工程公司老板，从此他的公司甚至人生都发生了本质的变化。

“这是我第一单私人业务，以前都是公家的，但是这是我最重要的一个业务。何炳祥提升了我，改变了我。在承接他这个厂之前，很多人劝我不要做，说何炳祥要求太高，脾气很大，不容易做。不过做完之后，我们变成了好朋友，甚至是兄弟。” 苏细煌说这段话时，非常深情，频频点头。

而何炳祥也因此对建筑和装修产生了极大的兴趣。他随即又亲自设计了一栋别墅，将当年没有完成的平面美术梦想，变成了现在的立体建筑艺术。

●广东奥丽侬内衣集团公司黄岐工业园实景图

由于盐步镇较小，地皮紧张，随着奥丽侬的生产规模再度扩大，何炳祥后来在隔壁的黄岐镇再购得毗邻广州环城高速浔峰洲出口处的大幅土地，新工业园于 2005 年落成，这就是现在的奥丽侬内衣集团黄岐工业园。

当年这栋宏伟、极具欧洲皇室风范的建筑引来赞誉无数，这也是苏细煌和何炳祥的共同杰作。

力压雅居乐和钜隆房产，投得黄金地块，建成骏雅豪园

苏细煌和何炳祥成为非常好的朋友后，两个人经常在一起喝酒、聊天、旅游，也一起寻找新的商机，以至于很多盐步甚至大沥人以为苏细煌和何炳祥互持股份。

新的商机来了！

2002 年，雅居乐地产一举拿下了南海盐步与广州芳村毗邻的穗盐路总占地 88 万平方米的土地，聘请著名设计公司进行社区总体规划设计，把自然环境与人的生活起居有机结合，创建一个环境优美、配套完善的高品位港湾豪宅生活社区，就是现在的雅居乐雍景豪园。现在这个超大的生活社区，已经非常成熟。

随着雅居乐地产大举进入盐步，盐步迎来了房地产开发的热潮。

2004 年，穗盐路与盐步大道交界处西边的一块地皮即将拍卖，这块地皮虽然距离广州略远，相隔有一里多路，但是距离盐步镇中心街道更近，配套生活设施显然更加便利。

苏细煌得知了这个消息，告诉了何炳祥。何炳祥认为这是一个机会，他们开始联手竞标。

项目要做成什么特色、整个设计格局如何、楼高设置、容纳户数、绿化率、容积率、税收成本、建筑成本、时间安排、人力资源、如何宣传推广、预计售价、样板装修、利润估算、风险控制等，可以说千头万绪，只有把这些都弄清晰，才能进行竞标拍卖。

知己知彼，百战不殆。竞争对手预计出多少钱以及他们的规划，这些都是要考虑的。

由于时间仓促，何炳祥在 2 个小时内，将上述成本利润计算一遍，制定了大致投标策略。苏细煌看了这些密密麻麻的数字，犹如天书，直呼“不服不行”。

这也是何炳祥的长处，他对数字基本上可做到过目不忘，几周前甚至几个

月前别人给他的数据，他都还能清晰地记得，这也使得他的属下或合作伙伴在出具报告或方案时，尤其是涉及数据方面，丝毫不敢马虎大意。

2004 年 8 月 28 日，苏细煌清晰地记得这个日子，他和何炳祥一起参加竞拍。

竞拍的对手堪称强大，其中主要对手有两个，一个是著名的中国地产百强的雅居乐地产控股有限公司（港交所：3383），另一个是本地的佛山市钜隆房产有限公司。

前者已经闻名中外，不用介绍。

后者钜隆房产则是佛山本地的超级龙头，也是名声赫赫。钜隆房产 1995 年就成功开发了盐步家具城，此后的数年间又先后开发了乐从钜隆家具城、中大小商品城、中大皮革城、钜隆商业城等多个在当地享有盛誉的专业市场。此后涉足更多的房地产业，根植佛山本地，辐射周边地市，影响力极大。

两年前，雅居乐雍景豪园的地块起标价是 41 万 / 亩，而这两年房地产波澜不惊，大家认为上涨幅度有限。没想到，何炳祥的举牌竞标过程，掀起了腥风血雨。

别人总价 10 万 10 万幅度往上逐步加，而何炳祥直接举牌增加 200 万，一次性幅度往上加，直接将两个大佬唬住了。眼看价格瞬间被何炳祥抬到超过拍卖底价的 50%，达到 90 万元 / 亩，雅居乐地产和钜隆房产不再举牌，宣布放弃。

“太刺激了！太刺激了！太刺激了！” 苏细煌直到现在依旧这样说，“何炳祥计算过，如果 10 万 10 万幅度往上逐步加，两大对手就不会那么干脆舍弃，要显得志在必得，直接加 200 万，这样从气势上战胜对手。雅居乐虽然有实力，但是目前正在开发雍景豪园大盘，精力或有不集中，之前拿地捡了一个大便宜，此次他们以为出价不高即能得手，我们不能给他们太多思考时间。而钜隆房产当时开发的盘不少，不会豁出去与我们力争。”

“我们要给对手一个感觉，那就是背后有强大的财团在支撑，这样他们就会早早地知难而退，避免我们最终出价太高。结果一切如何炳祥所料。”

苏细煌说：“关键是何炳祥认准房地产趋势大好，这块地有巨大升值潜力。”

现在，骏雅豪园是盐步最好的楼盘之一，被评为一级楼盘。人文地理位置好，园林建筑优美，环境清净，绿化率高达 35%。作为高档低密度成熟社区，配套设施齐全，内部规划合理而有品位，实行封闭式管理，升值近 200% ～ 300%。随着周边的配套设施进一步成熟，骏雅豪园区域升值潜力依旧巨大。

苏细煌和何炳祥一次性赚得盆满钵满。

机修主管前来看房，何炳祥心里打开天窗

骏雅豪园开盘之日，何炳祥来到售楼处，看看各界的反应，意外地发现很多奥丽侬的员工也在现场。骏雅豪园开盘的时候不到 3000 元 / 平方米，这个价格当时并不算便宜，对于普通工薪阶层而言，还是难以望其项背的，但是对于中层管理人员，如果办理按揭，首期东挪西借，还是可以供得起的。

奥丽侬员工之中，有一位机修主管麦先生，反反复复地在看，就是不下手，但是又不舍得离开，何炳祥看在眼里，记在心上。

“阿麦，想买房？”何炳祥主动走过去问。

一看是老板，麦先生有点不知所措：“老板，想是想啊，买不起啊！”

“你不是广西人吗？怎么想要在盐步买房呢？” 何炳祥问。

“在厂里干了好几年了，老婆和孩子都过来盐步了，租房住不方便呀，想买房，就是买不起啊！” 麦先生无奈地说。

“还差多少？我借你。” 麦先生是何炳祥的得意门生、奥丽侬的老员工，如果能帮助他圆梦，借一点钱给他买房，也是可以的。

“差得可太多了，我要养两个孩子，老婆暂时又没工作，老家也要建房，不好意思向您开口借钱，数额大了点。”麦先生是个老实人。

麦先生看着房子恋恋不舍的眼神，对何炳祥触动很大。当时的何炳祥已经住进了自己设计的超大别墅，而他的得意门生竟然买不起一套普通商品房。

回到家，何炳祥将在售楼部看到几个奥丽侬员工看楼的事情告诉妻子梁雪兰，尤其详细描述了麦先生那个眼神，简直让人受不了。

“能不能先送给他们房子，然后逐月从工资里面扣，就像买房按揭一样？”梁雪兰不但是一个面慈心软之人，还非常善于变通。

“我怎么没想到这一点呢！这个主意很好，我只一直想借钱给他们，却没想到房子也是可以借的。房子既然是我们开发的，卖给他人，不如优惠给自己同事。这样他们也就能安心工作，父母孩子在身边，每年就不用为了回老家来回折腾了，而且他们也更稳定，不会频繁跳槽。”

“这是一个好点子！” 何炳祥茅塞顿开。

每月扣员工工资抵楼款或者借钱给员工买房，好像都不算太妥，何炳祥思来想去，最后干脆拟定了一个“针对中高层管理人员、忠诚技术员工签服务合同送住房”的形式，房子可以先入住，凡是这些员工服务奥丽侬满 10 年，房子

就过户到该员工名下。

消息一出，奥丽侬上下沸腾了，很多符合条件的员工主动申请加入这个计划，几乎人满为患，何炳祥为员工预留的骏雅豪园房子套数几乎不够用。

时至今日，奥丽侬的中高层管理人员和核心技术人员，在盐步内衣界算是最稳定的，跳槽率最低，很多员工工龄在 10 年之上，服务超过 15 年、20 年的也大有人在，这构成了奥丽侬的中坚力量。

而这些房产以 90 平方米计算，现在市场价值都在 80 万元上下。这些签订上述合同的员工，在工资完全没有减少的情况下，有了这样的一套房产，远远比许多来回跳槽的员工更成功。他们中的部分人因孩子户口随迁需就近入学，何炳祥也尽力帮忙。

●何炳祥早年开发的盐步骏雅豪园小区

无心插柳，何炳祥在骏雅豪园项目上，不但赚了不少钱，还意外赢得了人心，稳定了中高层团队。

高歌猛进，何炳祥投资逐步扩大，入股南海农商银行

骏雅豪园项目的成功让何炳祥对投资信心倍增。

在这之后，何炳祥与苏细煌陆续进行了其他一些地产的投资，如盐步老火柴厂旧址、黄岐华丞酒店旁边地块等。

2011 年 12 月，已有 60 多年发展历史的南海农村信用社正式改制成南海农商银行，是南海区内唯一一家法人银行机构，业务规模稳步壮大。截至 2013 年年末，资产总额 1081.73 亿元，比年初增加 243.62 亿元，增长 29.07%，成功跨越千亿元新平台，向全国农商银行前十强迈进。

在改制的过程中，南海农商银行需要吸收大量民间资本，充实储备金，同

时对具有发展前景的企业进行贷款优惠扶持。

由于奥丽侬在南海内衣企业中拥有龙头明星地位，以及何炳祥本人的巨大号召力，何炳祥获邀参股南海农商银行，成为股东之一。

此时，正值何炳祥高票当选为盐步内衣行业协会会长，在他的建议下，南海农商银行对盐步内衣行业协会会员授信100亿的贷款额度，有力地推动了盐步内衣的发展。

"何董为人热诚，讲究信用，有担当精神，我们都很敬重他。他具有很高的商业境界，对盐步内衣和南海经济都有使命感和责任感，这让我们很钦佩。他经手了很多内衣企业的贷款担保，信用良好，是南海农商银行最优质的客户，也是最受尊重的股东之一！"

南海农商银行原副行长给予了何炳祥高度的评价。

师傅罗杰伦的忠告：切忌贪婪，稳字当头

2007年，正是何炳祥的内衣、地产都风生水起，正欲进一步扩张之时，这年春节，何炳祥前去给已经退休静养的师傅罗杰伦拜年。

听了何炳祥的讲述，罗杰伦感到开心，也觉得有些担忧："在某些方面，你超越了我，闯出了自己的路，你很努力，也很成功，我看着很开心。服装内衣的外延发展确实不如房地产、金融、科技、文化等行业来得快。你的方向是对的，这样很好。"

罗杰伦在肯定何炳祥之后，也提出了他的担忧：

"日本、香港都经历了大起大落的地产成长和泡沫破裂；金融风暴过些年就会再来一次，这是自由经济的规律，也是资本制度的弊端。从1997年到现在，整整10年了，中国高速发展，年均GDP竟然达到了10%，这是一个极其惊人的速度。现在人人都很乐观，都觉得未来经济还会继续飘红。"

"我看不一定。人无千日好，花无百日红。我隐约觉得未来经济一定会有调整，至于调整多大，这个就不好说了。1929年的美国、1988年的日本、1997年的香港，金融风暴来之前，很少人知道的，知道的人多，那就不叫风暴了。我自己也摔了个大跟头，这个教训惨烈啊。前车之鉴，我希望你现在适当紧缩，不要贪婪，稳健第一，发展第二，待行情转暖稳定后，再出大手笔也不迟。"

这些话，说得何炳祥后背发凉。

的确，师傅罗杰伦曾经是“香港胸围大王”，在整个亚洲也首屈一指，不知道影响、惠泽了多少内衣企业。而今老来却归隐山林，修身养性，虽然也怡然自得，但毕竟也留下了遗憾。这样的话语，是带血的金玉良言，是长辈对晚辈的殷殷爱护，何炳祥听了频频颔首，默不作声。

此后，何炳祥悄悄地收缩了战线，开始了“持币为王”的理财时代。

2008 年金融风暴真的席卷而来，全球一片恐慌，又有多少企业伤筋动骨，留下不可治愈的创伤，但是何炳祥却非常淡定，因为他稳健的投资理念，也因为恩师的指点，让他第二次避过了风浪。

妻子梁雪兰的劝导：我们是奥丽侬人，我们是内衣人

当初，何炳祥越来越多地将精力转投房地产和金融，令妻子梁雪兰逐渐不安。

梁雪兰与何炳祥在对待内衣上的观念完全一致，但是在其他观念上存在一些分歧。

梁雪兰对何炳祥说：“我们做了内衣，那就要做好内衣；创立了奥丽侬品牌，那我们就是奥丽侬人，不能心有旁骛。一心不能二用啊，你现在已经是二用、三用了，我非常担忧。那些房地产和金融，你还是少管一点吧！”

何炳祥听了妻子的话，觉得好像不全对，但又有几分道理：“世界上有乐趣又能赚钱的方式还有很多，为什么不去尝试？人生那么短，不多去试试，岂不是可惜了？你放心啦，我始终记得我首先是奥丽侬内衣人，其次才是房地产老板和银行股东。后面的事务，主要是我的合作伙伴们在做，我只是投资入股，并没有全情投入。现在是一个多元化的社会，分散投资，有利于分散风险，这是稳健的做法。放心吧，我做生意，稳字当头，赚钱其次。投资银行是比较稳健的，房地产我也收缩在可控范围。你说的对，我们的重心在内衣。”

“我的心永远属于内衣！这是我毕生的事业！”何炳祥重复道。

我爱赚钱，我更爱内衣

笔者试着问他一个非常庸俗的问题：“你爱钱吗？你爱内衣吗？如果把钱和内衣排列一个先后顺序，你更爱谁？如果这两者只能选一个，你又选谁？”

何炳祥哈哈大笑：

“我当然爱钱，也爱内衣。如果硬要排个顺序，有一句话‘吾爱吾友，吾

更爱真理’，套用这个就是‘我爱赚钱，我更爱内衣’。”

“二者只能选其一，你这个假设就是错的。我的师傅罗杰伦说过，只要女人还穿内衣，我们就能赚钱，所以你的问题就是错的，钱和内衣，我都要。这样回答可以吗？”

听到何炳祥稍显狡黠的回答，我无话可说。

第二十二章　门徒

开枝散叶传授技艺，堪称内衣黄埔军校

【何炳祥】：师傅罗杰伦曾经跟我说过一句话，叫做“开枝散叶”。这个本意是树木枝叶繁茂，子孙繁衍兴旺。师傅所说的“开枝散叶”，就是要多多授业学徒，让更多的人继承内衣的技艺。一花独放不是春，万紫千红春满园。中国内衣的繁荣、人民对内衣消费需求的提升，不是一个奥丽侬就能实现的，需要更多的内衣人、更多的品牌去共同完成。我忠实地奉行了“开枝散叶”的思想，一如当年师傅对我本人以及盐步、乃至对中国内衣的贡献一样，我也将对内衣的理解和技术毫无保留地教给了徒弟和员工们。有人跟我说，猫教老虎，结果反而被老虎咬，好在猫留有一手，结果因为老虎不会爬树，猫才躲过一劫，以此劝我“留一手”，避免出现“教会徒弟，饿死师傅”的情况。早年我确实有过这样的顾虑，现在我想通了。徒弟进步，才能倒逼自己，不敢放松学习，这样自己才能进步，而不是睡在成绩单上。如果我没有继续进步，“饿死师傅”是我咎由自取。我唯一能做的，就是活到老、学到老，让奥丽侬永葆竞争活力，继续为中国内衣贡献光和热。

中国第一代内衣黄埔军校黛丽斯，培育了大量的人才

1997 年之后，一代“香港胸围大王”罗杰伦退隐江湖。

平心而论，黛丽斯是中国第一代内衣黄埔军校，这个名声在南海更是无可非议。黛丽斯的罗杰伦也因对中国内衣的杰出贡献，而被历史铭记。奥丽侬、美思、嘉莉诗、依之妮、姐妹花、新怡等品牌，还有很多很多大连等地的内衣品牌，直接或间接源自黛丽斯。在中国内衣的发展过程中，黛丽斯居功至伟。

作为黛丽斯创始人的罗杰伦，不但为中国内衣带来了技术、资金，其光辉的人格魅力，更令业界景仰。

纤妍危志强：奥丽侬是新内衣黄埔军校，而何炳祥则是校长

“奥丽侬是盐步内衣的第二个黄埔军校。” 纤妍内衣的董事长危志强毫不犹豫地回答笔者：“我们都是这个军校的毕业生，而师傅何炳祥就是这个军校的校长。”

的确，这个说法也有其一定的道理。一个学校是否闻名，主要是看它是否桃李满天下，看从这里走出了多少成功的学子。奥丽侬培养的一大串得意门生辉映着中国内衣界：

纤妍内衣董事长危志强
枫莲内衣董事长杜成平
标美内衣董事长杨建伍
蓝馨内衣模杯厂董事长杨长富
芬琦内衣董事长杨长银
倚媚内衣董事长王春林
芷非服装董事长方文龙
媚斯内衣董事长潘少芳
美润服饰董事长王小东
长沙天阳服饰总经理艾浪滔
徽坊世家总经理金怀庚

如思服饰总经理王斌
鼎上贸易总经理王保健
牧韵服饰总经理乔林
……

如果算上间接的“徒子徒孙”们，这张名单可以列很长、很长、很长。

纤妍危志强：何老板为了质量，可以不惜一切

“何老板是一个追求完美的人，他将质量放在最高位置，为了质量，他不惜一切代价。这不是嘴巴说说的，他是真的这么干啊！各种关于他对质量要求非常苛刻的传闻，一点也不假，是实实在在的。我在奥丽侬做过，亲眼所见，而且好多次。” 纤妍内衣董事长危志强这样评价他的师傅。

危志强讲述一个他在奥丽侬工作时发生的事情：

有一次，危志强发现了一批已经生产好且已入仓的产品存在色差，其他人觉得虽然有色差，但是产品本身看起来依旧很好，认为并不会影响质量和市场销售。

那时候的内衣面料有色差是比较正常的事情，染色和印花过程由于操作的异同，样品和大货之间出现颜色误差很正常，关键是看每个企业能够容忍的色差有多大。

危志强也拿不准该怎么办，又不敢和大家一样装作不知道，只能汇报给何炳祥。

何炳祥在仔细对比了样品、画册、大货之后，认为已经构成“货不对板”，这也是质量问题，坚决不让出货。这种事情在别的内衣厂，只会认为是“颜色不够正”，可以销售或者折价销售。但何炳祥立刻下达重新订购面料、重新生产的指

●何炳祥与危志强（前排右一）

令。这一来一去，成本和人力损失自然不小。

危志强一口气说了五六个何炳祥如何控制质量的故事，我们在这里就不再一一复述。不过其中有一个故事蛮有意思，简单地讲述如下：

当年，奥丽侬还只是以生产文胸为主，只是搭配性生产保暖内衣、家居服和小内裤。

危志强记得，有一次采购部选了两个保暖内衣面料样品给何炳祥挑，一个是比较好的，一个是更好的。结果，何炳祥选择了更好更贵的。但因为采购部员工传达有误，最后确定了那个比较好的，还生产出了 30 多万元的货。危志强亲自看过这个布料，也认为非常好，没有问题，完全合格。但是何炳祥看了后，力排众议，觉得必须用最好的。于是重新订单、重新生产。

何炳祥跟大家说："做保暖内衣、家居服，主要是让顾客们有更多的选择，满足他们在奥丽侬的店铺里实现一站式购物的需求。奥丽侬以专业的文胸起家，质量更加可靠。但是家居服、保暖内衣等并不是我们的专长，所以更要注意质量。消费者对家居服和保暖内衣的上身效果没有文胸那么高要求，但我对生产的质量要求是和文胸一样的，面料选择是关键。"

"要让奥丽侬内衣旗下的保暖内衣和文胸有着同样的高质量，这是必需的！"这些对质量的要求，在危志强心中打下深深的烙印。

"我自己独立创业后，一直以何老板对质量的要求做榜样。可以这么说，奥丽侬的核心竞争力就是质量，而且长期连续地保持，非常不简单。我们这些何老板的学生，也在努力继承这一传统。我创立的品牌在市场上也广受欢迎，这些都受惠于何老板的言传身教。在内衣行业，我要感恩的第一个人、也是最重要的人，就是我的师傅——何炳祥老板。"

危志强再重复强调："对何老板，我是'感恩'，不仅仅是'感谢'那么简单。"

纤妍危志强：一生的师傅，永远的老板

危志强和何炳祥都是南海当地人，算是乡里。

笔者与危志强私下聊起何炳祥时，发现他总是左一句"我老板"，右一句"何老板"。我问他为什么这样称呼，为什么不称呼何炳祥为"师傅""何总""何董事长""何会长"？

危志强说："我们广东人称呼老板，和北方人的含义可能有所不同，至少

我本人这样认为，‘老板’除了是BOSS、上司的意思，还有‘头领’的意思。我用‘老板’称呼‘何炳祥’，可能潜意识地将他视为我们这些盐步内衣人的‘头领’、带头人的意思。” 危志强把话锋一转，“何炳祥以前是我的老板，现在也还是我的老板，以后也一直是我的老板。一生的师傅，永远的老板。” 危志强说这句话时加重了语气。

枫莲杜成平：“早”，凡事快人一倍，上厕所提裤子都比我快

“何老板夫妻俩对自己要求很高，特别爱岗敬业，他们上班都比我们这些员工早到，我们那时八点上班，到公司时总是看到何总已经在办公了，搞得我们都不敢迟到。何总做事快，很快！这是一大特点。”枫莲内衣董事长杜成平在说到师傅何炳祥的时候，曾经总结一句：“他凡事快人一倍！即使上厕所也是一样。”

说起上厕所的事情，杜成平记忆深刻。

有一次杜成平上班时间去上厕所，感觉后面来了一个人，脚步非常紧。杜成平回头一看，是何老板。他还在想是打个招呼呢，还是径直自己上厕所呢，就在他还没想明白的时候，砰的一声，何炳祥已经进厕所关门了。

杜成平担心老板会批评自己上厕所磨蹭，这次厕所上得比较快。等他出来一看，何老板早就手都洗好了，准备离开。

“老板，你上厕所怎么那么快？” 杜成平问。

“做事要有效率，我提裤子都比你快！”何炳祥随口说。

这随口的一句话，也许何炳祥早就忘记了，但是杜成平没有忘。

从此以后，杜成平做事更加讲究效率，决定了就立刻去做。快，从此也成为杜成平的做事标准。

“一天快一步，十年快很多。” 杜成平自己总结出这个道理。

枫莲杜成平：“晚”，做事不论多晚，加班家常便饭

“要说奥丽侬上班时间最长的人，那肯定是何老板。我们没上班他就来了，我们下班了他还没有走。前面是‘早’，后面是‘晚’。当然，何老板心思一直扑在奥丽侬内衣上，无论上下班，其实都在想怎么做好，本质上来说，他是除了睡觉外，其他时间都是处于工作状态的。这就是老板和员工的区别。”杜成平说。

杜成平在奥丽侬早期就职的岗位是裁床，何炳祥看他是一个人才，对他非常优待，即使中间曾经因为家里有事离过职，何炳祥也既往不咎，欢迎他再回来。而杜成平的裁床也是何炳祥手把手教会的，当年作为裁床班班长，他将裁床部门由原来的 42 人减少到 28 人，产量反而增长了 2.5 倍，业绩非常突出，被何炳祥树立为奥丽侬全公司的学习榜样。

有一次何炳祥亲自参与画唛纸样，态度一丝不苟，非常认真，甚为投入。画唛纸样不但对质量和设计非常重要，合理的安排还能提高效率，节省布料成本。杜成平和主要的几个负责人一直跟着学习。

何炳祥一直画到晚上 11 点，才觉得满意。然后一挥手："大家一起去吃消夜吧！"

"老板，你还没吃晚饭哩！" 杜成平说。

"我没吃晚饭吗？真记不得了。这也没什么，晚饭、消夜合在一起吃！"何炳祥回答。

在 1996—1998 年之间，奥丽侬转内销、自创品牌，要经常下市场，研究中国人的乳房结构、外国内衣的优秀设计，比外销加工单更辛苦，更复杂，那时候也招聘不到什么专业人才，主要是公司几个核心人员亲自上阵。在杜成平的记忆里，那时候加班很晚是家常便饭，已经不知道和何老板一起熬过多少个通宵了。

枫莲杜成平：奥丽侬，中国质量最好的内衣

杜成平 1993 年 4 月 3 日进入奥丽侬，经历了奥丽侬加工高水平日本单和奥丽侬自创品牌两大关键时期，对奥丽侬的工艺技术和核心价值了如指掌。

"何老板为什么会那么成功？我想关键就是质量，这也是奥丽侬的精髓。奥丽侬是盐步最早加工全世界要求最严格的日本单的，当时只有何老板敢做、能做。就像现在能代工苹果手机一样，了不起！别人的裁片误差是小于 5 毫米，奥丽侬是要求小于 2 毫米，高于这个误差的全部返工。

"奥丽侬的起点就是世界顶级内衣，至今我仍然认为，奥丽侬是中国质量最好的内衣。何老板对质量的苛求，已经融入奥丽侬的精神和血液之中，甚至遗传到我们这些学生的身上。关于奥丽侬为了控制质量的各种传闻实在太多，留给其他人去说吧！"杜成平后来自创品牌，跟他善于观察归纳、总结消化奥

丽依的精华有关。

“奥丽依是中国内衣品牌质量的标志、中国质量最好的内衣。他影响了中国一代人对内衣的追求。何炳祥和他的奥丽依代表着内衣的严谨，是中国内衣质量进步的主要推动者。”

这句话出自何炳祥的徒弟、也是同行的枫莲内衣董事长杜成平口中，显得令人信服。

枫莲杜成平：专门写了一首感恩歌曲，其中就有感恩何炳祥

名师出高徒。何老板教我们的方法，我感觉有四点：

“一是细细地教。他教我们很细腻，道理说清楚，亲自手把手教。内衣并不容易做，有内衣老板曾说，做内衣和做空客飞机一样难，是有一定道理的。而何老板将全部流程都教给我们，几乎没有保留。

“二是深深的爱。他对内衣充满热爱，对我们员工也很关爱，做事充满激情，在他手下做事，会被熏陶激励。

“三是重重地罚。一旦我们没有做好，违反规定，那么惩罚也是非常严重的，何老板非常讲究原则，一旦违反了制定的规则，就没有什么情面好讲了，我们都很害怕，不敢不做好。

“四是默默地提。这个提是提升的意思，何老板和我们一起研究提升质量、创新设计，研究市场，让我们提升很快。他将精华都教给了我们，所以我说他是我生命中最重要的人。”

杜成平饱含深情地说：“何炳祥是我生命中的贵人。”他将这句话连说了三遍。

“他善于发现人才、运用人才，而且培养人才。我在奥丽依工作 6 年多，他不但教我裁床，还教我做内衣的全套本领，快速提升我的职位，增加我的工资，尤其是教我做人。何老板坚忍不拔的拼搏精神，我至今也跟不上。”

“生我者是父母，而何炳祥是我的再生父母。他是我的老板，也是我的教父，而我曾是他的员工，也是他的门徒。虽然我和他对某些观念的看法不尽相同，但对于做人，我非常认同。为了表达对他的敬意，何老板来我们厂视察的时候，我让全厂员工在操场列队迎接。枫莲十周年的时候，我本人特别撰写了一首歌曲‘感谢你’，以感谢祖国、父母、良师益友、大沥镇、全国兄弟姐妹等，其

中良师益友，我指明就是何老板。”

杜成平将最高的礼遇、最高的评价，都毫无保留地送给了何炳祥。

●当年枫莲董事长杜成平组织员工列队欢迎何炳祥

标美杨建伍：何炳祥教我要爱内衣

标美内衣董事长杨建伍，提到师傅何炳祥和奥丽依，打开了话匣子，根本停不下来。

他能清晰地记得和何炳祥的第一次对话。

那是 1996 年，从湖南益阳来到盐步的杨建伍正在街头找工作，那时候各内衣厂家主要是招女工，女人找工作非常难，男人找工作更是难上加难，要么有一技之长，要么有高学历。杨建伍吃够了找工作的苦头，如果不能及时找到工作，吃饭住宿都成问题，更无法办理三证，其中有一个是暂住证，那就有被收容的风险。

他路过奥丽依厂门口，当时保安正在门前贴招工启事，于是就赶紧凑上去。他一看内容：

装箱工， 1 名，男性，23 岁以下，1.7 米以上……

装箱工实质上就是搬运工。杨建伍头脑极其灵活，他想，如果招工信息一贴出去，肯定会有几十个人来应聘，那么自己的机会就渺茫了。于是立马跑过去，拉住保安，扯住招工启事红纸的下沿：

“大哥，别贴了，只招一个，那就是我了，我很勤快很能干的！” 杨建伍毛遂自荐。

保安一看这个小伙子年轻有朝气，一脸诚恳，态度积极，而且嘴巴也甜，就真的没再贴招工启事了。当然他也知道，装箱工要求不高，这个小伙子虽然个子不高，但是体格健壮，应该能胜任，于是将杨建伍直接引荐给人事部。

杨建伍走进办公大厅，保安让他等一等。在等候的时间里，他看到四周都贴满了只穿着文胸和内裤的女性内衣广告，脸一下子就红到脖子根了。杨建伍是个老实人，以前在家接受的是传统教育，从来没看过这么多性感的图片。在1996 年那个时代，这些图片简直有点“淫荡”。

这时候，有位男士路过他身边，杨建伍非常局促，就赶紧低头，闪在了一边。这位男士看出杨建伍的窘态，就停住脚步，跟他说了几句话：“小伙子，你是不是感觉有点不好意思啊？不要紧张，这是内衣，就是文胸，也有人叫胸罩或者乳罩，就是一件衣服而已，不过是穿在了里面，没什么不好意思的，女人都要穿内衣，我们就要做内衣。这也是为人民服务，心态放端正，慢慢的，你会喜欢上内衣这个行业，喜欢它、爱它，你就能干好！”这位男士说完就走了。

听了这个男人的话，杨建伍的心里还真没那么紧张了，很顺利通过了接下来人事部的面试。

后来他才知道，这个指点他的男人，就是何炳祥，公司的老板。

标美杨建伍：何老板眼光锐利，说什么款爆，什么就爆

“何老板的眼光非常厉害，他预计什么款爆，什么款就爆，让我们很惊讶。”杨建伍说。

1997 年，适雅厂外销危机，何炳祥创立奥丽侬转内销。当时杨建伍已经升职为收发了，何炳祥、梁雪兰夫妇带着公司剩下来的骨干包括杨建伍，通宵达旦地研究内销应该设计什么款式。大家都没做过内销，心里都没有底。

何炳祥给大家打气：“一点一点学，没有什么大不了，我们能做全球最难、最严谨的日本单，我们就同样能做好内销单。我们之前做的货，在国外卖 300多元一件，国内才卖 50 元左右。我们肯定能做好，能赚钱，我有这个信心，我

对大家也有信心！”

“当时我们重新采购了一批蕾丝等材料，一口气做了十多款内衣。广东人图吉利，寓意数字‘8’为发财的‘发’，奥丽侬为了谋个好彩头，款号都选了8字开头。当时在上市之前，何老板预估801、802、806、807、809这几款将来会成为爆款，而其他款应该都不如这几款。”

杨建伍回忆当初：“对何老板的预言，大家将信将疑，因为这几款外观上和市面上的内衣、之前加工的日本单、欧美单都不一样，所以还是有点担心的。”

“结果，何老板的判断非常准确，私下我们还开玩笑，说真比算命先生说的还准。我们确实第一炮就打响了，一上市销量就非常好。被预言的那几个爆款更是异常火爆，我们的产能根本无法满足厂门口排队进货的全国经销商的需求。”

杨建伍如今说起来仍然非常兴奋，像说自己的生意一样。而且我注意到，他一连用了好几个“我们”的词汇，说明他对奥丽侬非常忠诚。

标美杨建伍：我的成功，是他的延伸

标美内衣董事长杨建伍说到师傅何炳祥，佩服的简直是五体投地。

“何老板是非常有思想、有远见的人，他看得很远。何老板后来还开了模杯厂，可以说是掌握了模杯生产的核心技术，那个业内著名的‘挖棉杯’，也就是‘永不变形模杯’，做得非常成功。后来他把模杯厂交给亲戚经营了，如果继续在何老板手里，相信会有更多新的发明。” 杨建伍深感可惜，“当然，现在这样，何老板能更专注于内衣的设计和生产管理。”

“何老板不仅是中国内衣的开拓先行者，也是盐步内衣的黄埔军校。” 杨建伍的说法与危志强、杜成平的说法如出一辙，“我们标美内衣的成功，可以说是何老板的延伸。没有他，就没有我；没有奥丽侬，就没有标美。”

“连我的老婆都是当时在奥丽侬厂里面找的，我老婆刘利红，是兰姐的徒弟，从剪线做起，查货——车工——收发——班长——管理，在兰姐的指导下，成为当时奥丽侬最优秀的班长。如果何老板是我眼中的明星，兰姐就是我老婆的偶像，我们全家对何老板全家感情都很深厚。”

“我们刚开始做生意时有难处，之后做生意也碰到过麻烦，何老板主动借钱给我，还帮我解决实际困难，实在是太有感情、太讲义气了。”杨建伍说起过去，竟然眼含泪光。

“我单独出来做生意，第一条原则就是不和何老板有正面竞争。我从来没有想过挖何老板的员工，从奥丽侬辞职出来的员工过来我们公司应聘，距奥丽侬离职时间没有一年以上，我不敢招用。关键岗位如管理层、技术人员，招之前我都会致电何老板，保持沟通。何老板对我和我老婆都非常好，而我却离开了他，辞职出来自行创业，本身就已经不好意思了，还怎么能与何老板去正面竞争呢？”

杨建伍从小爱听评书《杨家将》，对杨家将的爱国爱民、忠诚勇猛精神非常敬佩，也对自己姓杨深感荣耀。他认为作为杨门之后，应该具有忠诚这样的基本品质。盐步内衣圈子很小，人才选择空间狭窄，大家难免会聘用其他公司的人员。而杨建伍对何炳祥的忠诚，是全盐步内衣人都看到的。

●何炳祥与危志强（前排左一）、杨建伍（前排右一）

杨建伍的标美内衣一直做外销，其实他也想做内销，但他总是觉得，出来做干脆做简单、专业点，同时也能避免和何老板直面竞争。关于这点，何炳祥其实十分释怀。

杨建伍跟笔者说：“恰恰相反，何老板总是劝我做内销。他认为我是他徒弟中生产质量控制最好的人之一，做内销肯定能成功。而且，他说市场总需有人去做，只要是良性的竞争，反而会促使大家一起进步，令行业得到良性发展。”

“我的成功，是何老板的延伸。”杨建伍这样总结，“我继承了何老板的管理模式和追求质量的精神。甚至某些具体的事情我也学习他。老实说，说得琐碎点，我们厂的生产环境、居住环境、甚至是小到饭卡的设计，都是参照奥丽侬的。”

非常奇怪的是，杨建伍也说了几乎和危志强一样的话：“从头到尾，何炳祥都是我的老板。”看来这些何炳祥的徒弟们，对何炳祥的看法都非常接近。

和何炳祥其他徒弟相比，危志强、杜成平显得能力超强、聪明过人，而杨建伍则显得大智若愚、纯朴仁厚。

上述三个人，是目前何炳祥门徒中比较成功的几位。

何炳祥的门徒遍布盐步乃至全国，他们口中关于何炳祥的事迹非常之多，虽然评价角度各有不同，但多是众口一词地持肯定态度。

任职盐步内衣行业协会会长，号召抱团再度凝聚力量

何炳祥对从奥丽侬走出去的门徒自然没得说，其实他对整个盐步内衣也是非常关注、尽心尽力、甘于奉献的。第三届盐步内衣行业协会民主选举会长，何炳祥高票当选，这既有他门生故吏满盐步的缘故，更有他自身德高望重的根本原因。

部分何炳祥的“徒孙”，就是从标美、纤妍、枫莲、蓝馨出去创业的员工，以及其他独立创业的盐步内衣人，也都视何炳祥为盐步内衣的领袖。

自第一届、第二届盐步内衣模特大赛之后，很多年盐步内衣没有大型整体活动。在这段时间内，各地内衣蓬勃兴起，而盐步内衣部分企业相互竞争激烈，个别企业出现恶意竞争现象，甚至很多外地内衣企业到盐步设立一个办事处，借用盐步内衣的名义做生意。

上述不规范的情况，对盐步内衣的信誉造成不良影响，看到这些情况，何炳祥比较焦急。他认为盐步内衣必须抱团、规范竞争，才能保持青春活力，在当选会长之后，他开始着手解决了很多盐步内衣企业之间不规范的竞争问题。

在何炳祥这个战略思想的指导下，第三届“盐步内衣杯”中国内衣模特大赛再度起航，盐步内衣人继承早期的成功经验，再次会聚在盐步内衣行业协会的旗帜之下，弘扬团结精神，促成本届内衣模特大赛获得辉煌成功，盐步内衣再次成为世人的焦点。

第二十三章 遗憾

稍有懈怠贻误商机，有得有失铸成遗憾

【何炳祥】：人非圣贤，孰能无过，知错能改，善莫大焉。我做内衣超过 25 年，成功不知多少次，失败不知多少回。我抓住了一个又一个机遇，失去了一个又一个机会。成绩属于过去，失败也无须懊恼，人生也没有后悔药，一切只能向前看。我抓住了创业、做日本单、奥丽侬内销、品牌化操作、技术创新等机会，却也错过了一些机会，虽然我的立场出发点都是基于“维护质量”“稳健发展”这些根本原因，但良机就是错失了，对就是对，错就是错，我不去自夸，也不去辩解。当然，我错过了一些机会，但同时也避免了一些失误，也算是一种因祸得福吧。每个人都有他的特长和缺点，根深蒂固，很难摆脱。我也尝试着去加以改变，但是非常困难，也许这就是宿命吧。在未来，我会扬长避短，百折不挠，力图做到完美。至于结果，我相信上天依旧会眷顾我的。

中国内衣前二十五年，何炳祥的奥丽依非常成功

奥丽依发展至今，已有 25 周年，何炳祥从事内衣这一行也已超过 30 年，作为中国内衣的引领者和先驱，让我们回首在这 25 年内，奥丽依在中国内衣各个发展阶段取得的辉煌成绩。

●奥丽依 25 周年庆典

在 20 世纪后 25 年，大约就是 1979—2004 年，中国开始了现代内衣的发展历程，大致走过了以下几个发展阶段：

第一个阶段是国外企业到中国的来料加工阶段。以黛丽斯等为主，为中国培养了第一代内衣人。何炳祥的师傅罗杰伦是这一阶段的代表，前文我们已经交代过，在此就不重复。

第二个阶段是脱胎于黛丽斯的中国本土内衣人创业阶段。那是一个从无到有、刀耕火种的原始阶段，那是一个激情燃烧、大胆进取的创业时代，那时候的内衣人比拼的是大胆和勤奋。笔者认识很多从这个阶段走过来的企业老总，他们勤奋，具有闯劲，很多人自己骑自行车甚至步行，去很远的地方找原材料，甚至先去其他的工厂打工，学习基本的技术。

典型的传承过程是：镇里面某位华侨回来在当地开厂，后来他的亲戚和员工再开分厂，亲戚的朋友也开始有样学样，整个村镇集体模仿，于是中国最早的内衣集群和内衣名镇就此诞生了。他们是中国内衣界的先驱，值得我们尊敬！

“爱拼才会赢”就是那个时代的写照！

这个阶段，奥丽侬在盐步是极为成功的。

第三个阶段是品质提升阶段。由于当时内衣是紧俏商品，自然对质量要求也不高。但是个别企业先知先觉或者是出于对自我要求的提高，开始注重质量。

●奥丽侬 25 周年庆典

由于他们的质量意识高，生产管控好，逐渐在市场中占有先机。当内衣市场出现饱和变成买方市场的时候，这一类质量好的企业脱颖而出，占有了市场。而那些依旧在生产地摊货、流通货的工厂逐渐被淘汰边缘化。

这个阶段，笔者认为奥丽侬是整个中国内衣行业最成功的，其质量已经可堪比世界级。

第四个阶段是品牌塑造阶段。随着人们品牌意识的提高以及消费能力的上升，一些内衣企业开始打造品牌。早年内衣品牌名只是一个名称，有没有都一样。只需要认识厂家、老板就好了。很多商标就是在注册的时候，随便弄个图形当标志，大多数没有美感，十分难看。有一些企业比较大胆，开始进行品牌化宣传，引入大力度的广告和炒作性事件营销，借此形成最初的品牌。

这个阶段，奥丽侬也是非常成功的，南海内衣模特大赛就是推动力之一。

第五个阶段是设计创新阶段。人们对产品的塑身美体功能、美学时尚开始有了更高的要求，各种功能调整内衣应运而生，各种产品概念也眼花缭乱。何炳祥和他的奥丽侬是这个阶段的弄潮儿。他的美体内衣“倍丽挺”是这个阶段的最高代表，最早走专利路线，并通过专利维权案被业内广为知晓。

中国内衣发展的前 25 年，从创业、做日本单、转内销、品牌化操作、技术创新等方面而言，何炳祥都是非常成功的。

他和奥丽侬走过的路，堪称中国内衣发展史的教科书。

中国内衣近八年，是何炳祥丰收的八年、幸福的八年

2004—2012 年，对于何炳祥来说，是一个特别的阶段。

这一段时间，可以说是他最成功、最幸福的阶段。前面章节我们已经说过，由于奥丽侬内衣业绩稳定，报表看好，职业经理人制度也相对完善，他觉得可以腾出手来，追寻一些其他的事物。

在内衣之外，何炳祥成功地涉足房地产。

从事业上来说，这个阶段他投资的房地产获利甚丰。这段时间，他长期和华鼎建筑公司董事长苏细煌一起，探讨房地产投资开发战略，成功开发了若干房地产项目，并购入了一些土地储备。

在房地产高速发展的这些年，何炳祥取得了令人羡慕的成功。

他也准确预见到资本转型的到来，因此大力投资金融业，参股南海农商银行。作为该行重要的股东，不但享受丰厚的分红，亦给盐步内衣企业的融资带来了便捷。

何炳祥在金融行业的试水，不但为他赚取利润，更为他赢得声誉。

在这个八年，何炳祥的身心稍作休憩，投入奥丽侬内衣的时间大幅减少，有更多的时间陪伴妻子和孩子，这个时间段，他的二女儿和小儿子陆续降生，何炳祥的家族得到壮大。

从生活的角度，何炳祥和他的家庭到达幸福的顶点。

这也是中国剧变的八年，亦是何炳祥倦怠的八年

2004—2012 年，既是何炳祥丰收的八年、幸福的八年，也是何炳祥倦怠的八年、奥丽侬失落的八年。

这个阶段的奥丽侬，何炳祥主要是遥控，更多的实际经营是职业经理人在进行管理。

而何炳祥则游历各国，忙于其他事情，时间更多用于陪伴妻子和孩子，对

于奥丽侬内衣和中国内衣行业的研判，自然是有些迟滞。

而在这个阶段，中国内衣行业也在发生着重大演变。

在这八年里，中国内衣行业演变呈现纷繁局面 秩序紊乱、乱象丛生

在最近八年，中国内衣呈现纷繁局面，秩序紊乱、乱象丛生。

秩序，是人类生存的规则。遵守秩序，各安其位，人类社会就和谐和睦。秩序会因为社会的发展而发生变化，能力出众的人去突破秩序，制定新的规则，能力不够的就会被淘汰。此后，人类社会在一个新的平台上恢复新的秩序。

但如果肆意打破秩序，那整个体系都会遭到破坏，绝大部分人都会受损。

中国内衣这八年充分验证了这个道理。

内衣行业原本存在一个这样的秩序：面辅料厂家——内衣生产品牌厂家——代理商——终端商——消费者。在中国内衣发展的前 25 年，这个秩序是相对稳定而健康的。上述五大环节都在健康发展，彼此获益。

但最近八年出现了很多不正常的现象，例如很多代理商自己贴牌甚至开内衣厂了，一些终端商也按捺不住依葫画瓢。他们不远千万里来到内衣生产基地进行贴牌，试图赚取那个并不高的折扣利润。

这个钱真的这么好赚吗？

八年的时间过去了，放眼中国内衣界，有多少个内衣代理商和终端商贴牌成功的？少之又少，微乎其微，真正成功的凤毛麟角。即使有个别成功的，相信如果他们坚持做代理或终端，这些年可能成就更大。

笔者认识多个代理商，贴牌 10 年，至今依旧不温不火，劳民伤财，还是靠代理来贴补贴牌的损失窟窿。

奥丽侬有个省份的终端客户吴老板，以前经营奥丽侬，一年回款能做到七八十万，现在自己做贴牌，不但钱没有赚到，还积压了几百万的库存，奥丽侬的业绩也下滑了。这也从侧面说明，有时选择大于努力，选择好自己的强项，把价值最大化，才能挣到属于自己的钱。

结果一来一去，自行贴牌看上去是赚钱了，其实开支更大，收入更少。

行业发生混乱，多方利益受损

乱象横生，最终导致内衣行业发生混乱，很多人受损。

在这些年，那些踩过界去做贴牌的，不成功的比例绝对超过 90%。让我们一起来分析下原因：

一、自行贴牌导致内衣品牌厂家为了自保，而不再支持该客户

一个代理商同时代理若干内衣品牌厂家，而终端商整日与消费者打交道，什么款好销，什么款不好销，他们自然清楚得很。于是，他们以为跳过品牌厂家，自行贴牌，就能赚取那个并不高的品牌厂家或代理商供货的折扣利润。

殊不知，世上没有不透风的墙，一旦代理商或终端商自行贴牌，品牌厂家很快就会知晓。

这种找小厂贴牌相同或相似爆款的行为，本质上是一种抄袭，更是违反商业原则的。那些内衣品牌厂家一旦得知，第一选择就是取消他的代理权或经营权，即使不取消，信任度也大打折扣，以后的支持也会逐渐减少。

自己贴牌不一定能赚钱，而被取消代理权或经营权则肯定有损失。两者相较，权衡之下，代理商或终端商自行贴牌可能更得不偿失。

二、内衣品牌厂家提供了很多形象及软性服务，自行贴牌则很难做到

内衣品牌厂家经过多年的打拼，品牌或多或少都有一定的市场积累，品牌知名度、文化底蕴等需要长期的行业积淀，不是一朝一夕就能树立的。代理商和终端商自己的门头虽然让消费者熟记，但是并没有美誉度和影响力，新贴的品牌则让消费者抱有疑虑。

而品牌厂家多年来在广告、形象等方面都有相当大的投入，且是服务全国。贴牌者多数是在某个区域或一个城市比较强悍，即便做些广告设计和宣传投入，也是既不专业，回报也少。

对于代理商和终端商，品牌厂家一般都会给予返利、门店形象、宣传物料支持等多项扶持，以及督导驻店培训、上门服务等，这些都需要成本，而贴牌者很少考虑进行这方面的投入。

市面上有些新贴的品牌，在进入市场前三年，为了抢占市场，强盗模式入驻其他专卖店，没有提供广告支持、装修支持、培训支持等，坐享其成。但是，如果这个品牌想做大做强、良性发展，他就得正视人力物力的投入，这种杀敌

三千、自损一万的行为，最终损害的还是终端商和消费者的利益。

三、OEM 厂家更愿意服务重量级客户，不能全心全意地为贴牌服务

自行贴牌，必须找物美价廉的 OEM 厂家进行贴牌，这些厂家一般为大的内衣品牌企业和外销巨头服务，这是它们生存的根本。至于给代理商、终端商等贴牌则是一种业务补充，一旦业务饱满，这些零散的贴牌订单就会受到影响，这样就导致货期不准或质量不佳。

代理商由于不懂生产质量控制流程或者不能亲自监控，贴牌经常出现各种质量问题，也只能经常不了了之，最终消费者利益受损，贴牌者名誉受损。

四、贴牌的款式具有同质化，消费者不买单容易陷入价格战

品牌厂家都有自己的研发团队，根据流行趋势及市场需求，每个季度都会开发出很多新款，从中择优使用。而 OEM 厂家的产品款式，基本没有原创性，所有贴牌者都可以购买，那么市场上很容易就出现相同或相似的产品，这样同质化的产品，消费者很容易识别。长久下去，很容易陷入价格战的恶斗循环，越来越便宜，最后微利，甚至亏本，最可怕的就是形成庞大的不能消化的库存。

品牌厂家对于产品还有退换货政策，OEM 则必须有一定的起订量且是完全的买断，在这个过程中，贴牌者没有任何主动权，一旦预判不准，形成滞销，也只能是忍痛甩卖了。

其实，每个品牌厂家都希望自己的代理商和终端商能够不断发展壮大，这对双方来讲都是一件好事，互惠互利。

因为代理商、终端商想进一步做大做强，自然就会想多开店、开大店，甚至要求厂家进行有利于自己的货品调整。而这些也是品牌企业所期望的，二者很容易达成共识，品牌厂家自然很乐意去配合甚至鼓励他们去做，这样双方就能合作默契，关系越来越紧密。

这也是何炳祥的希望，他希望大家都能坚持“专业人做专业事”的原则，品牌厂家做好自己的研发、生产、服务等本分，供应商做好原材料开发的本分，代理商做好服务好终端的本分，终端商则做好卖货、服务好消费者的本分。

只有这样，整个行业秩序才能规范，奥丽侬也才能与代理商、终端商一直良性发展下去。

这八年，奥丽侬也因代理商和终端商踩过界，甚为受伤

何炳祥其实很能够理解部分代理商和终端商们为什么“不务正业”，热衷贴牌。他深知其中的弊端，他说：

“当年我做内衣，也很想去做花边、肩带、模杯、网布等面辅料，甚至我也尝试了，但最终我觉得这样不好。如果我自己做了花边，别的花边企业就不再提供好的花边给我，那么奥丽侬的设计艺术就会被自己局限住。

“一心不能二用，这样做我可能两边都不讨好。

“我一直认为，行业应该分工，专业的人做专业的事，不要贪恋别人锅里的饭，看好自己碗中的肉就好了。内衣行业的健康发展，需要大家钻研自己的专业、坚守自己的领域、发挥自己的特长。

“因为利益的驱使，在不专业的领域去冒进，进入强者的领域试图分一杯羹，是很容易失败的，甚至会将自己的基本盘丧失。那些看上去很诱人的馅饼，可能是陷阱，这应该给内衣人一个警醒。

“我鼓励跨界，跨界是指在不同的领域去进行相互交合与启发，如文胸和睡衣之间可以跨界做出塑身吊带裙，内衣和外衣可以跨界做出时装内衣等。但是你本来是内衣品牌厂家，却要去做花边；你本来是内衣代理商，却要去做内衣品牌商进行贴牌。那就不是跨界，而是踩过界了。

“跨界是创新，人人都欢迎。踩过界是侵略，人人都不喜欢。

“我希望所有内衣人，包括我自己，都安于本分，去创新，但不是抢夺，这样内衣行业才有一个好的秩序，中国内衣才能健康发展。”

做终端的想做代理，做代理的想做品牌，做品牌的想做面辅料……这些确实打乱了中国内衣的秩序，让内衣人之间相互猜疑，乱象横生，最终导致内衣行业发生混乱，很多人受损。

这八年，奥丽侬也因代理商和终端商的踩过界，甚为受伤。

各种销售模式兴起，内衣行业呈现出各种急功近利的现象 不规范的竞争方式侵蚀部分内衣市场

在营销模式方面，各种销售模式兴起，不规范的竞争方式侵蚀部分内衣市场。下面我们先分析下营销模式有哪些：

中国内衣的营销渠道最先是批发流通模式，即内衣行业通称的四线产品，

然后出现二线内衣品牌专卖店，这也是奥丽侬的主要定位。与此同时有了大型商场一线品牌专柜，后来又衍生出三线自由组合店。超市、美容院等新型渠道逐渐成为内衣营销的卖场，类似传销的直销模式也曾经风起云涌。

营销模式还在不断演变中，其中内衣连锁模式来势非常凶猛，内衣名店城、综合大店、内衣生活馆、平价大卖场等，五花八门的新兴渠道如雨后春笋，让人眼花缭乱。

伴随着各种销售模式的诞生，诸多内衣人迅速跟进，内衣行业呈现出各种急功近利的现象：

一些品牌厂家采取障眼法的营销手段，对代理商和终端商进行迷惑，甚至误导了整个内衣市场。例如将吊牌定价强行拉高，然后降低出货折扣，名义上代理商和终端商的利润空间更大，其实这个沉重负担是转嫁给了终端商、消费者。

这也是何炳祥不认同的行为，他分析道：

“这看上去像是双赢的局面，但实际上对终端商来说，这种产品的售价提高了，但质量、工艺、原材料等方面却未做任何提升，不但产品无保障，而且还以虚高的价格欺骗消费者，同时也增强了终端商销售高价位产品的难度。”

“消费者的眼睛是雪亮的。一旦他们对虚高的定价不埋单，回头客没了，那么代理商和终端商因为庞大的订货量，将付出更高昂的代价。”

各种内衣大店、名店城、生活馆、平价大卖场等，也存在简单拼凑、硬性拉郎配的现象。单一品牌的内衣专卖店，能够锁定目标消费者，因而满足了消费者的需求。

但是对于组合店来讲，他们只是将各品牌、各品类的产品组合到一个店内进行销售，品牌的设计风格相互之间重叠严重，造成内耗，不仅不能给消费者带来新的体验，而且会因为像一个杂货店一样，而导致没有品牌价值感。

即便这个组合店是一个大店，如果没有做好品牌选择和品类规划，各种品牌的档次差距过大，也会让消费者无所适从。这也造成高档品牌在面对低档品牌时没有价格优势，而低档品牌的低端形象更加根深蒂固难以扭转。

这样，店虽然开大了，但是销量并没有上升。

这些销售模式，无论成功与失败，都对常规销售模式产生冲击，分薄了市场。

内衣快时尚连锁等销售模式看上去很美，实际操作难以估测

上述销售模式中，内衣快时尚连锁风头也一度甚为强劲。

内衣快时尚连锁模式的特点是“产品种类多、品牌风格多样、流行节奏快”，可实现内衣的一站式购物，符合时尚人群“快时尚”的口味。

该模式或多或少都借鉴了 H&M 和 ZARA 的模式。

这个模式也存在明显的短板。内衣快时尚连锁模式看上去很好，但只是理论上的，实际操作其实行不通。文胸的设计和生产都是非常复杂的，目前中国无法解决如此多的设计要求，同时对依赖手工的文胸生产来说，快时尚模式的广泛贴牌必然会导致质量的不可控。

何炳祥对这种模式持怀疑的态度，其出发点依旧是不可侵犯的质量标准。

“我一直关注这个模式，如果我也这样做了，奥丽依的质量可能就会受到影响，也会影响到我们已有的实体店生存，这不是奥丽依的精神。在行业内及消费者中，我们一直以稳定的产品质量、良好的穿身效果、众多的回头率稳居行业最前列，这也是我们一直引以为傲的。”

何炳祥这样评价内衣快时尚连锁模式：“看上去很美，其实不可操作。”

出于对产品艺术风格的把握以及质量精益求精的追求，何炳祥对内衣快时尚连锁模式有一定的保留意见。

何炳祥说的有一定道理。早期的快时尚内衣连锁店，多数是贴牌甚至是收尾货库存，质量基本上没有什么保障。

但笔者认为，现在部分消费者穿内衣，尤其是有些年轻人，她们可能更重视产品的款式或外观，且穿着时间不久就会频繁更换，这种内衣连锁模式自有它的生存逻辑。当内衣快时尚连锁模式积累了大量的店面、消费群、一定的知名度之后，他们会开始升级，通过强化管理，改善物流，提高设计水平，逐渐提升质量，灵活应对市场的变化，这也许是他们的突破方向。

这种内衣销售模式最终会走向何方，我们拭目以待。

鱼龙混杂的网络购物模式，何炳祥静待良机

这几年，中国网络购物在高速增长，占据中国消费品交易额的一席之地，成为重要的消费渠道。

何炳祥的直觉是很敏锐的，他其实很早就在关注网络购物，并且认为这是

一个潮流方向。但是他迟迟没有出手，即使出手了也力度不大。

关于文胸网购，他有一段重要的论述，我认为值得整个内衣行业和全体消费者思索：

“我始终认为，文胸是一种特殊的产品，与家电、日化用品等标准化的产品不同。后者只要认准功能和品牌，在哪里购买都可以，这些产品是适于网络购物的。而文胸是贴身的衣物，不同的女性，她的杯型是不一样的；而她对颜色和穿身效果的要求，也在不断变化。

“所以，购买的前提就是要试穿，照片不能呈现所有功能卖点。乳房是非常娇嫩脆弱的，女性在不同时期乳房大小都有不同的变化，所以对文胸的选择应该非常谨慎。如同抓药，望闻诊切、尊重医嘱，才是抓药的前提。网络购物，仅凭几张网络图片和那个尺寸对照表，就决定是否购买，是不是有点草率？那张产品图片本身的拍摄、设计、后期处理的效果以及广告宣传，对购买行为影响很大，这其中有多少信息和真实产品出现失真甚至扭曲？而且内衣未经试穿，直接网购，如果买到的款式不合适，不仅穿着会不舒服、不美观，而且对乳房有很大危害。

“我认同网购这种模式，为网购给消费者带来的便利和优惠而叫好，但是我们最关键的是要维护消费者的健康，没有健康，网购所有的优点都会化为虚无，让消费者付出沉重代价。文胸网购，需要进一步完善，尤其是完善尺寸挑选和试穿等环节之后，才能真正付诸实施。”

他的说法代表了很多内衣人的心声。确实，他说的这些恰恰道中了当前文胸网购的乱象之源。

当前网购内衣中，存在大量的冒牌、假货、抄袭、次品、不健康产品现象，还有不规范的市场冲货、恶意倾销、偷税漏税等，严重侵害了消费者的利益，扰乱了市场的秩序。而目前的网购平台以其垄断优势以及管理上的漏洞，肆意压迫网购品牌，让它们承担非常高昂的推广费用。很多网购品牌赚了吆喝，但是却付出了精力、损失了金钱，有苦说不出。真正做网购获得成功的品牌，比例非常之低。而那些自主建立网购平台的品牌，由于没有自主工厂，独立推广成本巨大、缺乏黏合力，产品物流问题难以解决，导致长期难以盈利，一直处于苦苦支撑的状态。

网络购物的自身，也正在进行自我调节。这些网购平台信用体系的建立，模拟数字内衣试穿的实验，理论上是可以解决上述问题的。网络购物经过一个规范调整期，也许最终能获得健康的成长。

在网购即将进入良性规范的新阶段，何炳祥准备发力。2011 年，为了不与其他品牌实体店发生冲突，他另创立了“兔芭芘”网络内衣品牌进行试水，成立了电商部门来独立运作，也听闻他在网购方面还会出台更多积极的措施。

能否积聚能量，再战江湖，我们静观其变。

错失进入一线商场高端品牌的最佳时机

上面我们分析了内衣行业存在的各种乱象，以及快时尚连锁、网购等各种模式，何炳祥都基于对产品艺术风格的把握以及质量精益求精的追求，对这些模式有一定的保留意见。

但也正是基于同样的理由，根据内衣发展阶段的沙盘推演，笔者认为，奥丽侬可能错失了两大最佳机遇。

第一个错失机会是进入一线高端内衣品牌的最佳时机。

中国内衣的第六个发展阶段是品牌提升高端阶段。由于人们收入进一步提高，社会财富大幅增长，社会出现了富有阶层。他们的消费能力非常强，催生了高端一线内衣品牌的产生。当时曼妮芬、爱慕、古今等纷纷涌入，加上日本华歌尔、德国黛安芬以及台湾欧迪芬等，后来更催生出爱慕 LaClover 等更高端的内衣品牌。当时，奥丽侬是完全有能力进入这一高端市场的。

之所以丧失这一重要的历史机遇，何炳祥这样回答：

“我当时已经和古今合作了‘紫兰蒂’这个高端内衣品牌，个人认为已经涉足了这个高端领域。由于我和古今有非常好的合作关系，所以想着要规避，不能在高端内衣市场与古今发生利益冲突。同时我认为那时我公司的高端营销、零售人才有限，进入商场可能力有不逮。内衣突然卖得那么贵，也和我的‘高贵不贵，真正实惠’的利民经营宗旨有违，所以我当时就迟疑了。”

“当然，等我意识并掌握到高端内衣品牌的操作技巧时，最好的时机确实已经错失了。以前几千万元就能启动一个一线品牌，现在投入上亿元也不一定能成功。”

何炳祥如此回答，其实细想之下是值得商榷的。

紫兰蒂毕竟只是和古今合作的品牌，奥丽侬主要负责设计、生产，古今则负责宣传、销售。严格意义上讲，这不能完全算是奥丽侬内衣集团的一线品牌，所以发展受到了各种制约。至于他所说的高端营销人才积累不够，当时内衣行业如此蛮荒，哪里有什么高端人才？竞争对手们哪个不缺营销人才？当时主要的一线品牌，除了安莉芳、黛安芬、华歌尔确实积淀深厚，其他多数品牌同样面临技术、人才、资金等多方面困境，而何炳祥至少在技术上握有较大的优势，笔者认为他当时完全有能力进军一线内衣品牌并获得成功的。

所以，何炳祥错失进入一线高端内衣品牌的最佳时机，是非常遗憾的。

“失去这个机遇是我的一个心头之痛，但是我没有放弃这个市场。2009年，我重新启动高端内衣品牌，这就是我从加拿大引进的高端塑形内衣——MAGIFIT美芝婷，这个一线品牌目前入驻的都是国内顶级商场。亡羊补牢，希望我们能够取得新的胜利。”何炳祥说。

随着当时任达华的太太——亚洲名模琦琦代言MAGIFIT美芝婷，以及一系列的文化塑造、品牌宣传以及特殊销售模式的推出，MAGIFIT美芝婷渐渐露出她的峥嵘之态。

错失独立功能内衣品牌的最佳时机

第二个错失的机会是推出独立功能内衣品牌的最佳时机。

奥丽侬一直以产品质量好、上身效果好、顾客回头率高等著称，尤其是以调整功能突出而闻名中国内衣界。何炳祥当时独立发明的功能内衣产品——倍丽，挺塑身效果非常好，而且率先设计研发出配套的微调整文胸和美体塑裤等全套功能内衣系列，并且在“中国内衣第一专利诉讼案”中获胜，就是明证。

何炳祥坐拥功能调整内衣的鼻祖地位，原本可以借此机会，创立独立的、高端的功能内衣品牌，以何炳祥的设计质量以及市场的空间，想必成功率非常大。

遗憾的是，何炳祥此时只是做了一个“倍丽挺”的子品牌，仅仅将它归纳到奥丽侬母品牌之下，这样，子品牌发展就限制很大，倍丽挺没有独立招商。最终，这个先天优越的功能内衣品牌，竟然没有突破奥丽侬的渠道，无法被更多消费者知晓。而当时的“婷美”内衣高歌猛进，品牌随着铺天盖地的广告而响遍中国大地。

质量更好、调整功能更佳的倍丽挺错失了最佳推出时机，让更多的功能内衣后进品牌占有市场，实乃何炳祥的一大憾事。

以何炳祥不服输的性格，他当然不会放弃这个市场。市场会有先来后到之分，但是也有强大弱小之别。错失先机并不意味着没有机会，就在本书即将完稿之际，听闻何炳祥独立运营的美体内衣品牌“妙挺”，已于2014年底正式推出。

他会后来居上吗？让我们拭目以待。

错过上述机遇的核心原因：坚守完美主义 “产品至上论”

我们在寻找分析何炳祥为什么会错过这些机遇的原因后，发现了一个有趣的背反逻辑。

每一个机遇来临，何炳祥其实都有察觉。但是何炳祥有一个做事原则或者说是思维惯性，那就是必须重视产品设计、重视产品质量、重视产品功能、重视产品健康舒适度，总结起来就是“产品至上”理论。

那些机遇在出现的早期，由于原始不规范，或多或少地与“产品至上”核心理论有冲突。

在外界看来，何炳祥似乎是错失了，但是他自己并不这样看。

塞翁失马，焉知非福？那些所谓的快时尚内衣连锁品牌，虽然因为门店多而有知名度，但是能有多少美誉度？没有美誉度的知名度能够持久吗？很多网购品牌在强力推广下风光一时，为什么很容易就昙花一现？功能内衣的很多概念被一些品牌过度炒作，如治疗妇科疾病等，这些真的能实现吗？过度透支概念和消费者的信任，终究会对内衣行业造成巨大的负面影响。

何炳祥不但明了这些手段，甚至知道这些手段的精髓。但是他没有去做，套用一句古话：“非不能也，是不为也。”凡是有损诚信精神、有损质量标准、有损消费者利益的事情，即使有很高的利润，他也坚决抗拒这种诱惑。

这是他的坚守。

何炳祥的“产品至上”理论的起点，是一种善，一种完美主义。他认为，这种理论，是一切新销售模式均要遵守的原则。任何危害消费者的健康，或者误导消费者的购买行为，都是何炳祥坚决不允许的。

其实，世界上没有一步到位的完美。汽车发明之初，安全性是非常差的，火车发明第一天就撞死了人，飞机更是空难频发，但是这一切都挡不住人类的好奇探索之心。人类永远在追求完美，但什么是完美，谁也不知道。完美是没有终极标准的，我们永远都是携带着缺点在前行，也因为有缺点，我们才有继续改正缺点的动力。

庄子说：“吾生也有涯，而知也无涯。”但是不能因为无涯，我们就绝望，停止探索之心。

何炳祥将他的“产品至上”理论升华，就能拥有内衣的未来。

民心可恃，期望再度缔造辉煌

不打无把握之仗，稳字当头，追求完美，让何炳祥坐失机遇，也让他规避了一些风险。一些急于求成、太过冒进的内衣企业，现在已经成为内衣行业的历史了。

正因为他对品质的坚持、策略上的稳健，使得近些年奥丽侬保持平稳的上扬态势，让她依旧拥有大量的忠实拥趸，可以有本钱随时再战。这是何炳祥的战略过人之处。

“民心可恃，奥丽侬就能缔造新辉煌！”何炳祥说。

反向验证，奥丽侬是中国质量最可信赖的内衣品牌

往事已矣。

笔者从第三方分析，何炳祥对品质的坚守，某种意义上可能是一种束缚，但也是一种难能可贵的品质。

这份坚持，让他对新的内衣销售模式有自己独特的见解，在外人看来，这也许是一种遗憾。

这份坚持，更是一种坚守，让“奥丽侬”这块金字招牌更加闪亮。

这也从另外一个层面反向验证：奥丽侬，是中国质量最可信赖的内衣品牌之一！

风雨之中，才能历练本色。但愿更多人能理解其中的曲折。

在对待生意事业上，
何炳祥如史泰龙一样，
是一条硬汉，
敢于挑战，愈挫愈勇。

但是在对待妻子、儿女以及同事、朋友上，
何炳祥就是一个再普通不过的丈夫，
一个牵挂子女的父亲，
一个充满同情心、渴望友谊的性情中人，
他的这个特点，
在内衣行业鲜为人知。

在经历了辉煌和平淡之后，
何炳祥选择了持续充电，
他对世界有了新的看法，
他对内衣有了新的梦想，
他即将开启再一次的创业历程。

第三卷

至情至性：真实的他是什么样子？

未来的何炳祥会怎么样

第二十四章　爱心

外刚内柔真情铁汉，身体力行热心慈善

【何炳祥】：人心都是肉长的，遇到一些事，难免会心软，除非你是木头人。我的外表是冷酷了点，其实内心和大家是一样的。钱和事业是工具，是让我们生活更好的物质工具，但是真正让我们感到幸福的却是爱心，我们爱别人的心，别人爱我们的心，这个才是快乐之源。钱生不带来，死不带去，哪个小孩子不是赤条条来？哪个人去世是含着金条走的？都是一样公平的。所以我在金钱上，总体看得比较开。该捐的捐，该送的送。当然，我的钱也来之不易，总希望能用在刀刃上，用在真正需要帮助的人身上。在商言商，在内衣行说内衣话，我还是希望将内衣做好，做“好内衣”，这样女性就能够更美丽健康，这也是我的慈善观；当奥丽侬赚钱了，与奥丽侬有关联的人员才可以获利，比如我的代理商、终端商、供应商、员工等，那才是我真正的目的。如果这些目的达不到，什么慈善都是扯淡。

外刚内柔，才是真实何炳祥

何炳祥做事作风雷厉风行，追求结果尽善尽美，眼睛里面揉不得沙子。理解他的人倒也无所谓，时间久了也就习惯了。但是有一些人和他接触不多，就会觉得比较难以相处，认为他吹毛求疵，刚愎自用，独断专行。

这是一种典型的误读。

这可能跟他的个人经历有关，早年他遭受白眼，受到不公，所以对人性充满怀疑，对各种工作，他都希望能够控制过程，这样他才会有安全感。所以他会比一般的人显得更加负责任，更加细腻。

也正是他早年的经历，让他形成了感同身受的思维习惯，何炳祥因此极富同情心。在他坚硬的外壳之下，其实有一颗柔软的心，只要触碰到他心中敏感的地带，就会发现他充满人性。

强台风“尤特”袭击汕头
何炳祥号召盐步内衣行业协会向“对手”捐助

在慈善公益方面，何炳祥在内衣行业是一位做得比较多的企业家，总体数额也比较大。在任职盐步内衣行业协会会长之后，他多次组织号召会员进行捐助活动。最近的几次赈灾，是为汕头和海南台风受灾地区举行专项捐款活动。

2013 年 8 月 17 日，受强台风“尤特”影响，广东省汕头市出现暴雨到大暴雨，局部地区出现特大暴雨，降雨量最大的潮阳区 24 小时降水达到了 552.1 毫米，百年一遇。17 日上午开始，汕头市潮阳区、潮南区多处出现水浸灾情，房屋倒塌，农田被毁，河堤出险。23 点 30 分，练江超警戒水位 1.23 米，创历史最高水位。此后的几天，暴雨还是没有停歇，降雨一直持续到 21 日。

同为内衣产业集群地的潮南区陈店镇是受灾最严重的地区之一，由于连续多日普降暴雨，海水倒灌，冲破练江河堤，出现 60 米的缺口，陈店大面积被淹，部分地区积水有 2 层楼高，许多楼房成为孤岛，供电全部中断，粮食和饮水均成问题。

由于长时间断电，以及当地移动和联通的基站都被淹没而丧失通信功能，笔者当时无法和汕头陈店镇方面的朋友联络上，后来与毗邻的峡山镇友人通上电话，并看到了微信中灾区的实况照片，非常惊骇。当时笔者正和何炳祥一起聊天，就顺便和他提起这事，他也拿起手机，刷起了微信，同时拨打了陈店镇内衣行业协会副会长——姣莹内衣蔡达的电话，却一直打不通。

“没想到灾情这么严重，市民全部在街道上划船，楼顶上也有人呼救，看着新闻真让人揪心，我们应该帮帮忙。”何炳祥脸色也非常严峻，表示要出力支持救灾。

在他的号召和带头捐助下，盐步内衣行业协会各会员企业立即自发捐款。何炳祥亲自指挥迅速采购物资，包括矿泉水、方便面、八宝粥、面包、酒精、感冒药等，并直接安排自己公司的员工负责装货，经过20多名员工一整天的忙碌，满满的两大卡车、超过100吨物资于24日晚18时出发运往陈店镇灾区。

盐步内衣派遣的代表们分别来到各个派送地点，亲手将物资派发到受灾群众手中。笔者深受感动，也捐出3000元聊表心意。

其实，同为“中国内衣名镇”，盐步和陈店在一定程度上是竞争关系，面对灾情，何炳祥却没有想这么多，当即拍板赈灾，并带头捐款。

这一刻，没有对手，只有朋友。

超强台风“威马逊”重创海南，号召盐步内衣行业协会再度捐助

无独有偶，在本书即将收尾的时候，7月19日，海南遭遇41年一遇的超强台风，海南省各市各县普降暴雨，局部地区出现特大暴雨，导致海南省多处地域遭到严重破坏。房屋坍塌、海水倒灌，给当地居民带来巨大损失，沿海部分地区缺少淡水食品。

何炳祥得知海南灾情，特别是得知内衣协会海南同胞会员受灾的讯息后，第一时间慷慨解囊，带头捐助，并呼吁协会其他会员单位齐心协力，共行善举，支援灾区人民，共同帮助协会同胞渡过难关！

奥丽侬爱心基金，奥丽侬人可以信赖的慈善基金

奥丽侬发展到一定阶段，并没有忘记企业应该承担的社会责任，国内遭遇重大的天灾，何炳祥都有参加赈灾。不过，笔者觉得奥丽侬内部的爱心基金更具有实操意义，充满人情味且比较有创意。

奥丽侬分厂的员工加起来有两千多人，为了扶危济困，让同事们安心工作，

何炳祥特别设立了对内的“奥丽侬爱心基金”，主要用于员工的困难救济，以及对优秀员工的表彰奖励。

这个基金的初始资金由何炳祥以公司的名义私人注入，随后每年奥丽侬将自身的各种奖金按照比例持续追加，形成这个基金的主要来源。比较有意思的是，奥丽侬员工的负激励也如数注入这个基金，为了令被负激励的员工心服口服，何炳祥同步对自己采取1∶1的自罚。也就是说，某一个员工因为违章被负激励20元，何炳祥也自罚20元，一并注入“奥丽侬爱心基金”。

“负激励只是手段，不是目的。员工犯错，一定要有惩罚，他才能长记性，不然春风吹又生，反反复复错。循循善诱不是我的风格，经过制度小组讨论后的流程制度成册、上墙，再有奖有罚。员工出错，有他的自身不细心、责任感不强等因素，也有管理层的问题，所以我要求管理层陪罚，同时我也自罚，教育员工，也勉励自己。”

何炳祥的做法不免严厉，但是他对自己也一样严格，所以逻辑上是行得通的。奥丽侬是他的企业，他用自己的风格去管理公司，貌似招人非议，但同时这个规则对他自己也有约束力，也就形成了平衡。

何炳祥将他鲜明的个人特色，也烙在奥丽侬管理风格之中。

奥丽侬爱心基金，惠泽诸多员工

2013年，当时笔者正和奥丽侬一名主管在一起，突然他的电话响起，电话中被告知，公司培训商学院的一名员工在回家途中遭到抢劫，头部和手部被砍伤，伤势严重，已经被送到医院急救。

消息很快传到了奥丽侬管理层，当时已经是深夜，何炳祥第一时间派公司高管，连夜携带数万元驱车赶赴当地医院探视，该员工因得到及时抢救后脱离了生命危险。

这些救助款项就来自奥丽侬爱心基金。

这么多年来，至于“奥丽侬爱心基金”到底惠泽了多少员工，笔者未做探究，仅从部分员工的口中就知道好多案例。

奥丽侬从1989年建厂之初，就有一位阿姨负责食堂的采购，一路跟随奥丽侬走来，几年前，这位阿姨不幸患癌，公司拿出三十几万元给她治病。在这位阿姨病逝后，她的女儿也进入公司，继续负责她母亲的岗位，至今服务奥丽侬。

公司生产计划部一名员工周女士，服务奥丽侬很多年，工作一直勤勤恳恳、任劳任怨，后来不幸身患骨癌，一直长期治疗，无法正常上班。奥丽侬除了给予一定的救助基金外，还在其治疗期间照发其工资，直到她离世。在其去世时，奥丽侬支付了其家人一笔不菲的抚恤金。周女士早前与奥丽侬签订了“服务满一定工作年限送房子”的合同，尽管年限未满，但何炳祥没有收回房子。

成品仓有一位仓管员晚上突发急病，被紧急送往医院，奥丽侬爱心基金同样进行了救助。

美芝婷的一名外地店长的女儿得了白血病，奥丽侬一名督导的妈妈患了癌症，一位裁床班长的姐姐患癌，车间的一名班长老公不幸因病离世……“奥丽侬爱心基金”均做了拨款、捐助。

每年春节，何炳祥还照例去大沥敬老院派红包，风雨无阻。

……

幸福的家庭是一样的，不幸的家庭各有各的不幸，这样的事情本书不做太多描述。但有幸的是，他们共同生活在了奥丽侬这个大家庭中，有何炳祥这位大家长为他们遮风避雨，在他们有困难时为他们提供帮助。

百年修得同船渡，这也许就是他们口中经常提到的缘分吧。

力邀英雄流浪汉就职保安，怎奈他挂靴而去

2013 年 9 月 5 日夜晚 23 点左右，就在奥丽侬集团不远处，南海区黄岐广州环城高速桥下，一个患产后抑郁症的女子跳珠江自尽，当时数十人围观无人施救，最终却是 29 岁的流浪汉、拾荒人廖先生跳下河堤，将女子救起。廖先生因为跳入珠江时脚部受伤，行走困难，但他还是坚持把跳水女子送到了医院。事后，女子丈夫送给流浪汉 50 元表达谢意，让他打车买药，经《南方都市报》报道后，此事件成为热门话题，引发全国网友吐槽。

何炳祥知晓此事后，心里非常难受。廖先生是拾荒人，而何炳祥的妈妈也曾经是收垃圾的环卫工，这触动了何炳祥心灵深处的那根最敏感的弦。同时，何炳祥也被廖先生的英雄举动所感动，当得知他目前还是到处拾荒、露宿桥底的时候，他马上要求公司高层及人事部想方设法去寻找廖先生。

因为媒体报道中所写事发地址范围有点大，公司员工沿着珠江桥找了一个多小时才找到廖先生的落脚点，并送上新衣服、月饼、果篮和慰问金。后来邀

他到公司参观，并请他到公司任职。

怎奈廖先生虽然贫寒，但是钟爱自由，也不愿意久居束缚，再加之多年未回广西老家，其救人之事经媒体报道后，家人和村里都联系上了他，所以最终他还是谢绝了何炳祥的好意，挂靴而去。

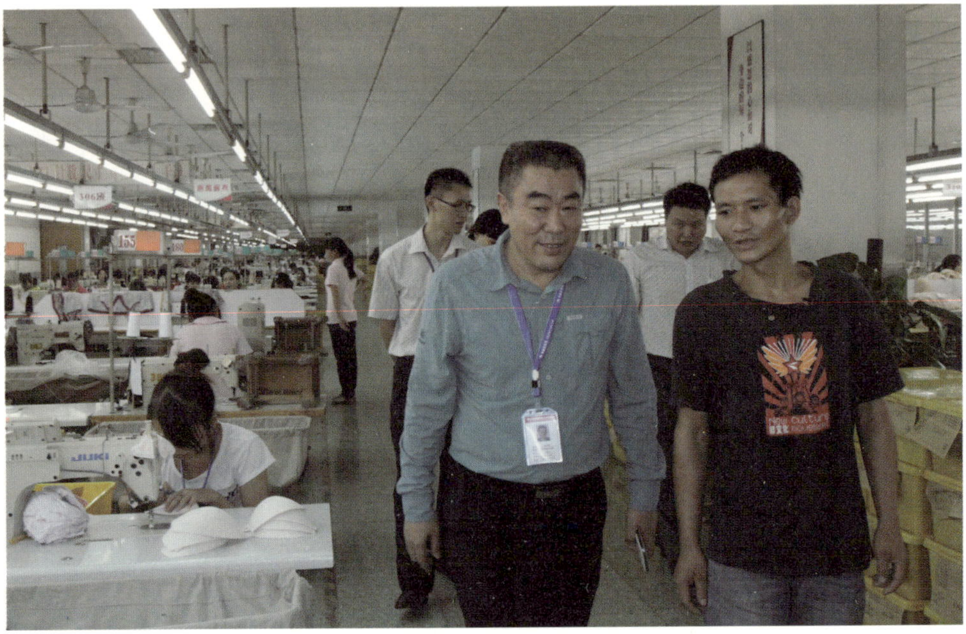

●邀请当年救人英雄流浪汉廖生（右一）到公司参观就职

“这种人虽然读书不多，才能一般，但是他有侠肝义胆，我很欣赏，关键时候不畏生死，对陌生人都肯出手相救并且不求回报，这是一种非常高尚的品质，这种品质是当今这个社会所稀缺的，这种人非常难得。不过他性格上喜好自由，宁愿闲云野鹤，也不愿意受到拘束，也算是一个奇人。无缘和他成为同事，我深感遗憾。每个人的理想不同，不能用自己的价值观去衡量他人，尤其是这样一个特殊的人，我尊重他的选择。”何炳祥不无惋惜地说。

给残疾人以自尊与信心：奥丽侬与大沥镇福利院对口帮扶

早年笔者去奥丽侬办事，在大门口登记证件时，看到墙上挂有一个非常不起眼的牌子：大沥镇福利院合作单位。当时觉得很好奇，与福利院能怎么合作？

有一次我就此事问起何炳祥，他说和福利院合作，就是将工厂一些最简单的工序，甚至是边角料回收这样的事情，交给福利院的人员去做，奥丽依每年支付给福利院若干费用。因为在福利院有各类残疾人，无法像正常人一样工作，只能做点力所能及的事情。

事实上，这就是一种公益帮扶。

据了解，当初大沥镇福利院考虑到资金不能全部由政府拨款，慈善捐助也有限，院里的残疾人士又没事可做，无法树立他们对生活和工作的信心，于是，福利院希望寻找能与其对口的企业进行帮扶。但由于帮扶的企业需要将加工的材料在工厂和福利院之间往返运输，且无法将重要而复杂的工序交给残疾人士去做，对企业来说，不仅无利可图，反而会增加很多麻烦，因此本地许多企业都不愿意接这个包袱，但何炳祥毫不犹豫地接了下来。

“残疾人也是人，也有自尊，我们要尊重他们。如果直接捐助，其实并不是最好的方式。通过给他们力所能及的工作机会，让他们觉得自己也对这个社会有贡献，从此树立人生的信心，提高生活的品质，这种信心和自尊，是钱买不到的。至于他们能创造多大的效益，这个反而不是我所看重的。”

何炳祥这样分析，觉得自己做的事情非常有意义。

“别人不愿意做，总要人来做，那我就去做了。”何炳祥说，“企业在发展的同时，须时刻铭记着肩上的社会责任。这不仅仅是一种大爱和关怀，更是一种责任的传递。”

无私支援凤池爱心车间，特殊员工歌唱“感恩的心”

以前，何炳祥与大沥镇福利院对口帮扶；现在，他又成立了“凤池爱心车间”，进一步帮助更多的残障人士。

凤池爱心车间每年亏损近百万，但他还在坚持，并派公司性格最温和的车间管理层驻地指导。除了给予这些特殊人士工作机会，让他们能够融入社会之中，平时，也为他们举办各种娱乐活动、生日晚会等。

对此，凤池车间的这些特殊员工们一直心怀感恩。

在 2013 年奥丽依员工春节晚会上，凤池车间的特殊员工终于找到一个他们表达谢意的方式。在春晚前，他们花了近一个月的时间，集体编排了一个团体手语节目《感恩的心》。

春晚当天，当这些顽强的、身有疾障的工友们磕碰着相扶走上舞台时，当舞台上的大屏幕播放出他们中间一些人的家庭、故事、工作场景的小短片时，当主持人讲述着他们自力更生、不屈不挠的故事时，当聋哑工友听不到音乐仅凭感觉认真地表演着手语操时，当他们中的一些人甚至站不直身但仍然顽强地、用力地表演时，当他们用手语、口齿不清但真挚地说出“感谢政府、感谢老板、感谢家人时……”，台下的何炳祥、梁雪兰及两千多号员工自发地全场起立，一起随着音乐节奏挥手，大家都热泪盈眶，泪流满面，场面可谓感天动地！

那一晚，这些特殊人士拿到了“最佳团队表演奖项”，他们感到了骄傲，赢得了尊重，人生也得到了升华！

大沥沥商慈善会，何炳祥慷慨出资，身体力行

为弘扬大沥人乐善好施的传统美德，大力倡导“仁爱、奉献、承担、互助”的仁爱理念，何炳祥积极参与大沥沥商慈善会的各项慈善活动。

● 2014 年何炳祥在慈善晚会现场参加竞拍献爱心

2014 年 6 月 26 日，佛山市南海区大沥沥商慈善会暨“沥商善行天下”慈善晚会在大沥新世纪酒店隆重举办，在本次活动中何炳祥身体力行，鼎力支持，以帮助部分本地或外来务工的单亲特困家庭、贫困学子渡过难关，共建和谐社会。

作为大沥总商会常务副会长的何炳祥先生，一直全力支持和配合商会各种活动，此次更是出钱又出力，在晚会现场不仅当场捐献了 10 万元善款，而且还在现场慈善拍卖会上夺得《如鱼得水 鸿运当头》《心经观音像》两幅画作，再献爱心近 10 万元。

汶川大地震，何炳祥内外捐助齐动手

2008 年 5 月 12 日 14 时 28 分 4 秒左右，四川省汶川县发生里氏 8.0 级大地震。因灾遇难 69181 人、受伤 374171 人、失踪 18498 人，预估本次遇难总人数超过 8 万人。这是中华人民共和国成立以来继唐山大地震后伤亡最惨重的一次。

当时全国各地涌现出一股自新中国成立之后最大的民间捐助潮，内衣人也不甘落后，各大企业纷纷捐助。由于地震强度之大，情况发生之紧急，很多灾民匆忙中逃出生天，很多人只穿着一件随身内衣，而且一穿就是很多天。当时天气开始炎热，条件越来越恶劣，细菌滋生。内衣关乎健康卫生、人格尊严和人文关爱，全国内衣行业捐款、捐内衣的非常多。

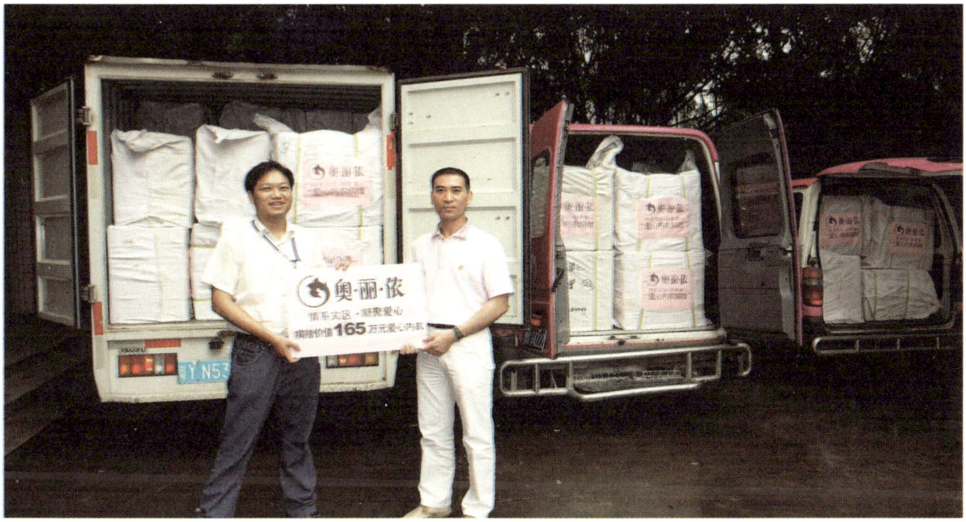

●当年奥丽依向汶川地震受灾地区捐助价值 165 万元产品和物资

在此次赈灾募捐中，何炳祥以奥丽依的名义单独捐助近两百万的爱心内衣。

2008 年何炳祥曾与“粉红丝带”合作，捐助了价值 100 万元的义乳文胸给四川省红十字会，汶川地震后又追加捐助了价值近 200 万元的产品和物资。

但是这并没有结束。

汶川地震之后，奥丽依集团公司内部极为震动，因为公司四川籍员工也有一百多人，受灾的也有 25 位之多，他们的家园受到了不同的破坏，很多人的房屋被毁，个别也有亲属伤亡。这一部分员工情绪波动很大，家中损失较大的员工起程回家参与救灾，部分留在公司的川籍员工情绪低落。

奥丽侬也笼罩在一片悲戚之中。

何炳祥决定举行全厂募捐大会，现场号召大家捐款：

“大家也都知道了，四川汶川发生了大地震，从电视上看，损失非常非常大。尤其是那些惨烈的伤亡镜头，我真的看不下去。考验我们爱心的时候到了，我们奥丽侬人应该行动起来，对灾民进行捐助，这样才能帮助灾区人民，才能弘扬慈善大爱。奥丽侬已经捐了近200万的内衣给灾区，但是我认为这还不够。

“奥丽侬的同事来自五湖四海，其中也有四川的，他们的家庭也遭受了不同程度的损失，部分人回去救灾了。今天，我号召大家对四川籍受灾同事进行直接捐助。

“我声明两点，第一，捐款行为纯属自愿，力所能及就好，多少都行，不要太小气，也不要打肿脸充胖子。第二，你们每个人捐多少，我何炳祥私人就捐多少，也就是说，你们总计捐多少，我也捐同样的数字。这个钱，将全部均分给受灾的同事。”

这是何炳祥当时的简短发言。

捐助现场很踊跃，公司视地震受灾员工家园损坏程度，分别给予5000～20000元不等的救助费用。

“救远不如救近，间接不如直接。”何炳祥这样阐述他的慈善捐助观。

中国内衣慈善首创：“奥丽侬·郁金香”公益专项基金启动

乳腺癌，是女性健康的头号杀手，资料显示，每年有400万女性死于乳癌。中国乳腺癌发病率近年呈现快速增长趋势。

关爱女性乳房健康的公益行动成为全社会的关注焦点，关注社会公益的何炳祥自然也不会置身事外。

早在2005年之前，何炳祥就研制出健康义乳内衣，关注身患乳腺疾病的女性。当时，这款内衣很大程度上属于公益性质，离赢利很远。对于奥丽侬来说，也许只是众多产品中的一个系列而已，但是他认为对因患乳腺疾病被切除乳房的女性，可能就意味着健康、自信、尊严，或者更多。

2010年12月26日，这一天是应该被载入中国内衣重大里程碑的一个日子，在长沙芙蓉华天大酒店，奥丽侬携手中国妇联中国妇女发展基金会联合成立“奥丽侬·郁金香基金”。随后，“奥丽侬·郁金香行动”在全国全面展开。向多个省份的乳腺疾病患者捐献了总价值 380 万元的义乳内衣；同期捐赠 106 万元现金用于购买“母亲健康快车”和检测设备，与多家三甲医院联手免费为女性做乳腺健康检测。

●当年奥丽依向中国妇女发展基金会捐献价值 380 万元的义乳内衣

相关人士表示，这项工程将惠及数十万女性，为她们真正实现乳腺疾病的“早检查、早预防”。

2010 年，在全国妇联举行的“母亲水窖”十年研讨暨表彰大会上，何炳祥个人和奥丽依分别荣获“中国妇女慈善奖”。

“奥丽依·郁金香”公益基金，这是中国内衣历史上一项创造性新举措，在慈善组织的领导下，以健康义乳内衣捐赠、资金捐赠、结合乳腺健康检测、健康内衣知识教育、商业推广互动等形式，将内衣的公益事业推向另一个高潮。

最大慈善，是奥丽依 2000 多号人有饭吃

有些人是高调做慈善，也有很多人是低调做好事，何炳祥也许就是属于后者。当有人问起他具体做了哪些捐助时，他却简单地一掠而过，惜字如金，不愿多讲。

通常就是问三答一，甚至一笔带过。很多故事，笔者在写本书之前就曾耳闻目睹，这些故事的花絮多是他的公司现任和离任的员工所提及。

讲到慈善和公益，他做的多说的少，并不像对于工作那样健谈。

不过在笔者的一再追问之下，他还是道出了他个人的慈善观："我不喜欢空洞地谈慈善，行胜于言。都是该做的，没什么好说的。慈善要人人都去做，社会才能更美好。慈善也要量力而行，能干多少就是多少，不能干，心意到了也行，有剩余的能量再去做些其他的。现在慈善和商业赞助挂钩，我觉得也是好事，在商也得言商，让企业更有积极性，让慈善更有执行力，何乐而不为呢？"何炳祥对商业慈善抱着理解和身体力行的态度。

"不过，作为企业家，做好人好事是公德，做好本职工作是前提。我认为最大的本分，就是要保证公司经营稳健、业务良好，有钱赚，公司的员工、代理商、店主们才都有钱赚。在奥丽侬，要让这 2000 多号员工都有饭吃，就这么简单，这就是我心中最大的慈善。"

何炳祥的话貌似平平淡淡，其实深有道理。

第二十五章　亲情

专注内衣忽视亲情，父女嫌隙数载弥合

【何炳祥】：为了内衣梦想，为了奥丽侬事业，我自己也牺牲了很多时间，没有更多地去陪伴妻儿，我深感抱歉。我也许是一个负责任的企业家，但可能不是一个完美的丈夫和好父亲。过去的就过去了，我要珍惜和妻子、孩子一起的每一天，和他们一起共享天伦。我的家人就是我的最大后盾，就是我的灵魂归宿。他们给了我亲情、爱与满足，我也犯过错，但是他们一直包容我、爱我。我无以为报，只能以后抽出更多的时间多陪伴他们和给他们更多的关爱。我希望以后的珠江之畔、西樵山下，多留下我们一家的身影，于愿足矣。

厂区边草坪上的小情侣，让何炳祥无限羡慕

有一次采访结束，已经晚上七点多了，笔者和何炳祥一起出去，经过厂边小花园时，见下班后的员工们三三两两在闲坐。男同事们悠闲地抽着烟，聚集在一起高谈阔论地海吹胡侃，女同事们边吃各式各样的小零食，边谈论时尚或者拉点家常，其中也有数对小情侣，正在恩恩爱爱，卿卿我我。

“我好羡慕他们。”何炳祥突然来了这句。

在常人眼里，何炳祥是一个老板、一个富翁，是大家羡慕的对象。在奥丽侬众多员工的眼里，何炳祥更是一位领袖级的内衣风云人物，深受爱戴。他突然蹦出来的这句话让笔者深感诧异。

“我真的羡慕他们，你不要以为我说的是假话。”何炳祥一脸真诚地说，“你看，你我都还没吃晚饭，而他们早就吃完了，可以休闲娱乐。而我呢，现在还要去应酬，人家等我很久了，不能不去。过几天，我们就要开新品看版会，研发部的新品还等着我定版，推广部的活动方案就在我包里，回家还要再考量。

“我的员工们基本上到了下班时间就可以走了，他们可以支配自己的时间，去娱乐、拍拖、陪家人散步。而我，基本上没有星期天，事实上是 24 小时都处在上班状态，一刻不敢懈怠。”

何炳祥接着说：“我羡慕他们，是因为他们有更多时间陪伴家人，你看他们有说有笑的，多幸福，其实这就是我想要的。如果我有时间，也可以陪老婆看场电影、去公园逛逛，看着孩子们玩耍，一大家子其乐融融，日子多舒服啊，这才是生活。”何炳祥不无遗憾地说，“但现实却是，我现在要去陪客人吃饭，吃的看上去很好，其实还不如吃点家常饭菜来得轻松！”

说这些话时，笔者发现他的眼神确实有点落寞，表情中夹杂着一丝苦笑。不过，这也只能是他一时的想法，客人不能不陪，工作不能不做。他已记不起多久没陪太太看过电影，没陪女儿画画，没给儿子讲故事了。

他的身心，都被奥丽侬内衣“绑架”了。

理念冲突：最对不起的，其实是大女儿

“奥丽侬才是我爸爸最大的孩子，是‘大儿子’，我其实排行第二，他完

全被内衣吸引住了。” 何炳祥大女儿何芷莹有次这样调侃她在家里的地位。

何芷莹出生在20世纪80年代末，在她成长的阶段，正是奥丽侬高速发展、何炳祥日理万机之时。那时候他要么很晚回家，要么加班通宵赶货不回家。至于去学校接何芷莹，带她去逛街、逛公园，那更是极为罕有的。在何芷莹的眼里，爸爸既威严又幽默，所以小时候的她特别喜欢跟爸爸玩。而爸爸偏偏总是在厂里不回来，即使偶尔抽空陪她一会儿，也经常会接到一个电话后又匆匆忙忙走了。

“虽然爸爸经常买礼物来安抚我，但我其实就想要他陪我玩。”当年的何芷莹毕竟只是一个小女孩，她的儿时想法和要求简单、天真、合理。这样一个愿望，在寻常人家很容易实现，但是对何芷莹却是一个奢望。

“人家都说女儿是父亲上辈子的情人，这是哪门子的情人啊？一点也不像。自从我记事以来，我就很少在爸爸那里撒过娇。”芷莹说，“现在长大了，知道爸爸也不容易，那么多生意、那么多应酬。但是小时候我不能理解，别人家的小孩都有爸爸带着玩，而我爸爸却没时间陪我玩，我就跟他闹，闹得他心烦。可以说，小时候我和爸爸的沟通是很有问题的，老是吵架。”

“爸爸是一个要求极为严格的人，我的学习成绩一旦出现波动，他就劈头盖脸地训斥我，吓死我了。他还特别追求细节，和他做内衣一样，把这些要求也带回家了。我们站要有站相，坐要有坐相，拿铅笔姿势要规范，拿筷子姿势要标准，吃饭要认认

●何炳祥与大女儿何芷莹早期合影

真真地吃，不能嘻嘻哈哈地说太多话。这样的要求还有好多好多好多。”

何芷瑩伸出双手十个指头，夸张地表达爸爸的诸多苛刻要求：“而我是一个性情随意的人，最不爱这么多规矩了，自然点多好，于是跟爸爸发生的冲突就更多了。”

这是何芷瑩对童年的记忆。

说起大女儿的童年时光，何炳祥满怀愧疚。“我最对不起的，就是我大女儿。”这是何炳祥发自肺腑的真心话，“当我意识到这个问题的时候，发现她已经长大了，童年、少年都过去了，已经无法挽回了，我感到十分愧疚、难过。”

“有时候，我感觉自己的情商很低很低，一点也没照顾到芷瑩的感受。我这个大女儿其实非常细腻敏感，充满爱心，渴望被呵护，和我在感情上的粗枝大叶很不同。一旦觉得受到冷落，就哭得跟个泪人似的。而那时候我总觉得公司的事情很重要，小孩子跟外婆玩就行了。那时我手头宽裕，总想着用物质来弥补，于是买了不少礼物给她，就觉得自己已经尽到父亲的责任。她还是哭闹，就会让我心烦意乱，觉得她不懂事，还动手打过她。”

“现在好后悔，我实实在在是错了。其实我忽视了她的感受，我只想着自己的内衣，没有去想小孩子真正需要的是什么。小时候芷瑩其实是个很简单、很单纯、很容易满足的女孩子，只要带她去逛逛街就可以了，说说贴心的话哄哄她，她就会给你灿烂的笑容、大大的拥抱。”何炳祥动情地说。

“如此简单的事情，而我就是没有去做。我不是一个好父亲，我很惭愧，一直到现在也没跟芷瑩说抱歉，我说不出口。”何炳祥近乎哽咽。

这个60年代的大男人，说到底，依旧思想传统，放不开怀抱。

对二女儿和小儿子，何炳祥明显改观很多

何炳祥对二女儿和小儿子的教育就完全改观了。

奥丽侬推广部的一名员工曾经说：“我以前不了解何董，以为他天性凶猛，是个要求很高、不太注重人情的人，搞得我战战兢兢。其实我错了。有一次开会，我们一直开到晚上八点，唇枪舌剑的，忘记了时间。当时何总正在高声阐述他的要求和理念，声音很大，双手在空中飞舞，动作夸张，近乎咆哮。这时候他的电话响了，原来是二女儿打来的，问他回不回家吃饭。何董接通电话，立刻语调180度超级大转弯，嘴里叫着‘宝贝乖，你们和妈咪先吃，爹地很快就回

来啊！’一副温柔父亲的样子，让我们非常诧异。这时候，我才理解每个人都有两面。何董就是典型的两面人，工作的时候很专注疯狂，对待家人却有另外温情的一面。”

“变脸之快，比川剧变脸还快，让我们瞠目结舌！”这个同事发出“哇呀”的惊叹。

●何炳祥指导二女儿画画

现在，无论多忙，何炳祥都会抽出时间，陪儿女们玩。

二女儿喜欢钢琴、画画，何炳祥只是顺势引导，从来不强行按照自己的要求去干预。至于画得到底好不好，他反而不是太在意。

“童年和少年就是为了开心的，学习其实是次要的，只要她开心就好。”何炳祥这样说。

这是多么痛的领悟。

“不过出人意料的是，二女儿并没有刻意去管，但是她却展现出天分极高的一面，画的东西很有创意，有点我当年的风范，看来她要完成我没有完成的美术家梦想。”何炳祥开心地说。

“不过这个都不重要，关键是她要开心，这个是根本。她的人生由她自己书写！”

大女儿宣布拍拖，何炳祥不知所措

何芷瑩在国外留学，学成归来，郑重其事地告诉爸爸妈妈：“我拍拖了！”

“虽然知道这是迟早的事情，但是我还是很震撼。女儿长大了，该寻找自己的幸福了，这个是好事。”何炳祥说。

不过他随即更震惊了：“芷瑩告诉我要有心理准备，男朋友身高1.89米，完全是打篮球的料。”

何芷瑩传承妈妈梁雪兰的基因，是典型的南方水乡女孩，温婉清丽，明艳照人，亦有知识女性的书卷气息。眼睛会说话，眼神流转之间，便有别样风情。可爱圆润的娃娃脸，让人我见犹怜、心疼不已。不过，她也有南方女孩的另外一个特点，那就是身高不到1.6米，娇小柔弱。

●何炳祥的大女儿何芷瑩和女婿姜勇

“不妥不妥，非常不妥！这是老鼠挂电线杆嘛，这怎么般配？”何炳祥思维比较传统，总觉得夫妻择偶，知识文化、脾气秉性、身高体重都要相当，才算匹配登对。身高差距如此之大，这像什么话？

何炳祥马上从抽屉找出皮尺，然后在墙上先量了一个何芷瑩的高度，然后又搬来一张凳子，又量了一个1.89米的高度。然后示意何芷莹站在身边对照，自然是悬殊较大！

“你看你看，这怎么行，kiss 都不方便，这怎么行啊！”何炳祥急切地反驳着。一个紧张的父亲，表现往往是很搞笑的，形式确实令人啼笑皆非。不过这恰恰体现在何炳祥心里深处，是非常在意女儿的。

“我头够不着，不会踮脚啊？他头低不下来，不会弯腰啊？笨爸爸！” 芷莹娇嗔道。在和老爸关系搞好之后，父女俩越发亲昵起来。

何炳祥被女儿反问得哑口无言。

对待女婿姜勇，前后判若两人

可怜天下父母心。

何炳祥万事都秉持很谨慎的态度，对女儿的男朋友，这个关系女儿终身幸福的大事，更加是非常重视，提心吊胆。在见面之前他准备了很多点子，希望能够考验时用得上，这个准岳父还是比较严厉的。

见了女婿姜勇之后，他感觉那颗心放下许多。姜勇是一个具有北方特点的广州大男人。高大英俊，知识丰富，谈吐不凡，尤其五官端正，一副刚正不阿、忠勇可靠的样子。何炳祥也不算高，看女婿姜勇还要抬头，不过一眼看上去就印象不错。

为了女儿的幸福，何炳祥放下身段，努力地和姜勇沟通，嘘寒问暖，希望也能给他一个好印象。现在，这对翁婿感情莫逆。

关于这段，姜勇也是深有感触。之前姜勇完全不了解这个岳父，见了面之后，感觉这个岳父非常慈祥随和，很能理解年轻人的思想，渐渐地，他开始和岳父无话不谈。后来姜勇到奥丽侬历练，看何炳祥在员工大会、新产品发布大会上慷慨陈词、激情飞扬，让姜勇大感意外。

女儿婚房亲自挑，女婿购车亲自试驾，事无巨细，体贴关心

婚事定下来后，何炳祥这就忙开了。

女儿芷莹希望有自己的独立生活，有一个私密的二人世界，两人想搬出去单独住。这个何炳祥没什么意见，于是他开始操心买新房的问题。

何炳祥亲自开着车到处找楼盘，几乎将全佛山跑遍。什么大小啊、风水啊、交通啊、空气的对流啊、小区的安保啊、怎么装修啊、女儿女婿的爱好啊、他

们的品位啊……何炳祥都要去考虑。

但是，姜勇和芷瑩两人性格非常独立，他们一早就在广州番禺购买了新房，虽然不是很大，但也温馨甜蜜，最后他们征得双方父母同意后，按照自己喜欢的风格做了简单的装修，开开心心地搬过去了。

买房送给女儿女婿不成，何炳祥就想到了买车。何炳祥的座驾是一辆以“舒适、艺术、贵族”定位的劳斯莱斯。但是，他认为年轻人不要买太贵的车，只要车子有个性且安全性能好就行。

何炳祥的一个朋友买过一辆路虎，当时开得过快，结果在高速上失控并翻了几个滚，但车上三人只是被轻微擦伤，这件事让何炳祥觉得路虎安全性能比较好。女儿女婿的安全可是头等大事，而且此款车外形凌厉、彪悍，非常适合女婿高大威猛的身材，何炳祥亲自试驾后向女婿力荐这款车。

原来姜勇也喜欢这款车，翁婿还是很有默契的。

女儿女婿小夫妻拌嘴，何炳祥紧张得不得了

婚前婚后生活大不一样。柴米油盐琐碎事情一上身，小夫妻难免有点磕磕碰碰，这些原本都是芝麻绿豆般的小事，哪对夫妻不拌嘴呢？适当小争小吵，也算是一种磨合，更是一种情趣。何芷瑩耍耍女孩家的小性子，姜勇装装大男人的牛脾气，这个都是再正常不过的，小夫妻打架，还床头打架床尾合呢，他们俩也没太当一回事。

可是何炳祥很紧张。

何炳祥的性格是追求完美，无论是内衣还是感情，都希望精确而安全，这样才能放心。出现问题，马上解决，不能拖延，要防微杜渐，这是何炳祥一贯的理念。工作如此，家庭也如此。

何芷瑩有一次单身回娘家，并不见姜勇一起来，何炳祥就问芷瑩：“你老公怎么没一起来，姜勇人呢？”

“他爱去哪去哪，我才不管呢！”何芷瑩赌气道。

何炳祥喜欢把事情想象得严重，就如同他对问题产品的态度一样。他连续追问芷瑩姜勇为什么没跟她一起来，芷瑩就是不说，何炳祥紧张起来了。

原本芷瑩是希望回娘家跟妈妈诉诉苦的，没想到爸爸竟然如此紧张，怎么也不能因为自己的小性子让爸爸担忧。芷瑩饭都没吃，赶快回家和老公和好去了。

何炳祥这才放心了。

“爸爸喜欢先生，比喜欢我要多，明显看得出来。每次我和先生闹脾气，爸爸几乎都站在先生一边。”芷瑩甜蜜地抱怨道。

就算虚荣，也要让老弟威一下

何炳祥是一个很特别的人，要面子也要里子，重内容也重形式。建议女儿女婿购车选房的时候重内容，安全舒适第一，自己选房选车的时候，品位档次第一。

在他弟弟何炳坚的婚礼上，这一点表现得淋漓尽致。

早年何炳祥家庭比较穷，受尽白眼，他本人结婚的时候，条件虽然有所改善，但是还不能算大富之家，因而婚礼因陋就简，重在精神内涵。

现在，至亲至爱的弟弟何炳坚要结婚，何炳祥决定亲自操办婚礼，要让弟弟风风光光，要让弟媳家体体面面，要给大家看，我们何氏家族精诚团结，经过奋斗，获得了对应的财富和尊严。这种思想，既有虚荣的一面，也有坦诚的一面。

当时唯有广州顶级的涉外超五星酒店白天鹅宾馆有一辆顶配的劳斯莱斯，是英国女王伊丽莎白的馈赠，价值超千万，专门迎接各国元首使用的。何炳祥与该宾馆董事是好友，因而破例租借，作为何炳坚伉俪的婚车。

也因为此次试乘，雍容、优雅、尊贵、艺术、奢华的“飞天女神”劳斯莱斯后来成为何炳祥的座驾。

何炳祥说：“我非常疼我这个弟弟，他和我一起吃了很多苦，与我手足情深。我一定要让他幸福、开心。他结婚成家，我开心得合不拢嘴，把他的婚事办得风风光光，是我这个做哥哥的责任。”

这是一个哥哥对弟弟的情怀。

热心家族共同富裕，伸出双手慷慨解囊

何炳祥夫妇事业兴旺之后，也对家族成员颇多关照。

何炳祥有一个哥哥，一个弟弟，两个姐姐，他们姐弟五人感情至深，相互支援。由于何炳祥的经营能力更出众，以何炳祥扶助兄弟姐妹为多。

何炳祥的弟弟何炳坚当年也经营一个内衣品牌，名为“傲然”，当初何炳

祥将位于奥丽侬龙兴之地的盐步联安大道的老厂房让出来，给弟弟使用。何炳坚有非常好的创意，为人可靠，但是对全方位的战略规划和科学管理显然不得其法，因而傲然营运状况比较一般。何炳祥看老弟这么辛苦，后来还是请他重回奥丽侬，任职他专长的领域。

何炳祥姐妹的孩子读大学，想去名校，需要费用，何炳祥都慷慨解囊。

乃至太太梁雪兰的兄弟姐妹以及他们的子女，何炳祥同样照顾有加。

性情中人，还原真实何炳祥

何炳祥在对待生意和事业上，是一条如史泰龙《第一滴血》那样的硬汉，敢于挑战，愈挫愈勇。但是在对待妻子、儿女、父母、兄弟感情上，何炳祥就是一个再普通不过的丈夫，一个牵挂子女的父亲，一个孝顺的孩子，一个可以信赖的兄弟，生怕有个什么闪失。

他的这个特点，在内衣行业鲜为人知。之前各种媒体报道的，都是浮光掠影，其实何炳祥就是一个人，一个有诸多缺点、有超常能力、一个有血有肉、感情甚至有点脆弱、容易动情的性情中人，如此而已。

第二十六章 深造

游历世界颇多感悟，坚守健康品质价值

【何炳祥】：世界本是一体，需要相互沟通，这样才能进步。我去欧美日，行走多地，感触很多，一方面觉得我们不能故步自封，要开阔思维，积极学习，另一方面觉得我们也不能妄自菲薄，要大胆走出去，将中华内衣的风格推到国外去。每次当我思维有些停滞的时候，我就出去走一走，回来后就茅塞顿开，如充了电一般。古话说“读万里书，行万里路”，我何炳祥则是“做万件衣，行万里路”，好在现在交通工具很先进，来往各国也非常方便。不过我认为关键是要有一个开放的心态，这个最重要，拒绝空气进入的胸膛，必然会滋生腐蚀的气息，以开放的心态，才能将世界精华尽收眼底，尽纳囊中，为我所用。

大后方稳定，何炳祥远行

2004—2012 年，奥丽依的经营状况比较稳定，职业经理人制度也行之有效。何炳祥觉得自己的知识储备渐渐不够用，于是利用闲暇时间，开始穿梭往返于世界各国，寻求更多的资讯，开阔眼界。

●早年何炳祥携家人国外游历

何炳祥的足迹遍布世界各地，法国、德国、意大利、西班牙、埃及、日本、美国、澳大利亚、加拿大等，有时是因参加国际专业展会的需要，如法国里昂内衣展，也有纯粹为了开阔眼界的观光旅游，更多的是进行项目考察、学习深造。

这些游历，深刻影响了何炳祥的思维。

日本人的专业、香港人的服务、加拿大的科技、法国人的艺术、美国人的坚持等，这些世界各地的精华，何炳祥耳濡目染，深有感触。

这些思维，对奥丽依新的战略规划有着重大的影响。

中国人，应该静下来思考人生

“在国外，我最大的感悟，就是很多国家尤其是欧美等西方国家的人民都很安静，出奇的安静，我在英国的伦敦街头、法国的巴黎街头，都感觉到十分的安静。”何炳祥这样说，“他们不管是生活还是工作，节奏都很缓慢，说话慢条斯理，气定神闲，非常的享受工作、享受生活。处处可见有人在悠闲地喝着咖啡、品着红酒，甚至是舒适地看看书、晒晒太阳。这和国内的紧张、浮躁形成极大的对比。在中国街头，无论是在北京，还是广州、深圳，到处都是汽车鸣笛和大声的喧嚣，以及步履匆匆的行人。我一直在思考这是为什么。”

何炳祥这样分析，可能是因为西方国家科技和文化都很发达，生产效率很高，而来自第三世界的廉价工业、农业产品也让他们更容易生存，加上社会福利保障体系健全，所以，欧美等西方人并不担心生活会陷入困顿，因而能抽出更多的时间去思考人生，追求体育、艺术、科学、旅游等兴趣爱好。

在我们看来，他们的物质和精神文明都达到了很高的境界，好像无须特别努力就能轻松达到，这和国内的人们一直忙忙碌碌，但却效率不高的状况形成强烈的对比。

何炳祥说：“中国虽然在财富上距离欧美日等国家还有一定距离，但并不是遥不可及，而是在逐渐缩短。外国人也热切期盼来自中国的游客，因为中国人消费力强劲，且消费意愿强烈。现在上海、广州、深圳的摩天大楼一点也不比纽约、东京、巴黎、马德里等地逊色，甚至更多、更高，但是欧美日等国家的建筑都很具艺术气息，街道多数也很干净。而我们城市的街道不够卫生，经常封路施工，尤其是有艺术创意的建筑不多，多数都是方方正正的，如同纸盒般，拿不出自己的城市特色名片。所以，金钱不能代表文化，更不能代表素质，生活需要物质，更需要品质内涵。”

“再忙，我们也应该静下片刻，去思考人生。中国人不能再每天都火烧火燎地去忙忙碌碌了，尤其是在解决温饱之后，我们更应该静下来好好思考一下，如何才能提高效率，如何才能提高质量，如何才能科技进步，如何才能文化提升，以及我们做了这么多到底是为了什么？磨刀不误砍柴工，安静才能思考，思考才能更好地工作，更好地生活，不能让忙碌主宰我们的人生，更不能让忙碌掩盖我们的终极生活目标。”何炳祥深有体会地说。

《纽约时报》今日头条：中国，请停下你飞奔的脚步

近几年，国内外出现了一些重大安全事故，引发了国人的反省，世界的关注。

2011 年 7 月 24 日凌晨，《中国青年报》编辑、《东方早报》评论专栏作者童大焕老师写下的一则新浪微博，感动无数国人，引发各个层面的思考：

“中国，请停下你飞奔的脚步，等一等你的人民，等一等你的灵魂，等一等你的道德，等一等你的良知！不要让列车脱轨，不要让桥梁坍塌，不要让道路地陷，不要让房屋成危楼。慢点走，让每一个生命都有自由和尊严，每一个

人都不被‘时代’抛下，每一个人都顺利平安地抵达终点。”

改革开放二十多年，中国突飞猛进的发展，取得了举世瞩目的成绩。但是，在这个过程中，我们盲目追求速度，而忘记了安全、淡化了人文、忽视了环境、疏离了亲情，物质文明侵蚀了精神文明，让我们付出了惨重的代价。

这些重大事故也震惊了世界，《纽约时报》将童大焕的此篇微博翻译成英文，以上今日头条的方式，向中国做出了善意的提醒。译文如下：

China， please stop your flying pace， wait for your people， wait for your soul， wait for your morality， wait for your conscience！Don’t let the train run out off track， don’t let the bridges collapse， don’t let the roads become traps， don’t let houses become ruins. Walk slowly， allowing every life to have freedom and dignity. No one should be left behind by our era.

何炳祥此时正在国外，他的外籍华人朋友路过报摊的时候看到这个报道，有一天聊天时候说给何炳祥听，他深有感触：“是啊！我们不能再牺牲人文来换取物质了！钱赚不完的，命只有一次！我们是时候静下来想一想，我们究竟要什么，下一步应该怎么做了。”

回国以后，面对一些内衣品牌的浮躁宣传，何炳祥说：“童大焕那篇上头条的微博，对我影响很大。奥丽侬要坚持走健康内衣路线，不能冒进，绝不能因为其他的诱惑而迷失。同时要加大文化的塑造，尊重人性，让消费者能感受到人文关爱。”

不要说我们很拼，离日本人的敬业精神距离还远

何炳祥去日本很多次，早年也加工日本单，这使他对日本人感触颇多。

他认为，日本人的敬业精神，是最值得中国人学习的。

“与欧美不同，日本人个子虽然不高，但是走路频率很快。我感觉日本人不是逛街，而是在一路小跑。”何炳祥说，“天道酬勤。日本人在艺术和科学上是不是比欧美人更有悟性，这没有相关数据，不太好说。但是日本人比欧美人勤快，这是肯定的。欧美人安逸、不急、享乐，日本人却有点工作狂的感觉。

日本人在科技和文化上可能稍逊于美国等欧美国家，但是在生产效率上却超越了欧洲。”

何炳祥说到中国人：“以前，我们中国人虽然穷，但非常勤快。可是现在，感觉中国人明显不如以前勤奋了。正如我前面讲的，中国人是应该静下来，有时也应该停一停，拿点时间出来思考、消费、旅游，既能提高自己的生活品质，也能拉动社会需求。不过现在社会有整体懒惰化的趋势，中国不少人尤其是年轻人，未富先懒，怨天尤人，成天攀比，不去为自己积累知识经验，却要求这个待遇那个职务，这是很可怕的。我们应该学习日本的敬业、勤奋精神。”何炳祥痛心疾首地说。

何炳祥做出这个判断，有他的理由：“20世纪90年代，甚至七八年前，很多工厂员工都希望甚至是主动要求公司安排加班，因为加班就能拿到更多的计件收入。但现在的年轻一代，很多员工不但不愿意加班，甚至连正常的上班时间也不能保证，想请假就请假，想辞工就辞工，说走就要走，缺乏耐心和责任心，一天也不能等，甚至裸辞！有一些员工在职时花钱没有计划，成为‘月光族’，离职后又成为‘啃老族’，长期不工作也没有紧迫感。这种趋势是很可怕的。”

●早年何炳祥携家人国外游历

不要说我们很好，离香港人的服务态度距离还远

香港是一个面向全球的商业中心，其服务素质堪称全球一流，在这一点上，何炳祥最推崇、最欣赏的是香港人。

为了提升奥丽侬导购员的服务水准，何炳祥特意在香港很多著名的服装、珠宝、化妆品门店前蹲点观察、亲自购物，体验他们的导购员是如何服务客户的。

他讲述了一个他在香港购物的真实故事。

有一次，他经过一个国际名牌男装店，看见门口排着长龙。何炳祥感觉很好奇，难道出新款了？这么受欢迎。于是他让司机也跟着排队，想一探究竟。

排了 20 分钟后，才轮到了自己，何炳祥越发觉得这个品牌有点内容。

让他没想到的是，等他进店时，竟然有 3 个导购员为他一人服务，一位为他引路，一位跟随介绍，一位帮他提包拿外套，让何炳祥倍感尊崇。

在店内，导购员详细询问何炳祥的需求，根据他近期有出席重大宴会的情况，做出了专业的服饰推荐。经过多套试穿之后，何炳祥很满意，最终订制了两套礼服。

何炳祥原本只是想进来看看，结果由于这 3 个导购员良好的服务态度、专业的推荐，竟然也还成交了。

他对香港服务精神的一个独到领悟就是：“宁可服务好一个顾客，也不去敷衍一百个顾客。”

他继续分析道：“比如，某店标配有 6 名店员，按每人接待 1 名顾客的服务标准，那么这个门店可以同时接待 6 名顾客。但香港的名店服务却是这样的：他们不是一人接待一位客户，而是 2 ～ 3 名店员同时服务一位顾客，其他没有排到的顾客只能在候客区甚至门外排队等候。这样做的好处是：接受几名店员服务的这名顾客有一种备受尊崇的感觉，成交率很高。而排队等候的顾客也认为这个品牌很尊贵，这个店很负责任，结果生意真的很红火。”

“这与内地商店的服务情况形成了强烈对比，内地很多门店要不就是很热闹，店员顾此失彼，忙得手忙脚乱，结果一个顾客也没服务好，成交率不高，回头客也少；要不就是门可罗雀，冷冷清清没有顾客。”何炳祥总结说，“具体到我们内衣行业，香港的服务方式我认为值得借鉴。内衣导购是一个私密而专业的工作，我会将香港这些好的服务理念融入集团的服务理念中。”

国际背景下的中国内衣制造，需要转型升级

世界内衣的生产格局发生了多次转移，何炳祥观察到这一点的变化。

何炳祥认为，这些变化的主要原因是成本上升太快，利润越来越低：“现代内衣最早是在欧美、日本等国家生产，由于这些地区的制造成本上升，内衣

生产才转移到香港；香港生产成本上升，内衣制造又继续转移到中国沿海省份，如广东南海；当国内这些沿海地区的成本也开始上升时，又开始迁到江西等内地省份；但随着社会的发展，人工、原材料等成本继续大幅上涨，在中国设厂的成本越来越高时，像黛丽斯这些国际工厂最后也只能迁移到人工、厂租等更便宜的越南、缅甸等国家。”

根据相关资料分析，国内很多工厂现在生产一线的员工，包吃住的月工资大概在 3000 ～ 7000 元之间，折合成美元大约为 500 ～ 1200 美元，而现在越南工厂员工的月薪大约只有 150 美元左右。相比之下，这些国际内衣工厂必定要搬到人工成本更低的国家或地区。当然，为什么现在这些企业没有全部从国内搬离？一是因为越南、缅甸这些国家治安不太好；二是那里还欠缺熟练、高素质的工人，但是这些问题他们正在努力改善。

何炳祥这样分析：“中国内衣现在其实面临一个历史转折性选择，是将生产中心转移至更偏远的内地甚至国外，还是从内衣制造往真正的内衣大品牌转型，如维多利亚的秘密所做的那样。”

“这是一个严峻的选择，这两者都是奥丽侬的选项。我们一方面在广西建设新的生产基地，另一方面加大品牌塑造力度，努力完成奥丽侬的转型。”何炳祥严肃地说。

世界各国内衣文化异彩纷呈，中国内衣要发展出自己独特的风格

世界很大，民族很多，宗教有差异，习俗不一样，于是也就形成了各种各样的内衣文化，这些文化对中国内衣有很大的启迪。

“善用这些，就能突破内衣设计的瓶颈，不落旧套。”何炳祥说。

国内很多内衣设计师受制于原材料供应商，经常创意匮乏。“其实这是一个严重的误区。”何炳祥说，“只要打开眼界，放眼全世界，将眼光投向历史和未来，我们就能找到更多的创意灵感。”

说起世界内衣和中国内衣的风格，何炳祥如数家珍。他一口气分析了世界各国内衣的特点：

喜庆吉祥的中国内衣，
轻盈曼妙的印度纱丽内衣，

裁剪严谨的德国内衣，
精工细腻的日本内衣，
新颖潮流的韩国内衣，
浪漫诗意的法国内衣，
经典艺术的英国内衣，
性感奢华的西班牙内衣，
热情奔放的美国内衣，
神秘莫测的阿拉伯内衣，
自然环保的非洲土著内衣，
突破想象束缚的未来内衣，
……

“这些都是创意来源。所以，不是找不到设计元素、设计风格，是脑袋思维没有打开，还活在自己的象牙塔中，自然感受不到精彩纷呈、形态各异的内衣设计文化。” 何炳祥说。

在他看来，内衣设计的灵感不是太少，而是太多；不是不够，而是不够专注。“以前的内衣没有固定的风格，就是一个大杂烩，什么流行、什么时尚就设计生产什么。我去世界各国考察后，认为一般一个品牌就一个风格，不能首鼠两端、面面俱到，这样才能让你的目标顾客准确地找到你。所以，这么多年来，我们一直在不断地推出新品牌或子系列，细分消费者、精耕市场，并在以后继续加强品牌文化的塑造和定位区隔。”

现代文胸是100%的舶来品，所以国内的各种内衣设计文化都以欧美为主。“这个不奇怪！”何炳祥说，“像汽车、飞机、电视、电脑都是来自西方的，只是引进到中国后，加入了适合中国人的元素。目前在中国销售的一些内衣都有加入中国审美元素。”

“我认为‘中国风’的内衣元素以后会越来越有市场，像一些内衣品牌，比如奥丽依很早就在传统节日款的设计中融入这种元素，中国风的元素也将会越来越多被应用到内衣设计中，甚至会出现更多专业定位于‘中国风’的内衣品牌。”何炳祥斩钉截铁地说。

不做广告，也可以做内衣品牌，甚至内衣名牌

在如今的市场环境之下，做品牌就要做宣传，如今的传播更是海量的传播，总而言之，不投入大量的金钱进行广告推广，很难结出硕果。

“但内衣有些特殊性，是穿在里面的产品，不像外衣能将风格展露在外，又不属于快速消费品。如果不能在模式上取得突破，那么将始终在低利润，尤其是小规模上徘徊。如果不计成本地进行大规模推广，投入产出是不成正比的。”何炳祥坦陈。

但是他游历欧美日之后，观念有些改变：“有钱可以做品牌，没钱也可以做品牌。”何炳祥说。

何炳祥一直对两种品牌营销模式非常感兴趣，一种是“维多利亚的秘密”的事件营销模式，第二种是订制式模式。这两种模式的共同点，就是几乎不用硬性广告费。

“维多利亚的秘密几乎不直接做硬性广告，一年就做那么一次大型走秀，云集顶级名模和明星，尤其是走秀的导演创意很好。他们将这场秀当成品牌推广的核心手段，然后借助各种媒介传播出去。如同星巴克咖啡一样，没有广告，只有新闻；没有广告，只有事件；没有广告，只有影响力。”何炳祥这样总结。“其实，如果将我们全年的各种电视广告、平面广告、路牌广告等费用累加，投入也不算少。但是维多利亚的秘密只做事件营销，而且多年来就一直采用这种营销模式，换汤不换药。每年都让人期待这场大秀，让大家免费帮它宣传。”何炳祥说，“这个宣传模式很好，值得学习！”

私人专宠，个性化订制服务

何炳祥关注的另外一个模式是订制式模式，这个模式也不用投入大规模硬性广告费。

在订制式服务模式下，每一个人都可以得到个性化服务，每一个人都可以得到满意的服务，这是服务的最高境界。何炳祥发现，在国外，很多人尤其是品位独特的人，都穿特别订制的内衣，而一些身材特殊或者有特殊要求的人，也需要特别订制的内衣。

现在，国内有品位的女士也开始有这种需求，并且逐渐成为风尚。

“像我们的超一线品牌美芝婷，针对有特别要求的高端人士，多年前就已

经推出这种订制式服务，如国际名模琦琦就是美芝婷尊贵的客人。我们希望通过这样的手段，将美芝婷打造成更加个性化、高档化的顶级品牌。”

美国人坚守核心价值的忠诚，与奥丽侬的品质精神异曲同工

“在我所游历的国家中，我对美国人的价值观最为认同，因为它与我坚持的奥丽侬品质精神不谋而合。”何炳祥如此评价美国。

“在早期，日本、欧洲的产品质量也是很好的，如内衣、汽车等。但是后来要和全球如韩国、印度、中国等进行竞争，出于降低成本的需要，质量逐渐下降。早年我们加工日本内衣要求极其严格，后来我去日本考察，发现日本的内衣质量也大不如前了，这让我很意外。”

何炳祥话锋一转：“不过美国人似乎很坚守他们的价值观。像美国汽车虽然耗油，但是以人为本，追求安全，而且即便是与国外乃至中国合资也要受到美国国内法律的监管，不允许偷工减料。在这种监管下，汽车质量才能更加可靠，虽然成本高昂，但是却深得消费者信赖。”

“今年 5 月底，我陪同公司所奖励的 20 多名优秀客户去美国旅游，曾专程去维多利亚的秘密的内衣门店，购买了好多件内衣样品，仔细分析后，发现它们的产品其实并不比奥丽侬更时尚、更性感，但是它们的材料不错，还有，它们将流行色应用得很好。”

何炳祥拿着在美国所购的维多利亚的秘密的内衣样品，一件件地分析给大家看。

“其实，我们奥丽侬的价值观和美国的价值观很接近，绝不会因为成本而降低质量，绝不会因为外表而忽视内涵，绝不会因为利润而忘记诚信。有时候奥丽侬在他人看来，似乎显得不够灵活，脑袋不太会转弯，也不善于变通，更不会夸大宣传，这些甚至直接影响到了利润的空间。但是奥丽侬要做的是百年企业，不是用障眼法蒙混自己、蒙骗他人。中国人、日本人、欧洲人都是太聪明了，美国人看起来好像傻笨笨的，其实恰恰是因为他们有坚持、有底线。”何炳祥说。

“为了消费者的健康，为了奥丽侬的荣誉，我们宁愿和美国人一样，傻傻地坚持，笨笨地忠诚！”何炳祥这样总结。

第二十七章　再兴

解放思想再度创业，誓将建成内衣王国

【何炳祥】：我的内衣历史翻过去两个篇章，第一篇章是加工黛丽斯日本单，第二篇章是创立奥丽侬内衣集团，现在我要翻开第三个篇章，开始我的再次创业。内衣行业这几年发生了很大的改变，但我认为这只是开始，未来还会发生更大的改变，等我去再一次创造。我会认认真真、小心翼翼，但是绝对不会再贻误战机、畏首畏尾了。新的希望、新的憧憬在召唤着我，我不会停止前进的脚步，我要继续探索我的内衣新事业。

最近10年，中国和世界都发生深刻巨变

从国外游历归来，何炳祥感觉大不一样。这是一个日新月异的社会，一个令他兴奋的新世纪，生活节奏明显提速，时代更替节奏加快。

科技一日千里，基因工程改变了世界的面貌。网络改变沟通，一个大V微博、一个私人微信号，传播能量甚至超过一个官方电台。以前的一些巨头如诺基亚、摩托罗拉、柯达、《纽约时报》等日渐式微，而那些只有几个学生创业的公司，却在短期内成长为微软、苹果、谷歌、Facebook、twitter等超级大公司。

随着时尚、科技的进步，当今社会可以说已经或正在发生着巨大的改变，人们的生活方式和消费观念也随之改变，于是产品风格定位、功能定位、销售渠道也会呈现多元细分化的格局。内衣虽然没有网络和科技那么快速、周期性被淘汰，但同样，稍不留神就可能出现难以挽回的局面。

何炳祥：内衣行业，将迎来滔天巨变

“中国内衣，也将发生滔天巨变。”何炳祥发出这样的惊人话语。

“我并不是哗众取宠，故作惊人之语，这是通过一系列的分析所得出的结果，而且这些分析已经在其他边缘行业上得到了验证。当前，社会变了，观念变了，科技变了，生活方式变了，很多东西都发生了改变。这些变化将直接影响到我们内衣行业，如果不顺势而变，绝大多数内衣企业无疑要面临危机。”

“但是如果顺势而为，逆境求变，将迎来更大的天地。”何炳祥这样说。

“清朝有一个被誉为中国近代史上向西方国家寻找真理的‘先进的中国人’，就是福建船政学堂的留洋学生、著名思想家严复，他经常将中国和西方的思想进行对比。他曾说过一句话‘有不变的道，无不变的法’，我觉得这句话很有意思。我的理解是，他说这个世界上有不变的天理，我们要一直遵守，但是做事的方法，却一直在变化，不能拘泥不化。”

何炳祥话题回到内衣：“在内衣行业，我认为舒适、健康、人性化就是‘不变的道’，我们必须遵守；而生产方式、销售模式、设计样式、宣传方法等就是‘变化的法’，我们必须常常改变，才能追上时代的步伐。奥丽侬在‘不变的道’上一直做得很好，产品质量好、穿身效果好、顾客回头率高，就是指这些。

但是在‘变化的法’上，我们却一直有点保守，例如推广和服务。”

“我们的第三次创业，就要重新寻找到战机，在这方面下功夫，敢于突破一切的窠臼，解放思想！彻底的解放！”

一颗年轻的心再度燃烧，何炳祥开始第三次创业

“我们老板体力真好，比我们大 20 岁，却整天激情澎湃，跟 20 多岁的年轻人一样，每天都充满激情。”奥丽侬好几个部门的人都这样说，“老板有一个重要的特点，就是浑身有一股劲，眼睛放光，而且说话语速很快。讲到他对奥丽侬的未来规划，说到兴头上，滔滔不绝连续能讲几个小时，现在市场确实有一些变化，但是何董信心十足，非常乐观。”

充满火一样的激情，是何炳祥的特征；而当这个激情不断持续，并且加倍燃烧的时候，则预示着他又要有大的动作了。

这是何炳祥再度创业的前兆。

何炳祥从几个方面分析未来的内衣变化。

走终端，接地气；搞培训，做教育，营销战略也发力

和每一个代理商做坦诚的沟通，和每一个终端商做深入的沟通，和每一个消费者做真诚的沟通，让所有的沟通都畅通而有效，是奥丽侬的任务，也是何炳祥的目标。要做到这一点，何炳祥开始了他的“内衣中国行”。

自 2013 年开始，何炳祥要求全体销售人员包括营销老总必须亲自去走市场，服务好终端，而他自己在近一段时间和未来的日程安排上，已经或将继续走遍奥丽侬的各个销售大区，亲自送去鼓励和支持，聆听他们的信息反馈，更是要推广他的新营销战略。这些措施，让奥丽侬贴近顾客需求，接上地气。

在终端形态上，何炳祥摒弃刻板固化的终端开店模式：“没有什么一成不变的销售模式，只有灵活应变符合实际的销售模式。开大店也好，多开店也好，关键是要具有针对性和选择性。通过我们的科学论证，我认为在地县级城市，要以大店为主、小店为辅，因为这些区域相对分散，但是商圈却相对集中，大店才有高端的形象和气势，尤其具有一种号召向心力，可以吸引更多的消费人群。而大中型城市，要以多开连锁专卖店为主，这些城市人口多而密集，其购物行为呈现多元化，多开店才能满足消费者购物的便利性。这种多店格局既是一种

广告宣传，更是一种实力的体现。”

他补充道：“对于能力超强的终端，在本区域市场已经饱和之后，鼓励他们继续扩张，实现跨区域开店，以期达到业绩的最大化。同时各个终端也要量力而行，做到落实到位，执行有力。”

一句话总结，就是“大城市多开店，小城市开大店”。

为了让奥丽依的终端们提高销售能力，何炳祥将内衣教育培训也引入到对他们的服务之中。

●当年奥丽依客户培训会现场

从 2012 年，何炳祥开始筹备扩大完善奥丽依培训商学院，为终端客户量身定做各种实战的培训，并聘请专业的高端培训大师进行指导管理，以便更好地服务好终端。

2013 年，奥丽依的培训队伍进一步扩大，并与著名咨询培训机构合作，发起了“聚财富·赢未来”系列全国巡回培训会。以专业导购技巧和内衣选购知识为核心的培训会，为奥丽依的终端们送去知识和技术，让他们也变成销售精英和内衣专家，最终成为奥丽依市场终端的直接代言人。

传播方式正呈现多元化，奥丽依将改变推广方式

时代日新月异，让人有点跟不上节奏的感觉。

在以前，我们相约村东边的大树下聚众讨论，后来交通工具越来越便捷，我们可以到更远的地方访亲寻友，而随着科技的进步，传播方式越来越多元化，我们可以打电话、QQ 聊天、刷微信，甚至直接视频。现在的网络、卫星等将整个世界紧密地联系在一起，在地球另一端的美国发生什么事情，在地球这一端的中国可以如光速般即刻知道，即使你在月球上，也是一样。

曾经有家广告策划公司提交了一份公关推广的计划书。何炳祥看了之后，几乎全盘推翻。他说：

“这份计划是基于传统传播模式上的推广方式，太 out 了。现在还有多少人去看电视？还有多少人去看报纸？还有多少人去看杂志？还有多少人去看路牌？还有多少人去浏览无法互动的企业网站？与以前相比，少了很多。这份计划书完全没用。

“现在是一个事件传播的时代，一个互动媒体的时代，一个自媒体的时代，一个云技术的时代。广告不需要硬性投放，而是要像一个具有价值的新闻事件，让它自己去被复制、被传播，而不是需要大笔的广告费。今天起，我们的广告费要改变投放方式，要和受众互动，告诉他们的需求，他们有什么意见即时可以反馈回来，我们就能随时调整，变成他们的最爱。我们不需要面对太多的大媒体，要和更多廉价而有效的个人专业自媒体平台去合作，然后做好自己的杂志、网站、微信、会议等自媒体平台，让平台成为我们自己的舞台。

“在这个过程中，我们利用云技术的搜索和计算结果，随时知晓整个市场发生了什么，我们的市场正经历着什么，及时调整战略，去和我们的消费者做全方位的沟通，以达到走进她们心灵深处的目的。”

何炳祥所说的新传播推广革新，正是要颠覆奥丽侬从前的模式，与国际先进的传播理念全面接轨。

消费者将提出更多个性化设计要求，奥丽侬将会满足这些消费者

前几年流行快时尚，ZARA 等服装品牌用这个概念获得了成功，国内很多品牌竞相跟进。也有一些品牌因为款式多，就宣布自己是快时尚。

“这些都是伪时尚！”何炳祥断言，“时尚是没有标准的，理论上来说，100 个人看哈姆雷特就是 100 种看法，时尚也是如此，每一个人对时尚的理解都是不同的。世界上没有两片相同的叶子，世界上也没有两个完全相同的乳房，

即使同一个女性的左右两边乳房也不一样。理论上，快时尚难度极大，很难做到，因为众口难调，且产品质量难以保证。”

“其实，部分快时尚是对原创设计师智慧的践踏，是对消费者个性品位的绑架，这根本就不是时尚，前者是十足的抄袭时尚，后者是生硬的强加时尚。”何炳祥深度分析道，“真正的个性时尚就是真正的原创，且是为了某一个群体的个性品位而独立设计的。这种时尚就是个性到每一个群体甚至每一个人，就如你是世界上的唯一，没有克隆，无法替代，这件内衣的设计是你的且是唯一的，别人无法拥有，这才是终极个性时尚。”

人类的欲望是无止境的，而人类可支配的财富是一直在呈现上涨态势的。前者是后者的驱动力，后者是前者的保障，二者互为因果。

现在的部分内衣厂家，一般每个品牌一个季度只推出几个系列产品，几个颜色、十多个款式，合计几十件产品而已。这离消费者的要求还差很远。销售渠道的变化本来就分流了很多人，不少内衣企业依靠爆款来返单，年年推款换汤不换药，加之供应能力存在瓶颈，这样的内衣企业根本无法跟上时代的步伐。

“我们组建有庞大的设计师团队，会通过订制服务来满足一部分消费者最苛刻的个性化要求。”何炳祥笑言，“不过，她们也要付出相对应的代价，毕竟个性是最最昂贵的。”

科技改变生产，以后内衣企业的数量急剧减少
奥丽侬将会热情地拥抱新科技

以前在农耕时代，100% 的人都在种田，还不容易吃饱，遇到灾荒年甚至会饿死人，所以那时候粮食最贵；后来，随着水利建设提高、广泛使用耕牛，粮食产量增加了，解决了温饱但依旧有 90% 的人要种田；而随着各种化工肥料的施用，粮食产量又大大提高，农业人口在总人口中的比例减少到 50%；再后来，各种农作物进行杂交、基因改良，又大面积实行机械化耕种，粮食产量再度飞跃提升。现在，全球人口已增长数倍，但现在绝大多数人已不用种田，而是投身到各行各业，发达国家的农业人口已经只占总人口的不到 10%，但居然还有很多剩余粮食可供出口。

这就是科技进步的力量。

内衣也是如此。历史上，家庭实行男耕女织，男人都要去耕田种地，女人

都要去织布纺衣，可见那时候纺织效率的低下。后来出现了纺车，很多女性摆脱了束缚，开始了自主生存之路，于是女权运动逐渐兴起。再后来，英法用现代电动技术制成纺车，一个人的产量就是以前数十人甚至上百人的产量，由此将 90% 以上的女性解放出来。

现在，随着科技的进步，纺织已经完全实行全自动化了，全球的服装、内衣都集中、浓缩到少数的几个国家或地区去生产，现在欧美发达国家几乎没有服装厂，都迁移到第三世界国家进行生产加工了。

科技会停止它的脚步吗？肯定不会。

“布料生产早机械化了，但是服装、内衣生产，在很长时间内依旧是半手工。以前没有 1000 多名工人，你这个服装、内衣、鞋子厂不敢说自己是大厂。而东莞、深圳一些此类加工企业，甚至达到两三万人。后来各种高速电动衣车陆续被研发出来，一些设计过程也电脑化了，奥丽侬的内衣设计，电脑辅助成分已经很大。现在一个工人的产量是以前的 2 ～ 3 倍，这就意味着在同等产量下，多出来的那部分工人失业了或者转移到其他行业了。”

“现在一次成型的内衣也基本是靠机器生产，产量是传统内衣的 10 倍。未来内衣生产是否会实现完全的机械自动化？我想迟早会得，这也许会带来内衣行业本质的革命。”何炳祥这样推演。

“内衣生产效率将来会有进一步提高，当前大部分工序还是依赖人工，但某些工序也会实现半自动化，甚至个别工序会实现完全自动化，这样能降低当前内衣生产的劳动强度，降低成本，这肯定是趋势。专业的人做专业的事，我们保持一颗开放的心就好了。我乐见其成，更乐享其中。内衣科技的发展，我会时时关注，奥丽侬会与时俱进，以提升综合竞争力。”

何炳祥总结道：“以前我们有点忽视这方面，现在我们要奋起直追，继续发力。使用和借助最新的科技，拉开与其他企业的距离，增强竞争力。”

文化改变消费，品牌的力量将难以撼动
奥丽侬将开启品牌文化塑造之旅

谈起品牌塑造，维多利亚的秘密几乎没有花硬性的广告费，但全世界都知道它是奢侈、性感、时尚的代表性内衣品牌。

“这个品牌文化宣传功夫真是厉害。”何炳祥不无感叹。

为了搞清“维多利亚的秘密”是怎么做到的，何炳祥在美国的时候，专门去了很多次它的店铺，仔仔细细地研究了这个品牌。

“奢侈、性感、时尚，这根本是全世界对‘维多利亚的秘密’品牌风格的误读！”他从样品室取来几件‘维多利亚的秘密’内衣，“看这些款式，根本就是奥丽侬多年前的老款式，没有很大的变化。这样也能算是时尚？而且他的款式也并不适合中国人额体型，不过它家的布料质量很好，手感舒服，可以说不吝成本。而且他们的流行色控制得很好，多选用一些非常大胆的艳丽色，但是这也不能掩盖它设计的单调。”

为什么在行家眼里，产品并不突出的“维多利亚的秘密”却能如此成功？为了搞清楚这一点，何炳祥深入地研究后得出了他的结论。

“品牌文化！事件营销！时尚盛典！归根结底还是善于文化营销。”何炳祥如此说，“‘维多利亚的秘密’一年一度的内衣走秀盛典，堪称全球盛事，明星、歌星、名模、名流等，云集于此。奢华的舞台、科技的背景、天才的导演、突破性的走秀节目、唯美叫绝的道具、高品质的音响效果、精美的后期制作，将一切奢华、性感、时尚的元素融入这场盛会中，但这些时尚元素与内衣款式设计并没什么直接关系。事实上这场超级内衣秀，有点类似于美国奥斯卡颁奖礼、中国央视的春节晚会这种性质，由于策划成功，现在已经成为全球一年一度的时尚盛会了，所以也成就了‘维多利亚的秘密’的时尚标签。”

“原来内衣品牌还可以这么策划！品牌宣传和文化建设的确能改变消费者。”何炳祥做出总结。诚然，这是一个传播过度的社会，按照传统广告理论进行推广，不但耗资巨大，还会随时被淹没在信息社会的汪洋大海里。随着网络社会、自媒体时代的到来，传统广告理论必然要被淘汰。

何炳祥也意识到了：“事件渲染营销、故事情节广告、自媒体互动传播、一个核心的超级活动，具体如何操作，也许我们还没想好，但是我准备改变，抛弃老一套的广告体系，用全新手段打造真正的奥丽侬品牌文化，找到奥丽侬内衣真正的品牌文化奥秘。”

资本改变格局，财团将控制内衣行业
何炳祥认为水到渠成就好，但并不会强求

请更多更高水平的设计师，需要钱；购买或者合作开发技术科技等，需要

第二十八章　未来

创办企业内衣学校，未来世界充满希望

【何炳祥】：为了奥丽侬内衣集团未来的发展，我们有土地厂房储备、有品牌文化塑造、有质量管理体系，并建立校企合作机制，试图构建新的销售模式等。但是我们重点在于进行人才培养，无论是接班人培养、职业经理人培养、还是普通岗位的人才培养，我们都在有条不紊地进行。其中最主要的就是建立奥丽侬内衣集团培训商学院，希望她成为奥丽侬内衣未来人才的摇篮，也成为中国内衣的新黄埔军校。百年品牌，伟大梦想，缔造健康内衣的使命，追逐成为全球名牌的目标，正激励着奥丽侬人继续前行。我对奥丽侬未来充满信心、充满希望，相信我们一定能建成伟大的奥丽侬内衣王国。

内衣未来之战，取决人才培养

2014年，何炳祥正式结束长期幕后操控的状态，再度走到台前，亲自掌舵奥丽侬这艘巨型航母。

面对内衣行业当前复杂的局面，他首先提出要重聚人气、培养人才的战略。在这个思想的指引下，在一次全厂大会上，他做了精彩的讲话：

全体奥丽侬的家人们：

在过去的几年，我稍有懈怠，认为在幕后提供支持，放手让大家去奋斗，就能够让奥丽侬保持成长，我的想法是不完全负责的。由于全球经济发生了结构性的变化，中国内衣行业也正在剧烈的动荡，奥丽侬内衣面临着严峻的挑战。这个时候置身事外，将责任扔给你们，势必让大家倍感压力。所以我回来了，和大家一起，再创奥丽侬的新辉煌。

未来奥丽侬有很多战略调整，动作很多，手笔很大。具体有哪些策略，我们将陆续公布，"聚财富·赢未来"系列全国巡回培训会，全力服务好终端，也是其中之一。我们已经做了周密的部署，并且有迎战一切困难的心理准备。不过，今天我所要讲的，不是这些策略，而是人才。

未来的内衣竞争，已经告别以前简单性价比的低层次竞争，来到了资本运作、科技研发、营销模式、设计创新、文化传播等更高级的竞争形态，不过我本人对这些并不是特别担心。奥丽侬有全国首屈一指的质量保证，有享誉内衣行业的健康口碑，我相信这就等于有了竞争的基础。至于资本，我们也不缺。只要我们做得好，相信资本会找到我们；我们可以进行科技合作，营销模式也可以快速跟进，文化传播也可以大力推广。这些都不是根本的问题。

人才！我认为关键的是人才。有了人才，就有希望。无论是科技、资本、营销、设计、传播，其实都是为人服务，也是人在进行操作。这些竞争的本质，就是人才的竞争。那些貌似强大的东西，都是人所创造的，也必然由人来颠覆。有了人，一切都不晚，因为未来无限；有了人，就没有困难，因为困难不敌动力。

如果说奥丽侬25年来，有什么最值得我引以为豪的成功，那就是凝聚了在座的奥丽侬家人们！奥丽侬的成长，是我们大家一起努力的结果。奥丽侬是我的，也是大家的，奥丽侬人是我们所有人共同的名字。

但是今天，我要在这里提醒大家不能故步自封，一定要加强学习，这是一个日新月异、飞速发展的时代，一不小心就被他人反超、被市场抛弃。过去的经验积累有时候是财富，有时候也是负累，甚至会成为骄傲的理由。只有不断地学习、持续地学习、虚心地学习，才能一直符合工作的需要，才能成为奥丽侬合格的人才。对于不能继续学习、跟不上奥丽侬发展的同事，可能是他们要跟我说告别的时候了。

为了能够刺激奥丽侬的内部竞争，我们将建立多种渠道的人才培养机制。除了内部岗位的竞争上岗、优胜劣汰，同时我们将采取公开招聘、校企合作、建立奥丽侬内衣集团培训商学院等形式，争取引进和培养更多的人才，将奥丽侬转变成人才的摇篮，成为真正有战斗力的智慧团队。

让我们一起学习，从现在开始！

谢谢大家！谢谢奥丽侬的家人！

建立内部优胜劣汰的人才制度，激活奥丽侬

一个有25年历史之久的企业，难免会有一些大企业的积弊。对待老员工，自然应该给予尊重和更多的物质回报，但是时间久了，自然会有个别人生出惰性，这是奥丽侬也存在的问题。

何炳祥首先针对现有管理人员下手，建立人才竞争制度，淘汰一些思想不能更新的员工，提拔了一些大胆求新锐意进取的员工，为各个岗位注入新的活力。

广开招聘之门，延请人才加盟

流水不腐，户枢不蠹。奥丽侬当前的招聘频率比以前有明显加大。何炳祥说，他对人才的标准，学历只是一个基本要求，但不是关键。他的要求主要有四个：

一、要有创新思维。何炳祥认为，旧的不去，新的不来。脑袋瓜好不好使，其实最重要。要胆子大，创意新，才是未来社会需要的人才。敢于创新的人，看上去有点桀骜不驯难以制服，但是这样的人的思维才不会套上枷锁，才能够有开拓性的奇思妙想，才能够给奥丽侬带来更多新鲜的东西，推动奥丽侬的本

质变革。

二、要有动手能力。在何炳祥眼里，行动力是一个重要的指标。他的管理宗旨是，想法再好，不去执行，依旧是零。天道酬勤，想法思维一旦确立之后，就不再摇摆，而是一个简单的执行。能够将工作完美执行、持久做好，这样的人才能够给奥丽侬带来更务实的精神。“遇事思考，把每一件事做好，过程细化，细节能决定成败”，这是何炳祥的管理纲要。

三、要充满激情。奥丽侬的招聘多数是有年龄限制的，年轻人相对比较有激情和活力。何炳祥说，他喜欢和有激情的人一起工作，这样自己也有年轻时的感觉。他所说的年轻不主要指年龄，而是年轻的心态、澎湃的激情。

四、要以女性为主。奥丽侬是为女性服务的，能更快切身体验理解内衣的女性，成为何炳祥的招聘首选。何炳祥说，招聘当然是男女都要，但是还是侧重时尚女性。男性主要作为营销人员攻城拔寨，女性才能对内衣具有良好的直觉。他说他虽然是男性，但未来内衣主要从业人员应该以女性为主。

通过新思维下的人才招聘，何炳祥希望组建以有激情的年轻人为先锋、以女性为主、年龄层次合理的奥丽侬人才结构。一个有梦想的团队、一个有作为的团队、一个年轻激情的团队、一个新人和老同事们相结合的团队，重新构成奥丽侬新的大家庭，为奥丽侬新的发展打下坚实基础。

创办奥丽侬内衣集团培训商学院，让 13 亿中国人学会穿内衣

“与其在市场哄抢人才，不如在学校培养人才。”何炳祥说。

继奥丽侬与广西艺术学院设计学院、盐步职业技术培训学校等多家进行校企合作培养内衣人才之后，何炳祥又诞生出新的想法——扩大完善原有的商学院，组建自己的“奥丽侬内衣集团培训商学院”。

在接受媒体采访的时候，何炳祥这样说：

“中国内衣当前主要有两大严重的问题：一是内衣行业缺乏人才，内衣行业由于缺乏设计师，很多人都是半途出家，并没有经过专业训练，绝大多数都需要在企业进行再培养。培养成功后，往往会遭到各个内衣企业的哄抢。时间久了，人才的心理开始浮躁，企业的人力成本上升，对人才的成长和企业的经营都非常不利。中国内衣企业和品牌都很多，但是却没有一个大学为内衣开设一个系，更没有专门的内衣大学。这是非常不正常的，我呼吁各大服装学院增

开内衣系，培养出更多更好的内衣设计人才。”

“二是很多中国人不会穿内衣，尤其是中国女性。中国不懂穿内衣人的比例是多少？80%以上！多么惊人的数字。不合适地穿着内衣，让美丽大打折扣；不正确地穿着内衣，让健康严重受损。而这种例子太多了！我们希望各个学校多开设内衣，尤其是文胸的选购穿着的知识课堂，各个媒体应加大消费者的内衣知识教育传播。只有中国人都学会穿内衣，选购理性，穿出品位，体验舒适，活出健康，中国内衣才会真正地获得发展。”

在这之后，在何炳祥的呼吁下，一些大专院校设置了内衣系，内衣设计人才缺乏的状况在未来有望改观。但是一些内衣企业为了各自的利益，扭曲宣传，也误导了消费者，导致内衣穿着知识一直存在问题。

“自己建立一个强大的集团内衣培训商学院！”这是何炳祥的一个重大规划，“一方面，当前内衣行业正在发生重大变革，给代理商、终端商进行专业培训，成为共赢的手段。内衣设计人才、内衣知识传播、内衣销售导购等方面的教育，是很现实的需求，也是一个无量的功德。这个内衣培训商学院也是全体奥丽侬人的学习课堂，每一个奥丽侬人都应该继续学习，继续进步。”

何炳祥还将这个内衣培训商学院赋予更高的使命：“很多慈善家如李嘉诚，他们建立各种学校如汕头大学等，进行知识教育，推进中国人的文化素质提高。我认为内衣行业也可以如此做。我们奥丽侬内衣集团培训商学院，现实目标是服务好集团的代理商、终端商，远景目标是跳出奥丽侬自己的企业范畴，满足内衣全行业的培训教育需求，是这个内衣商学院的宗旨。推动中国内衣的发展，让13亿中国人学会穿时尚健康的内衣，那是很有意义的事情。”

●奥丽侬内衣集团培训商学院 logo

“健康，健康，还是健康，如果因为我们的反复号召，身体力行，中国健康内衣成为一种风尚，一种常识，那么将是我最大的欣慰。奥丽侬内衣集团培训商学院将会以此为第一目标，也是我的人生使命！”何炳祥反复强调这个商学院的核心价值。

何氏家族第二梯队正在成长，展现出全新现代人性化一面

虽然何炳祥依旧年富力强，还在当打之年，但是他很早就在着手第二代人的培养。

何炳祥对大女儿何芷瑩、女婿姜勇抱有很大的期待，并刻意按照内衣的全流程来培养他们。姜勇与何炳祥不同，他是一个工商管理专业的高才生，接受过现代营销的系统教育，具有健全而科学的营销思想体系。为了让姜勇快速上手，何炳祥一方面委以高职，另一方面从厂内一线生产管理，到一线市场前线，再到公司整体运营，包括参加各种重大内衣行业活动等，均让他直接参与，担当重任，以达到逐层逐级让他熟悉学习内衣的目的。

姜勇是一个具有现代管理意识的年轻人，他温和、亲切，善于学习、善于倾听、善于沟通。他可以在很短时间内就让人感到他的真诚和开放，这是一种非常好的素质。

在奥丽侬工作一个阶段之后，姜勇对内衣行业、奥丽侬集团，已经形成自己的看法，耳濡目染何炳祥管理风格的他，也对细节精于把控。不过他最难能可贵的就是思维模式。何炳祥就如乔布斯，他由于能力超强，知道内衣的走向和趋势，于是直接设计出来，奉献到消费者面前。

何炳祥的思维是从自己的角度强势出发的，而姜勇的思维模式是从对方开始，他很注重公司每一个人的想法包括代理商和终端商，他将这些想法进行归纳总结，去芜存菁，然后用自己的思想去整合出一套新的体系。这套系统看起来平淡无奇，但是却让多数人无法拒绝。他的这种能力丰富了奥丽侬内衣的内涵，也将会给奥丽侬带来正面积极的进步。

大女儿何芷瑩很早就被何炳祥寄予厚望。很小的时候，何炳祥就将大女儿长期放在厂里，让她耳濡目染内衣的设计与生产，对于何芷瑩来说，内衣设计生产就像吃饭和读书那样熟悉。出国留学时也选择大学服装设计系，以优异的成绩毕业。经过几年的磨炼，现在奥丽侬内衣任职设计总监。

与何炳祥截然不同的是，何芷瑩是一个非常可爱的女孩子，与母亲梁雪兰非常相似，具有极强的亲和力。充满人情味的何芷瑩与同事的沟通更顺畅，没

有何炳祥那种雷厉风行的领袖风格，却多了和善的亲民作风。

在与笔者的沟通中，何芷莹直率真诚，情感细腻外露，没有任何架子，就像一个邻家女孩，也像一个邻桌同事，容易亲近。奥丽侬的员工尤其是设计师，在谈到何炳祥的时候，虽然敬仰佩服，但显然有些拘束紧张。但是她们和何芷莹一起，却显得非常自然，如同姐妹。

从风格上来看，何芷莹是现代式、欧美式的设计师，而何炳祥是典型传统式的、东方式的企业领导人。后者更适合企业的草创期，前者则适合企业的成熟期。

由于接受了更多的高等教育，尤其是欧美式的教育，何芷莹对现代企业的管理模式尤其是国际服装时尚的流行趋势，有她自己的看法。奥丽侬的产品一直以质量可靠、上身效果好而著称，在何芷莹进入公司的这几年，她提出许多建设性意见，奥丽侬的产品设计外观由此得到了较大幅度提升。

奥丽侬产品以前是质量的评价高，现在则是质量和外观齐头并进，尤其是何芷莹独当一面的青春时尚内衣品牌水晶秘密，呈现出令人惊艳的视觉效果。

●何炳祥二女儿何芷澄儿时手绘的内衣图稿

父子超萌对话，或可预示未来

奥丽侬内衣集团旗下有 10 多个品牌，大女婿大女儿进入奥丽侬内衣集团之后，何炳祥又开始在二女儿和小儿子身上打主意了。

为了从小启迪孩子对内衣的兴趣，何炳祥可谓煞费苦心。

二女儿似乎不用引导，因为她本身就是一个小小的美术控。纤细的身材，却一直背着大大的画板，随时随地采撷灵感，时时刻刻描摹写生，几乎达到一个准画家的地步。二女儿崭露出美术方面的特别天赋，让何炳祥尤为欣喜。从目前而言，如果从三个孩子中硬要选一个更像父亲何炳祥的，二女儿倒是最像。因为那份执着，因为那份艺术爱好。

何炳祥甚至也想让小儿子同样喜欢上内衣。

他经常将孩子带到公司走走，甚至带到新产品发布会现场，让孩子们早早就感受这个氛围。这一次他要人性化引导，内衣沙皇希望展现新的民主作风。这些过程对话，真是让人忍俊不禁。我们摘取几段父子对话录：

小儿子：那些台上的姐姐走来走去，为什么不穿衣服啊？
何炳祥：有穿的，那是内衣。
小儿子：我看起来怎么好像没穿呢？
何炳祥：有的有的，内衣就是这样子。
小儿子：为什么要这样子？
何炳祥：……

小儿子：爹地！爹地！这里怎么这么多衣服啊？
何炳祥：我们家是做内衣的啊！
小儿子：为什么要做这么多呢？
何炳祥：卖了赚钱，才能买玩具车给你啊。
小儿子：那这个要做好哦。
何炳祥：……

小儿子：为什么妈咪、姐姐上面要穿内衣，爹地不穿，我也不穿呢？
何炳祥：这是女生穿的，男人不用穿这个啊！
小儿子：那为什么不做衣服给你给我穿啊？
何炳祥：……

何炳祥：宝宝喜欢妈咪吗？
小儿子：喜欢啊！妈咪给我买车。
何炳祥：大姐二姐呢？
小儿子：也喜欢啊，姐姐带我去玩，给我讲故事！
小儿子：爹地，我也喜欢你！
何炳祥：宝宝真乖！（感动中）
小儿子：那再买个变形金刚车给我吧！
何炳祥：……

何炳祥：妈咪和姐姐喜欢宝宝吗？
小儿子：你刚才问过了。我是妈咪的宝贝，妈咪也是我的宝贝。
何炳祥：我有问过吗？
小儿子：她们不喜欢我，还会买车给我玩吗？
何炳祥：……

何炳祥：那你要不要对妈咪姐姐也好一点啊？
小儿子：我 kiss 她们呢！
何炳祥：我是说，你想不想妈咪姐姐穿得更漂亮一点？
小儿子：想啊，我要在衣服上画一个奥特曼，那才好看！
何炳祥：……

这些出人意料的超萌回答，让何炳祥这个父亲啼笑皆非，他将这些当做笑话来说，我理解其中含有深意。父亲总是刻意地将话题引向内衣，但是孩子却有他的不同理解。

成人世界有很多条条框框，让我们已经习惯失去翅膀。而孩子都是天使，他们的翅膀随时可以飞翔。其实，我们有时候觉得孩子幼稚，说不定只是我们自己已经变得世俗。

我们要保护好孩子幼稚的心。或许，正是这种貌似幼稚的心，才是真正的天才创意，才是改变世界、创造世界的新力量。

●何炳祥与家人合影

【附录一】

广东奥丽侬内衣集团有限公司简介

广东奥丽侬内衣集团有限公司成立于1989年，是一家集研发设计、生产制造、品牌营销、国际贸易、技术服务为一体的大型内衣集团企业，也是中国大陆最早的民营内衣企业之一；历经二十多年快速、持续、稳健的发展，公司已从单一的生产型企业成长为由十几家分、子公司组成的集团企业，拥有十余个知名内衣品牌和产品线、省内外四大生产基地、3000多家专卖店和连锁店，员工5000多人；产品涵盖文胸、内裤、美体塑身衣、家居服、保暖内衣、睡衣、泳衣等多个领域，品类齐全，完全可满足终端店铺一店多品、消费者一站式购物需求。

在品牌建设方面，奥丽侬集团一直以“高品质、多品牌”进行精耕细作，经过二十多年的发展，旗下现拥有中国驰名商标品牌奥丽侬Oleno、精致系列奥丽侬·金妆、美体专利塑身子品牌倍丽挺Belit、家居服品牌适雅Shiya、高端商场品牌紫兰蒂Skandy、加拿大高端塑形内衣品牌美芝婷Magifit、韩派青春时尚品牌水晶秘密Crystal secret、网络品牌兔芭芘Tobarbe、无钢圈内衣品牌解放杯Prefine、独立美体内衣品牌妙挺Misstop、男士休闲品牌角色及童装品牌爱BB等多个著名品牌。

其中“奥丽侬”品牌早在2005年就荣获国家质检总局颁发的最高荣誉“中国名牌”称号，成为建国以来首批也是截止目前唯一的、内衣行业仅有的四大“中国名牌”，也是目前为止中国文胸能够获得的最高殊荣；同年获得“广东省名牌”称号，并多次获评“最受消费者欢迎品牌”、“十佳品牌奖”、“中国文胸销售十强品牌”等荣誉。2006年－2008年，奥丽侬和紫兰蒂品牌双双荣获“国家免检产品”、“中国驰名商标”称号，是国内少数同获“中国名牌、中国驰名商标”两项国家级品牌、质量最高荣誉的企业。

2006年，公司受邀成为中国文胸、针织泳装、针织塑身内衣（弹力型）的行业标准起草企业之一、国标修订企业。

在国内市场，集团率先引进ERP管理系统，实现销售、财务、仓库等部门的联网管理；创新营销管理和渠道分销模式，以开设专卖店为主，进驻大型商场专柜为辅，实行“营销六统一”原则，即统一管理、统一形象、统一服务、统一价格、统一配送、统一广告，市场占有率不断提升，国内现有销售网点已达3000多家。

国际合作方面，集团海外市场迅速发展，先后与匈牙利Magistral公司、法国Charlotte、意大利Intima moda、澳大利亚Pleasure State、俄罗斯Incanto、台湾黛安芬、美国Victoria’s Secret、JC-penny、Avenue等国际知名企业和品牌建立贸易合作关系，并在香港设立了奥丽侬国际有限公司、香港紫兰蒂内衣有限公司分管海外业务。2012年6月，斥巨资开设了香港超级内衣零售卖场——香港奥丽侬旗舰店，面积达3000呎，并以此为契机，进军香港零售市场。

在研发方面，奥丽侬拥有广州、法国、香港三大研发基地，配备先进的美国格柏设计系统、人体3D扫描测绘仪，引进了国际先进设计软件，汇聚国内外优秀设计人才，并与广西艺术学院、南海技师学院等达成校企合作，设立奖学金制度，建立起设计师人才培育及实践基地。迄今为此，奥丽侬已获各项研发专利超过15项，并多次受邀参加国内外各项顶级展会及设计大赛，产品频频走上国内外顶级T台SHOW场，屡获佳绩。2010年，独家冠名湖南卫视“奥丽侬杯”中国时尚内衣模特大赛总决赛，由奥丽侬全程独家提供的参赛选手服饰更是艳惊四座，获得众多媒体好评。

品质监控方面，奥丽侬视产品质量为永续经营的关键，建立了完善监督检验体系，包括IQC（原材料品控）、PQC（生产过程品控）、OQC（成品品控）等整套的完善产品质量监控体系，以确保每一件出厂的产品都是优等品。2005年，奥丽侬斥资百万，率先在业内自建了与国际标准接轨的“奥丽侬品质检测实验中心”，从原材料等源头对出品严格把控，实现了质量监控的又一次飞跃。2008年，再度斥资几百万元从国外购入远红外3D人体数据测绘仪，只为收集更多人体工学数据，保障穿身效果！此外，奥丽依还成功通过了“ISO9001”“ISO14001”认证，多次被评为“重合同守信用企业”“质量信得过单位”“ＡＡＡＡ＋级质量信用企业”等！

在企业发展到一定阶段后，奥丽依并没有忘记企业应该承担的社会责任，一直以“关爱女性健康，促进行业和谐发展”为己任，并积极参与和倡导各项行业推广与社会公益活动。2010年，“健康内衣专家”奥丽依携手新版《红楼梦》“黛玉”的扮演者蒋梦婕、“宝玉”的扮演者杨洋等四大主演以及中国妇联，共同成立了“奥丽依·郁金香”公益基金，关爱女性健康，呼吁女性朋友关注“两癌防治”，早检查、早预防。

可以说，近30年的稳健发展历程，从加工生产到自有品牌，再到多品牌集团化经营，凭着认真、自觉、专注的企业精神，坚持品质第一，奥丽依走出一条适合自己发展的营销文化之路；现如今，奥丽依已进入第六个5年发展的新征程，未来集团将继续秉承“以人为本、渠道制胜、同创共赢”的企业使命，着力打造健康内衣专家的品牌形象，努力成为国内外著名品牌和百年企业。同时，继续发挥龙头企业的规模优势和品牌效应，带动盐步内衣产业集群型升级和创新发展。

奥丽依的过去，风雨二十几载，一步一个脚印，快速发展！

奥丽依的将来，信心百倍，再创二次腾飞奇迹！

企业名称：广东奥丽依内衣集团有限公司

经营范围：文胸、内裤、美体塑身衣、保暖衣、睡衣、家居服等

地　　址：广东省佛山市南海区黄岐泌冲建设大道北1－3号

邮　　编：528248

网　　址：http://www.oleno.com

电　　话：0757－85918888

传　　真：0757－81136800

财富热线：400-833-1818

【附录二】

何炳祥年谱·奥丽侬大事记

1962 年　何炳祥出生在广东省佛山市南海县盐步镇，时值中国最困难时期。

1971 年前　因其父母个人成份问题，家庭困苦，儿时倍受欺凌、饱受苦难。
同期曾跟随粤剧发烧友学唱粤剧。

1972 年后　青少年时期受舅舅邵伟尧(中国油画学会理事、广西美术家协会名誉主席)启蒙影响，自小爱好美术，由此奠定内衣艺术设计基础。

1978 年　高中毕业后，在盐步旅社任美工，获得南海县供销社体系宾馆旅业技术技能比赛第一名。

1984 年　任丽丽内衣厂政工，开始介入内衣工厂的部分运作管理。

1986 年　何炳祥与梁雪兰结婚。梁雪兰时任香港黛丽斯内衣集团有限公司在中国大陆南海盐步投资的丽斯内衣厂核心技术指导工,俗称“姑娘”，为早期该厂四大台柱之一，她为奥丽侬内衣带来了强大的技术与质量基因基础。
空余时间，梁雪兰教会何炳祥内衣车缝技术。

同年　何炳祥出任盐步镇美新胸围厂代理厂长，并运用职务便利，学习练就衣车设备维修技术。为全面掌握内衣核心技术，后主动申请调任裁床副班长，为以后内衣创业奠定基础。

同年　在盐步镇美新胸围厂任职期间，南海轻工业品进出口有限公司决定在盐步开设粤佳玩具厂，由于技术人员短缺，向盐步镇有关方面借调何炳祥任该厂裁床主管。在此期间，因能力出众，何炳祥开始全面负责从制版、裁床、生产计划、到成品出口等整体工作。随后被提拔为副厂长。

同年　南海轻工业品进出口有限公司合作港方新设置了独立的成衣部，后扩充成一个相对独立的服装厂，因需要一位精通服装生产的专业管理人才，于是高薪邀请何炳祥出任厂长。

1989年　以“舒适高雅”之名，创立适雅制衣厂。当时何炳祥仅4000多元本钱，澳门表舅父郑蓬开筹借3万港元，黛丽斯内衣集团主席罗杰伦支持12.8万元、108台衣车设备，并提供国际内衣生产订单。何炳祥与罗杰伦“你出酱油我出鸡”的合作模式堪称内衣行业佳话。

1994年　何炳祥挑战当时世界最高技术难度的日本外单，奥丽侬的精工质量基因由此形成。

1996年　以继承师傅罗杰伦香港内衣工厂“特丽侬”之名，创立“奥丽侬”内衣品牌，寓意“我的美丽奥秘”。

1997年　适雅制衣厂改名为南海市盐步奥丽侬内衣有限公司。因国际金融风暴，全面转型内销，当年何炳祥创新设计了若干爆款，轰动内衣行业。同年，奥丽侬实行品牌战略规划，定位在中高档内衣专卖店。

1998年　与古今内衣进行全方位品牌与技术合作，成立高端的佛山市紫兰蒂服饰有限公司，紫兰蒂至今已经成为一线高端内衣主流品牌。

同年　何炳祥发明“永不变形”内衣模杯，俗称挖棉杯；两年之后相继发明了气囊文胸；其后又发明多项设计并获得专利，此举推动了中国内衣的技术创新和发展。

2000年　开天辟地、轰动全国的2000年首届中国（南海）内衣模特大赛在盐步举行，奥丽侬作为南海盐步内衣龙头企业，压轴出场，获得满堂喝彩。同年，盐步内衣行业协会成立。2002年举办了第二届大赛，盐步镇并获得“中国内衣名镇”称号。

2001 年　经过 1997 年发明、1999 年完善，何炳祥最终于本年度获得“背心型健美调整衣”的专利，这款产品深刻地推动了中国内衣发展，堪称中国功能内衣鼻祖。同年，何炳祥顺势推出奥丽侬子品牌——功能调整内衣倍丽挺，寓意“让女性倍加美丽，让胸部倍加挺立”，倍受市场欢迎。

2004 年　中国内衣专利第一案——“背心型健美调整衣”被侵权案，最终以奥丽侬胜诉而告终，中国内衣行业专利保护意识大幅提高。

同年　为了追求产品质量的完美，何炳祥不惜将价值近百万的不合格内衣付之一炬，并在内部建立完善的质量监督管理体质，打造奥丽侬核心竞争力，奥丽侬内衣质量过硬的美名由此远扬。

2005 年　在何炳祥的领导下，建立“奥丽侬集团质量检验检测中心”，这是中国较早、为数不多的品牌厂商独立设立的专业内衣检测研究机构。

同年　奥丽侬荣获国家质检总局颁发的最高荣誉“中国名牌”称号，成为建国以来首批也是截止目前唯一的、内衣行业仅有的四大“中国名牌”，这个荣誉是目前为止中国文胸能够获得的最高殊荣。同年获得“广东省名牌”称号。

2006 年　奥丽侬正式成为中国文胸、针织泳装、针织塑身内衣（弹力型）的行业标准、国家标准起草修订企业之一。次年，何炳祥获聘为全国纺织品标准化技术委员会针织品分技术委员会委员。

2006 年　获聘为广西艺术学院设计学院客座教授，同时与学院达成校企合作，成为就业与培训的合作单位。近几年再与南海盐步职业技术学校、佛山市南海技师学院等实现校企业合作。

2008 年　奥丽侬、紫兰蒂品牌被认定为中国驰名商标。

同年　将奥丽侬定位为“健康内衣专家”，基于环保安全的材料、人性化设计的健康内衣，成为奥丽侬集团的灵魂。

2009 年　从加拿大引进国际著名高端塑形内衣品牌 MAGIFIT 美芝婷，何炳祥任大中华区总裁。次年美芝婷亮相第五届深圳国际品牌内衣展，时任代言人国际名模琦琦莅临现场，国际巨星任达华、中国顶级主持人李湘等现场助阵，成为全场焦点。

2010 年　成立“奥丽侬·郁金香”公益基金，开启公益健康宣传活动。中华全国妇女联合会与中国妇女发展基金会授予奥丽侬“爱心企业”称号，并授予奥丽侬及何炳祥个人 “中国妇女慈善奖”，成为关爱女性、勇于承担社会责任的典范。

同年　中国首个《内衣行业联盟标准》在南海盐步诞生，作为联盟标准的主要制订者之一，何炳祥将奥丽侬多年的质量技术标准拿出来和全体会员慷慨分享。

同年　奥丽侬独家冠名湖南卫视 2010 中国时尚内衣模特大赛，与湖南卫视这样高级别的媒体合作大型选秀节目，奥丽侬开创了中国内衣的先例。

同年　创立水晶秘密韩派青春时尚内衣品牌，为奥丽侬内衣集团注入新的活力。次年相继推出适雅家居服品牌、兔芭芘网购 e 品牌。

2011 年　在广西桂林投资新厂，平乐适雅内衣有限公司成立。

同年　高票当选为盐步内衣行业协会会长。在此前后，何炳祥还担任有中国针织工业协会副会长、广东省服装服饰行业协会副会长、佛山市南海区工商业联合会执行委员会副主席、大沥总商会首届常务副会长等职务。

2012 年　将公司商学院升级为“奥丽侬内衣集团培训商学院”，旨在推进终端门店导购培训和广泛传播内衣知识。次年，携手著名培训咨询机构，开启奥丽侬“聚财富·赢未来”系列全国巡回大型培训会，获得了终端门店的广泛欢迎，收到了显著的效果。

2013 年　在何炳祥的推动下，第三届“盐步内衣杯”中国内衣模特大赛再度启航，成为中国内衣行业新的盛事。

2014 年　推出“解放杯”无钢圈内衣品牌。

同年　强势推出独立运营的“妙挺”调整内衣品牌。